OPHIRA & TALI EDUT
THE ASTROTWINS

DER ASTROLOGIE CODE

OPHIRA & TALI EDUT
THE ASTROTWINS

DER ASTROLOGIE CODE

Entschlüssle mit der I*AM-Methode dein Geburtshoroskop, finde heraus, welcher Archetyp du bist, und lebe dein volles Potenzial

mvgverlag

Bibliografische Information der Deutschen Nationalbibliothek
Die Deutsche Nationalbibliothek verzeichnet diese Publikation in der Deutschen Nationalbibliografie. Detaillierte bibliografische Daten sind im Internet über https://dnb.de abrufbar.

Für Fragen und Anregungen
info@m-vg.de

Wichtige Hinweise
Dieses Buch ist für Lernzwecke gedacht. Es stellt keinen Ersatz für eine individuelle medizinische Beratung und Ernährungsberatung dar und sollte auch nicht als solcher benutzt werden. Wenn Sie medizinischen Rat einholen wollen, konsultieren Sie bitte einen qualifizierten Arzt. Der Verlag und die Autorinnen haften für keine nachteiligen Auswirkungen, die in einem direkten oder indirekten Zusammenhang mit den Informationen stehen, die in diesem Buch enthalten sind.

1. Auflage 2025

Türkenstraße 89
80799 München
Tel.: 089 651285-0

Übersetzung: Johanna von Kroge
Redaktion: Karin Weber u. Tamara Fromme texthochzwei GbR
Umschlaggestaltung: Manuela Amode
Umschlagabbildung: AdobeStock/Arcady/Tutsi_N
Design und Abbildungen Innenteil: Davina Mock-Maniscalco/AdobeStock/Ramziia/Arcady/Tutsi_N
Satz: feschart print- und webdesign, Michaela Röhler, Leopoldshöhe
Druck: GGP Media GmbH, Pößneck
Printed in the EU

ISBN Print 978-3-7474-0693-9
(EPUB, Mobi) 978-3-98922-112-3

Wir produzieren nachhaltig
www.m-vg.de

Weitere Informationen zum Verlag finden Sie unter

www.mvg-verlag.de

Beachten Sie auch unsere weiteren Verlage unter www.m-vg.de

INHALT

DER ASTROLOGIE-CODE UND DIE ARBEITSWELT 125

DER ASTROLOGIE-CODE BEIM AUFBAU VON TEAMS 181

DER ASTROLOGIE-CODE IN BEZIEHUNGEN 203

EINFÜHRUNG: DER ASTROLOGIE-CODE

Hast du dir schon öfter mal gewünscht, du hättest eine Gebrauchsanweisung für die Leute in deinem Leben? Damit du ihre wahren Motive begreifen, Empathie für sie aufbringen und eventuelle Differenzen schnell ausräumen kannst?

Überraschung: Wie sich herausstellt, sind wir alle tatsächlich mit einer Art mystischem Handbuch auf die Welt gekommen. Dieses trägt den Titel Geburtshoroskop und stellt eine Karte der Sternenkonstellation im exakten Moment unserer Geburt dar.

Wir sind die Initiatorinnen der beliebten Horoskop-Website Astrostyle.com, seit 2009 die Astrologinnen der ELLE, Autorinnen von mehr als 20 Büchern und weihen jetzt seit fast drei Jahrzehnten monatlich mehr als 20 Millionen Menschen in die Geheimnisse der Sterne ein. Auf unser Konto geht auch die erste Astrologie-gestützte Reality-Datingshow *Cosmic Love* auf Amazon Prime Video. (Wobei die sechs Wochen, die wir dafür als Matchmakerinnen in einer Supervilla in Malibu verbracht haben, durchaus zu den interessanteren Erfahrungen gehörten, die wir in unserem Beruf bisher machen durften.)

Als wir vor circa 30 Jahren zum ersten Mal von der Astrologie hörten, war unsere Neugier sofort geweckt. Da gab es also angeblich einen auf unserem Geburtstag basierenden Persönlichkeitstest, der das Leben weniger verwirrend machen soll? Na, dann aber her damit – und zwar subito!

Die Informationen, die wir über unser Stern- beziehungsweise Tierkreiszeichen erhielten (Schütze, falls es dich interessiert), haben sich auf eine Art und Weise bestätigt, die wir nur als überraschend bezeichnen können. Die Astrologie erklärte uns so viel über uns – unseren Humor, die verschiedenen Gruppen, denen wir angehörten, unsere zupackende Einstellung dem Leben gegenüber. Und was war mit den anderen elf Tierkreiszeichen? Nun, alle unsere Freund*innen, Feind*innen und Angehörigen entsprachen dem ihren bis ins Detail.

Zu der Zeit studierten wir in den letzten Semestern Kunst an der University of Michigan; und bald würden wir Entscheidungen treffen müssen, denen wir uns eigentlich noch gar nicht recht gewachsen fühlten. Doch die Astrologie schien uns dabei behilflich sein zu können.

Als wir uns intensiver mit unseren Mondzeichen und Aszendenten zu beschäftigen begannen und schließlich unsere vollen Geburtshoroskope mit allen Planeten erstellten, waren wir total von den Socken. Die Treffsicherheit war einfach unglaublich! Zum allerersten Mal hatten wir das Gefühl, komplexe, vielschichtige Menschen sein zu dürfen. Für uns als eineiige Zwillinge war diese Erfahrung sogar besonders cool, weil wir nun auch ein Gefühl dafür bekamen, wie unterschiedlich wir im Grunde identische Persönlichkeitsmerkmale auslebten.

Nachdem wir in den 1990ern zunächst auf den Gebieten Zeitschriftenverlag und Webdesign tätig waren, wurden wir hauptberuflich Astrologinnen und brachten 2002 in *Teen People* unsere erste Kolumne raus. Zuvor hatten wir einen ganzen Schatz new-agiger Astrologiebücher und einschlägiger Software der ersten Generation gehoben. Wir fragten unsere Freund*innen nach ihren Geburtsdaten und forsteten Tausende von Horoskopen durch, um der Bedeutung der komplizierten Muster auf die Spur zu kommen. Das war wie die Programmierung einer Website – eine Fähigkeit, die wir uns (zufällig?) zur selben Zeit ebenfalls aneigneten. Kurz darauf führten wir live ein Geburtshoroskop-Reading für Beyoncé durch, schrieben unser erstes Buch und begannen mit dem Aufbau der Plattform Astrostyle.com. Wie sich herausstellte, war die Welt nicht weniger an diesem Wissensbereich interessiert als wir.

Als eingefleischte Skeptikerinnen und bestimmt keine »Hexen« waren wir selbst am meisten schockiert, als in dem Moment, in dem wir unser Geburtshoroskop sahen, aus reiner Neugier volle Überzeugung wurde. Mit unseren Bachelor-Titeln hatten wir definitiv nicht vor, eine Astrologie-Plattform zu gründen. Aber an dem sicheren Bauchgefühl – dem intuitiven Empfinden einer tiefgründigen Wahrheit –, das sich einstellte, als wir unser Geburtshoroskop lasen, war auch nicht zu rütteln. Denn hier lag weit mehr vor als eine »Bestätigungsverzerrung«. Sehr viel mehr.

Allen kritisch Denkenden, die die Astrologie spontan ablehnen oder sie als Affront gegen den gesunden Menschenverstand betrachten, sagen wir: Wir hören euch. Wir verstehen euch. Uns ging es früher genauso.

Vergiss nur nicht, dass Skepsis und Zynismus zwei verschiedene Paar Schuhe sind. *Zyniker*innen* streiten eine Hypothese rundweg ab, ohne sie zuvor getestet oder ausprobiert zu haben. Weil sie allein schon die Vorstellung, dass das jeweilig Unbekannte auch nur möglich sein könnte, als Bedrohung empfinden.

*Skeptiker*innen* dagegen schieben ihr Urteil erst einmal auf. Sie schwimmen gegen den mächtigen Strom ihrer eigenen Wissensbasis (und nicht zuletzt auch das menschliche Ego, wenn man das so sagen darf) an und stellen die verdammte Angelegenheit auf den Prüfstand. Angenommen, sie passt dann nicht oder fühlt sich nach eingehender Prüfung immer noch falsch an, okay. Cool. Dann eben nicht. Und weiter geht's. Aber schön, dass wir mal drüber nachgedacht haben.

Denn überleg doch nur mal: Was, wenn dir bereits eine Spur Neugier und Bereitschaft Dimensionen deiner selbst eröffnen könnten, die dir andernfalls für immer verschlossen blieben?

Sowohl für Zyniker*innen als auch für Skeptiker*innen ist das Gebiet der Spiritualität heute ein beliebter Tummelplatz. Die meisten Gläubigen verschleiern ihre Verbundenheit mit dem Göttlichen, spielen sie runter, tun sie als Schwurbelei oder »Esokram« ab. Der Subtext dazu lautet: *Ich bin normal. Gehöre keinem Kult irgendeiner Art an. Bin eine intelligente, gut informierte, beweisorientierte Person. Allerdings gibt es auch manches, was ich mir nicht erklären oder einfach von der Hand weisen kann.*

Diese Dissonanz ist für viele von uns so verwirrend, dass sie ihr Interesse an Astrologie, Numerologie, »Fingerzeigen des Universums« oder anderen wunder-vollen Phänomenen kleinreden oder ganz verbergen. Aber das verändert sich gerade. Noch vor wenigen Jahrzehnten gehörten Yoga, Vegetarismus, Veganismus oder Meditation nicht zum Mainstream, sondern galten eher als Randphänomene – wie die Astrologie in den Augen vieler Leute auch heute noch.

So oder so, es besteht Anlass zur Hoffnung, dass die kulturelle Akzeptanz spiritueller Hilfsinstrumente weiterhin zunimmt.

Nicht lange nach der Erstellung unseres ersten Horoskops wurde uns klar, dass die Astrologie quasi der »Quellcode« ist, auf dessen Basis wir Menschen programmiert sind. Und natürlich wünschten wir uns, dass alle Zugang zu ihm bekommen könnten. Doch wir mussten bald feststellen, dass die Astrologie ein Marketingproblem hat: Sie lässt sich genauso schwer beherrschen wie JavaScript oder CSS. Auch leidet sie unter den Stigmata der Gleichsetzung mit den billigen Tageshoroskopen in der Boulevardpresse, die auf jede x-beliebige Person zutreffen könnten (»Sie machen heute eine interessante Bekanntschaft«), und der Dominanz jener Quacksalber, die das Bild der »Marke« Astrologie in der Öffentlichkeit prägen. Aber hey, keine Sorge: Uns nervt das kein bisschen weniger als dich.

Richtig betrieben, stellt die Astrologie eine spirituelle Wissenschaft dar, einen Persönlichkeitstest auf Steroiden (Stern-oiden?)

und ein hilfreiches Instrument der inneren Orientierung. Sie vermag dir unglaublich genaue Informationen über dich zu vermitteln, die nicht einfach von der Hand gewiesen oder als rein zufällig abgetan werden können. Nach der Betrachtung Tausender von Horoskopen sind wir längst fest vom Vermögen der Astrologie überzeugt, Menschen zu »durchschauen« und Probleme zu lösen. Denn wir haben selbst mitbekommen, wie schnell sie den Blickwinkel verändern und einen echten persönlichen Durchbruch bewirken kann.

Glücklicherweise muss man sich, um von der Astrologie profitieren zu können, nicht in einer Krise befinden. Denn bemerkenswert hilfreich ist sie auch, wenn es um die vielen Entscheidungen geht, mit denen wir uns im Alltag mehr oder weniger ratlos konfrontiert sehen. Apropos. Hast du gewusst, dass Erwachsene durchschnittlich mehr als 35 000 Entscheidungen treffen? Nicht umsonst haben Expert*innen den Begriff »Entscheidungsmüdigkeit« eingeführt. Und deine kannst du mithilfe des Astrologie-Codes ganz erheblich reduzieren!

Und so großartig es auch sein kann, all die Symbole und Schnörkel eines Horoskops zu interpretieren, haben doch nur die wenigsten Zeit, Lust und Motivation genug, diese für sie ganz neue Sprache zu erlernen. Und der Preis ist ihnen dann doch zu hoch, selbst für den großen Nutzen, denen ihnen die Astrologie bringen würde.

Uns war klar: Dafür musste es eine Lösung geben. Und mit diesem Buch hältst du sie in der Hand.

DÜRFEN WIR VORSTELLEN: DIE I*AM-ARCHETYPEN (INNOVATOR, AUTORITÄT, MENTOR)

Mit dem Astrologie-Code brauchst du die Kunst der Astrologie nicht mehr zu beherrschen – oder sie auch nur zu kennen –, um in den Genuss ihrer Kraft und all ihrer Benefits kommen zu können. Wir haben entscheidende Teile der Astrologie in ein System von Archetypen - I*AM - gegossen, das sich ganz leicht praktizieren lässt. Denn es ist für alle diejenigen entwickelt worden, die die Astrologie als hilfreiches Instrumentarium zum Timen, Planen oder zum Umgang mit schwierigen Dynamiken *nutzen* wollen - ohne sie *erlernen* zu müssen.

Und dabei ist für alle und alles gesorgt. Denn I*AM (»Ich bin«) fasst dein gesamtes Horoskop in einem von drei Archetypen zusammen, I (Innovator), A (Autorität) oder M (Mentor) - und stellt quasi die kosmische Version des von dir bevorzugten Persönlichkeitstests dar, sei es nun Myers-Briggs, das Enneagramm, CliftonStrength Assessment ... *you name it.* Bei diesem Buch hier handelt es sich also quasi um deine kosmischen Lektüreschlüssel, die Kurzzusammenfassung alles astrologisch für dich Wissenswerten.

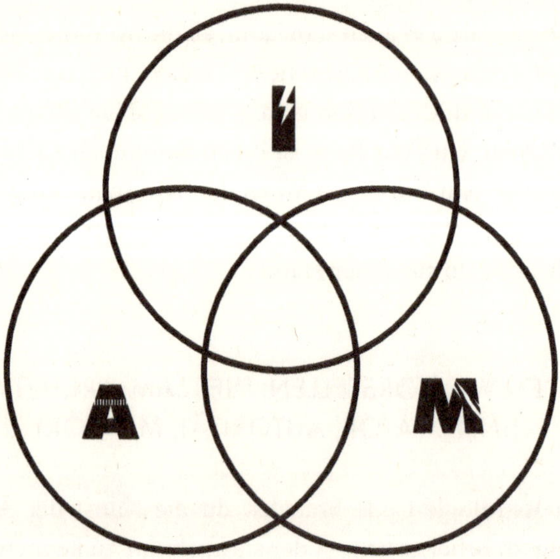

Unser I*AM-Algorithmus enthält die ganze Magie deines Horoskops. (Genauer gesagt beruht er auf dessen 13 bedeutendsten Punkten.) Dann erfährst du, wie du deine individuellen kosmischen Daten nutzen kannst, um in den vollen Genuss des Astrologie-Codes zu kommen. Und das Schönste daran: Du musst dir nicht merken, wo etwa die Venus (beziehungsweise Saturn, Mars oder welcher Planet auch immer) bei deiner Geburt stand.

Wir haben dieses System sehr erfolgreich mit Tausenden von Klient*innen, Studierenden und Unternehmer*innen getestet. Haben Workshops für Firmenchefs und Mitglieder der obersten Führungsebene einiger der größten und produktivsten Unternehmen abgehalten, um sie in puncto Teambuilding, Performance und Management zu unterstützen. Schließlich haben wir sogar ein einjähriges Programm für spirituelle Unternehmer*innen und Expert*innen aufgelegt, deren Geschäfte enorm vom I*AM-System profitieren können.

Als inoffizielle »Plug-in-Orakel« unserer Bekanntenkreise, Frauengruppen, Berufsorganisationen und fast aller anderen Communitys oder Teams, denen wir angehören, wissen wir, dass das I*AM-System funktioniert, weil die Leute, denen wir es beigebracht haben, dabeigeblieben sind und es sich richtig angeeignet haben. Du weißt bestimmt noch, welcher Enneagramm- oder Myers-Briggs-Typ du bist, stimmt's? Oder doch wenigstens, ob du eher introvertiert oder extrovertiert bist. Genau wie diese Tests lässt sich auch das I*AM-System sofort anwenden. Und wie's geht, zeigen wir dir in diesem Buch.

Hast du deinen primären Archetyp – Innovator, Autorität oder Mentor – erst einmal kennengelernt, wirst du auf die beiden anderen Profile gespannt sein. Und das ist auch gut so. Denn schließlich lebt ja niemand von uns allein auf diesem Planeten. Unterschiede führen oft zu Reibungen und Konflikten. Doch im Grunde sind weniger diese Unterschiede das Problem als vielmehr unser mangelndes Verständnis für sie. Denn die meisten gehen ja davon aus, dass alle anderen die Welt genauso sehen wie sie selbst und sich entsprechend verhalten. Großer Fehler! Doch das Wissen um den I*AM-Archetyp deiner Kolleg*innen, Partner*innen, Kinder oder Eltern eröffnet dir die Möglichkeit, das »Ich bin okay – du bist okay« nicht nur zu empfinden, sondern auch zu leben. Und selbst Widersacher können zu Verbündeten werden, wenn sich alle auf ihre natürlichen Stärken besinnen.

Sobald du bereit bist, dich intensiver mit dem I*AM-System zu befassen, wird dir auffallen, dass sich die 13 Punkte deines Horoskops zu einem bestimmten I*AM-Score aufaddieren, der alle drei Archetypen umfasst. Denn fast alle Leute, die wir kennen, stellen einen Mix aus Innovator, Autorität und Mentor dar. (Einige Personen kennen wir zwar schon, die von einem der Archetypen keinen Anteil haben, aber die sind sehr selten.)

Bei uns ist es so, dass wir sechs Innovator-, vier Autorität- und drei Mentor-Punkte haben. Damit haben wir also »wenig Mentor«. Und wissen deshalb, dass wir diese Energie entweder bewusst in uns stärken müssen, um ins Gleichgewicht zu gelangen – oder »Mentor«-betonte Leute ins Team holen sollten, damit unsere natürliche Stärke, also die des Innovators, voll zum Tragen kommen kann. Wir kennen Personen mit zehn Autorität- und keinem einzigen Innovator-Punkt und andere, deren Mischung aus zwei gleich großen und einem kleineren Anteil besteht, also zum Beispiel aus fünf Innovator-, fünf Autorität- und drei Mentor-Punkten. Keine Sorge, diese Hybrid- oder Mischprofile werden wir auch behandeln. Die Betreffenden verfügen über eine enorme Bandbreite, was ihre Persönlichkeit betrifft.

Und das Schönste an unserem astrologischen Persönlichkeits-»test«? Er kommt ganz ohne Test und Beurteilungen aus und deshalb musst du dich zum Beispiel auch nicht fragen, ob du tatsächlich die richtige Antwort gegeben hast. Zur Ermittlung deines I*AM-

Archetyps brauchst du lediglich Geburtsdatum, -ort und die genaue Zeit. (Für den Fall, dass du Letztere nicht weißt, gibt es Behelfslösungen, über die wir dich auf Seite 31 informieren.)

WOFÜR DU DEINEN ASTROLOGIE-CODE BRAUCHEN KANNST

Die besten Persönlichkeitssysteme sind die, die du sofort anwenden kannst. Sie sollten praktikabel und vielseitig einsetzbar sein. Und dich dabei unterstützen, bessere Entscheidungen zu treffen, deine Zeit optimal zu nutzen und herauszufinden, wie du deine Energie am besten auf die rivalisierenden Anforderungen von Arbeit, Familie und persönlichen Beziehungen verteilen kannst. Kurz gesagt: Ein gutes Persönlichkeitssystem hilft dir, nicht nur deine eigene Psyche zu verstehen, sondern auch die der Menschen in deinem Umfeld, und dieses Wissen zu nutzen, um sowohl persönlich als auch beruflich erfolgreicher werden zu können.

In diesem Buch zeigen wir dir, wie du deinen kosmischen Bauplan – deinen I*AM-Archetyp – zur Optimierung zahlreicher Aspekte deines Lebens einsetzen kannst. Und für die Astro-Freaks unter uns gibt es einen zusätzlichen Abschnitt über die astrologischen Grundlagen.

Darüber hinaus versorgen wir dich mit klaren, unzweideutigen Informationen über so verschiedene Themen wie Beziehungen, Elternschaft, persönliches Stilempfinden, Inneneinrichtung und Beruf – alles in leicht verständlicher Sprache ohne irgendwelches Astro-Blabla. Im Einzelnen behandeln wir die Themen:

Befriedigende Arbeit. Finde einen Berufsweg und tägliche Abläufe, die nicht nur produktiv sind, sondern auch deinen natürlichen Rhythmen entsprechen.

Erfolgreiche Beziehungen. Komm endlich mit den (im Vergleich zu dir) andersartigen Auffassungen und Veranlagungen deiner Lieben klar und schließ Kompromisse, mit denen du gut leben kannst.

Wirksame Kommunikation. Finde heraus, was welcher Archetyp braucht, um sich wahrgenommen zu fühlen, aber auch, wie du selbst dich am effektivsten ausdrücken kannst.

Umgebungen, die dich unterstützen. Erkenne, was du in deiner Lebenswelt – am Arbeitsplatz oder auch bei dir zu Hause – brauchst, um dich optimal entwickeln zu können.

Dein persönlicher Stil. Wie kannst du dich im Außen so präsentieren, dass deine besten Seiten zum Vorschein kommen?

Gut funktionierende Familienverhältnisse. Erfahre, wie du mithilfe des I*AM-Systems besser mit familiären Dynamiken zwischen Eltern, Kindern und anderen Verwandten umgehen kannst.

Das »*I am*« im Namen unseres Systems kommt keineswegs von ungefähr. Denn diesem »Ich bin« wohnt die Kraft inne, sowohl deine persönliche Magie als auch die ganz eigene Lebensaufgabe deiner Seele freizusetzen.

Überleg doch nur mal: Wie oft sagen wir »Ich bin nicht« oder auch »Ich will nicht«, »Ich kann nicht« oder »Ich würde gern«? Die meisten unserer Unterhaltungen, zumindest aber die inneren Zwiegespräche, die wir ständig führen, baden geradezu in Knappheit und Mangel.

Bei anderen Gelegenheiten verwenden wir den Ausdruck »Ich bin«, um der Welt ein falsches Bild von uns zu zeigen, damit unsere Schwächen nicht auffallen. (»Ich bin Anwältin« oder »Ich bin Vater dreier Kinder«.) Der vermeintliche Vorteil, den uns das verschafft, gereicht uns in Wahrheit jedoch zum *Nachteil*, weil wir uns auf diese Weise selbst in eine Schublade packen und uns deshalb nie in der Gänze unseres vieldimensionalen Selbst zeigen können. Vielmehr wird es auf diese Weise repräsentativ, künstlich und beruht nur auf dem, »was ich die Welt über mich *glauben* lassen möchte«. Fake zu sein aber ist anstrengend (was dir alle bestätigen können, die jemals einen Instagram-Account hatten). Es setzt uns Grenzen. Und wie sollen wir je die Lebensaufgabe unserer Seele erkennen können, wenn wir nach außen hin immer so tun, als wäre alles paletti? Dann bleibt ja kein Platz mehr für die Experimente und Kämpfe, die unserer Entwicklung doch so förderlich sind.

Denn wenn uns die Astrologie eines gelehrt hat, dann dies: dass jeder Mensch nicht nur aus vielen, sondern buchstäblich zahllosen Paradoxa und Widersprüchen besteht. Schließlich sind wir alle chaotisch, komplex – und jede*r für sich sein/ihr größter blinder Fleck. Aus diesem Grund haben wir auch alle automatisch unsere Schattenseiten. Und die Astrologie kann uns helfen, sie zu kompensieren.

Deshalb stellt das Wissen um das eigene Horoskop – deinen kosmischen Code – ein Geschenk dar, das wir jedem Menschen wünschen. Denn damit bist du plötzlich in der Lage, dich aus einer gewissen Distanz heraus objektiv zu betrachten. Und bleibst nicht länger Opfer der Bewertungen, Gedanken und Vorurteile, die andere mit deiner Person verbinden. Und du kannst deinerseits andere mit größerer Toleranz wahrnehmen. Was praktisch einer neuen Superkraft entspricht.

Und schließlich dazu führt, dass du von dir sagen kannst: »Ich bin DIES *und gleichzeitig* auch DAS.« Auf diese Weise bekennst du dich nicht nur zu deiner Widersprüchlichkeit, sondern zugleich dazu, dass auch du nur ein Mensch bist. »Ich bin beruflich sehr erfolgreich *und* neige *trotzdem* dazu, allzu vieles auf die lange Bank zu schieben.« Oder: »Ich führe eine glückliche Ehe *und* habe dessen ungeachtet auch sehr gern mal länger Zeit für mich.«

Die nächste Frage, auf die unser System eine Antwort gibt, lautet: Warum? Mithilfe des Astrologie-Codes kannst du etwa herausfinden, *warum* du so vieles verschiebst ... und etwas Sinnvolles dagegen unternehmen, statt dich deswegen fertigzumachen oder zu versuchen, jemand anders zu sein, als du bist. Hier erhältst du also praktisch die planetarische Genehmigung dafür, mehr du zu sein und deinen natürlichen Rhythmen entsprechend zu leben.

Wenn du im weiteren Verlauf unserer Erläuterungen mehr über deine kosmische Veranlagung erfährst, entdeckst du vielleicht, dass du deshalb so gern »prokrastinierst«, wie das Fachwort für deine mögliche Aufschieberitis lautet, weil du eine Autorität bist, die kein Sicherheitsbedürfnis hat, und du dich deshalb erst auf die vor dir liegende Aufgabe konzentrieren kannst, nachdem du sie ein bisschen herausgeschoben hast. Oder du bist ein Innovator, der sich im Großraumbüro unproduktiv fühlt und sich eine Zeit lang auf eine ruhige Parkbank verziehen muss, um alles gründlich durchdenken zu können. Vielleicht bist du aber auch ein Mentor, der sich an einen Achtstundentag anzupassen versucht, obwohl er eigentlich eine überaus kreative Persönlichkeit ist, die sich in keinen derart engen Rahmen pressen lässt.

Wir sind ja nun schon seit über 30 Jahren als Unternehmerinnen selbstständig und haben in dieser Zeit immer wieder gehört: »Aufs nächste Level kommt ihr mit dem, womit ihr es bis hierher gebracht habt, aber nicht.« Und das stimmt auch. Wir brauchen immer einen gewissen Vorteil, der mit den Entwicklungen im Außen nicht das Geringste zu tun hat. Stell dir doch nur mal vor, *dein* Vorteil – der Vorsprung, den du vor anderen hast –, hänge nicht vom Arbeitsmarkt, der Wirtschaft, deinem Beziehungsstatus und so weiter ab, weil er nämlich in dir selbst liegen würde. Und genauso verhält es sich auch, denn wir sprechen hier von deinem Geburtsrecht, wie es sich in deinem Geburtshoroskop niederschlägt.

Ein berühmtes, dem US-amerikanischen Unternehmer und Bankier J. P. Morgan (1837–1913) zugesprochenes Zitat lautet in etwa: »Millionäre bedienen sich nicht der Astrologie, Milliardäre dagegen sehr wohl.« Und auch wenn es sich hier um einen modernen Mythos handeln sollte, bleibt doch die Aussage: *Menschen, die auf das Universum hören, gelangen in den Genuss seiner Fülle.*

Es ist kein Geheimnis, dass viele der US-amerikanischen Gründungsväter, unter anderem Benjamin Franklin und Thomas Jefferson, Freimaurer waren und sich der Macht der Sterne bedienten. Franklins überaus beliebte Jahresalmanache enthielten auch die Ephemeriden – nach Tagen geordnete Tafeln, aus denen der jeweilige Stand der damals bekannten Planeten am Himmel hervorging und die auch Angaben über Tierkreiszeichen, Neu- und Vollmonde sowie Eklipsen umfassten. Franklin wusste eben um den Vorteil, den die Astrologie mit sich brachte – und wurde dabei von Erzeugnissen der neu entwickelten Druckerpresse unterstützt.

Als Astrologe aber hat er sich offiziell nie bezeichnet. Wobei man wissen muss, dass Astronomie und Astrologie jahrhundertelang Hand in Hand gingen. Wissenschaftler, die auf eine neue mathematische Gleichung stießen oder einen physikalischen Sachverhalt aufdeckten, schlossen das Wirken von Spiritualität oder Mysterien damit nicht aus. Ganz im Gegenteil. Sie brachten die Menschen dem Göttlichen eher noch näher. Heute sagen Leute Dinge wie »Als Wissenschaftler*in glaube ich nicht an die Astrologie«. Aber weißt du was: Zu glauben gibt's daran auch gar nichts. Die Astrologie ist ein Hilfsmittel, eine Methode, eine Art kosmischer Taschenrechner. Und sie misst den jeweiligen Stand der bekannten Planeten von unserer Position auf der Erde aus betrachtet.

Dieses binäre Mindset – *entweder/oder*, *ja/nein* – ist jüngeren Datums und wurde vor allem vom industriell-technologischen

Fortschritt des 20. Jahrhunderts forciert. In dem Maße, in dem die Menschheit anfing, sich auf Maschinen zu verlassen, begannen wir zu vergessen, dass wir selbst keine sind.

Die Astrologie nun stellt einen Versuch dar, diese Entwicklung rückgängig zu machen und unser »prä-maschinelles« Selbst zurückzuerobern. Denn was bringt uns schließlich der technologische Fortschritt, wenn er auf Kosten unserer Spiritualität geht? Seit geraumer Zeit verlieren wir zunehmend den Kontakt zu unserem ursprünglichen himmlischen Quellcode, der uns von Natur aus eingeschrieben ist, jenem Funken, der uns Menschen eigentlich erst ausmacht. Der Verlust unserer Verbundenheit mit den Mysterien des Kosmos und unserem inneren Wissen lässt uns isoliert, voneinander getrennt ebenso ziel- wie planlos zurück.

Deshalb möchten wir dich gern wieder mit dem verbinden, was der evolutionäre Astrologe Steven Forrest als »Poesie des Himmels« bezeichnet. Denn darin findest du alles über dich – in deiner gesamten Individualität. Eben deinen Astrologie-Code.

ZUR STRUKTUR DES BUCHES

Im ersten Teil machen wir dich mit den I*AM-Archetypen bekannt. Und für den Fall, dass du neugierig sein solltest, auch mit den astrologischen Fakten hinter unserer Methode. (Ob du die entsprechenden Abschnitte liest, bleibt ganz dir überlassen. Da wir aber wissen, wie faszinierend die Astrologie sein kann, sind wir eben gern bereit, deine Neugier zu befriedigen, sollte sie sich denn einstellen.)

Als Nächstes beleuchten wir den beruflichen Erfolg unter dem Aspekt des Astrologie-Codes – beginnend bei der wirksamen Kommunikation über Produktivität und Zeitmanagement sowie die Gestaltung des idealen Arbeitsplatzes bis hin zum Aufbau erfolgreicher Teams, die in jedem ihrer Mitglieder das Beste zutage fördern.

Stell dir vor, dass alle genau die Funktion im Unternehmen ausüben, die ihrem jeweiligen Naturell entspricht, und dass diese Philosophie auch auf die Arbeitszeiten und Abläufe angewendet wird. Unser Unternehmen Astrostyle führen wir seit mehr als 20 Jahren auf diese Weise. Und wir haben ein fröhliches Team aus Leuten um uns herum, die alle in ihrer Zone sind, sich genau in ihrem Tempo entwickeln und lernen können. Dir wünschen wir, dass auch dein Arbeitsplatz, deine Community, dein Unternehmen von den Vorteilen des Astrologie-Codes profitieren können.

Abschließend zeigen wir dir, wie du deinen I*AM-Archetyp im Privatleben und in deinen Beziehungen einsetzen kannst. Da geht es um Familie, die Einrichtung deiner Wohnräume, um deinen persönlichen Stil, deine Rolle als Mutter oder Vater und so weiter. Denn wir alle profitieren nicht nur von der Gebrauchsanweisung für uns selbst, sondern könnten durchaus auch ein Handbuch für die Menschen gebrauchen, die uns besonders am Herzen liegen – ganz unabhängig davon, wie gut wir sie zu kennen meinen.

Jetzt aber genug der Vorrede. Lass uns endlich anfangen!

JETZT GEHT'S LOS

Berechne deinen I*AM-Typ unter https://astrostyle.com/iam

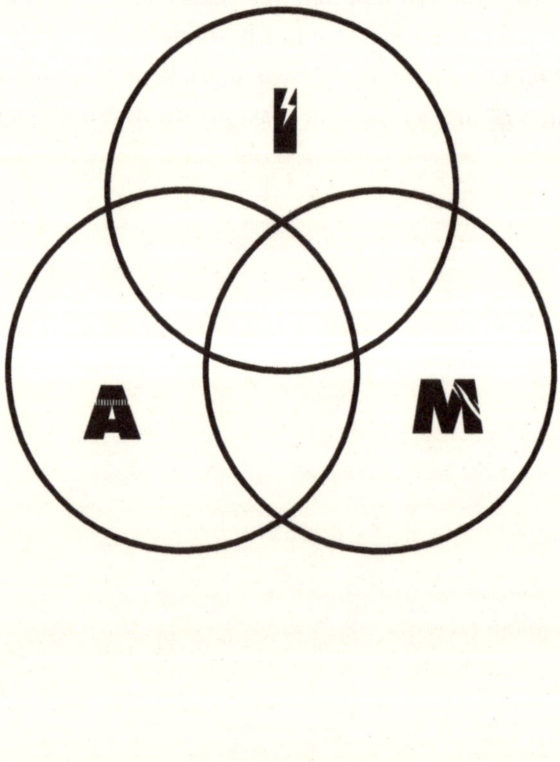

DAS I*AM-SYSTEM

WORUM GENAU HANDELT ES SICH EIGENTLICH?

Das von uns erschaffene I*AM-System ist ein auf der Astrologie beruhender neuer Persönlichkeitstest zur Bestimmung deines persönlichen Erfolgsarchetyps. Dafür berechnest du Daten von 13 Positionen und Konstellationen deines Geburtshoroskops.

Auf der Basis deiner Geburtsdaten – genaue Zeit, Datum und Ort – unterscheiden wir drei I*AM-Archetypen:

I = Innovator
A = Autorität
M = Mentor

Innovatoren warten mit großen, zukunftsweisenden Ideen auf, die uns aus unserer Komfortzone herausreißen. Ihr Leben ist ein einziges Labor, ein endloser Strom von (mehr oder weniger guten) Experimenten. Als Antriebskräfte für den Fortschritt entziehen sich diese Störenfriede und Visionär*innen im Grunde jeder Kategorisierung. Im Horoskop der meisten Innovatoren dominieren die kardinalen Zeichen: Widder, Krebs, Waage, Steinbock.

Autoritäten sind die Vertrauenswürdigen mit Verantwortungsbewusstsein und einem Händchen für Struktur. Oft nehmen sie die Ideen von Innovatoren auf, konkretisieren und terminieren sie. So kultiviert sie auch sein mögen, ist ihr Geschmack doch oft eher konventionell beziehungsweise Mainstream. Für viele Menschen stellen Autoritäten eine Art sicheren Hafen dar, auf den sie jederzeit zählen können. Im Horoskop der meisten Autoritäten dominieren die fixen Zeichen: Stier, Löwe, Skorpion, Wassermann.

Mentoren sind richtiggehende Informationsschwämme, Entertainer*innen und super Moderator*innen. Sie übernehmen, sobald die Autorität den Plan erstellt hat, und kümmern sich um Marketing und PR. Mentoren stehen für Veränderung und sorgen dafür, dass wir anderen nicht stagnieren. Ihre Rolle besteht darin, Ideen unters Volk zu bringen und ihnen breite Akzeptanz zu verschaffen. Bei den meisten Mentoren dominieren die veränderlichen Zeichen: Zwillinge, Jungfrau, Schütze, Fische.

WELCHER I*AM-ARCHETYP BIST DU?

Was bestimmt nun aber darüber, ob du Innovator, Autorität oder Mentor bist? Um die Essenz der Geburtshoroskope einem bestimmten I*AM-Archetyp zuzuordnen, haben wir uns einer astrologischen Kategorie bedient, die unter dem Begriff Modalitäten (auch: Qualitäten) bekannt ist.

Dein I*AM-Score hängt davon ab, wie viele der 13 wichtigsten Planeten und Platzierungen im Geburtshoroskop welcher Modalität zuzuordnen sind. Diese 13 Punkte sind Sonne, Mond, Aszendent (aufsteigendes Zeichen), Mondknoten sowie Merkur, Venus, Mars, Jupiter, Saturn, Uranus, Neptun und Pluto.

Das Horoskop, eine Karte des Himmels auf Basis der genauen Zeit, dem Datum und Ort deiner Geburt, gibt Auskunft über deine Persönlichkeit, deine Stärken und die Herausforderungen, mit denen du konfrontiert wirst. Weiter hinten im Buch erläutern wir den astrologischen Hintergrund unseres I*AM-Systems noch etwas eingehender – wobei es ganz dir überlassen bleibt, ob du dich damit befassen willst oder nicht. Solltest du es vorziehen, dich nicht näher mit dem »System hinter dem System« zu beschäftigen, darfst du diese Seiten gern überspringen. Allerdings wissen wir aus Erfahrung, dass die meisten mit der Zeit doch mehr und mehr über die Hintergründe erfahren möchten. Deshalb sprechen wir auch über die vier Elemente, um dir einen noch tieferen Einblick in deinen I*AM-Archetyp zu ermöglichen.

WIE DU DEIN I*AM-PROFIL BERECHNEST

Ganz einfach kannst du deinen Archetyp mit unserem kostenlosen I*AM-Kalkulator unter https://astrostyle.com/iam berechnen (in englischer Sprache).

Zur Bestimmung deines I*AM-Archetyps benötigst du genau dieselben drei Informationen, auf denen auch jedes traditionelle astrologische Geburtshoroskop beruht:

- dein Geburtsdatum (Monat, Tag, Jahr)
- deinen Geburtsort (Stadt, Bundesland, Land)
- deine genaue Geburtszeit

Deine genaue Geburtszeit ist dir nicht bekannt? Solltest du deinen I*AM-Archetyp trotzdem jetzt sofort erfahren wollen, kannst du ersatzweise zwölf Uhr mittags eingeben. (Wie du deine Geburtszeit ermitteln beziehungsweise dir behelfen kannst, solltest du sie nicht herausfinden können, erfährst du gleich noch.)

*Dein primärer I*AM-Archetyp*

Bei der Berechnung deines I*AM erfährst du deinen primären Archetyp. Möglich sind:

1. Innovator

2. Autorität

3. Mentor

Genauso, wie du dich im üblichen astrologischen Horoskop für dein Sonnenzeichen interessierst (»Ich bin ein totaler Skorpion, loyal bis zum Gehtnichtmehr!« oder »Ich, der typische stolze Widder«), wirst du dich in diesem Buch in allerserster Linie über deinen primären Archetyp informieren wollen. Wenn du also zum Beispiel Mentor bist, konzentrierst du dich in allen Kapiteln auf den Abschnitt über diesen I*AM, um Näheres über dich zu erfahren.

In selteneren Fällen setzt sich der I*AM auch aus zwei Primärarchetypen zusammen. Sollte das auf dich zutreffen, liest du dir in den folgenden Kapiteln jeweils beide Abschnitte durch. Ja, das ist mehr Stoff, aber hey, du bist ein echter Glückspilz. Denn solche hybriden I*AM-Typen verfügen in jeder Hinsicht über eine ganz enorme Range und können zu den vielseitigsten, wandlungsfähigsten Menschen *ever* zählen. Die folgenden drei hybriden Archetypen sind möglich:

1. Innovator-Autorität

2. Innovator-Mentor

3. Autorität-Mentor

*Wie du die Zahlen in deinem I*AM-Score interpretierst*

Das Ergebnis deiner I*AM-Berechnung setzt sich aus drei Zahlen zusammen, die den Archetypen (abgekürzt **I**, **A** und **M**) zugeordnet sind.

Das Ergebnis beruht auf den astrologischen Platzierungen der 13 wichtigsten Punkte und Planeten zum Zeitpunkt deiner Geburt und verschafft dir auch einen Eindruck davon, wie es um dein energetisches Gleichgewicht bestellt ist.

Die Aufteilung auf I, A und M kann sich von Mensch zu Mensch unterscheiden. Wir kennen zum Beispiel Leute mit 4 Innovator, 4 Autorität und 5 Mentor. Sie wären also Mentor mit Anklängen an die Eigenschaften von Innovator und Autorität.

Andere I*AM-Ergebnisse gehen ganz deutlich in eine Richtung: 0 Innovator, 9 Autorität und 4 Mentor zum Beispiel. Wenn da mal nicht die Autorität dominant ist!

DEIN I*AM-SCORE		
3 **Innovator**	**6** **Autorität**	**4** **Mentor**

Natürlich wirst du dich besonders auf deinen primären Archetyp fokussieren. Beschränk dich aber bitte nicht darauf. Denn der Schlüssel zu einem ausgeglichenen Leben besteht im Wissen um die Eigenschaften aller drei Archetypen.

Unsere Empfehlung lautet: Borg dir gern die Gewohnheiten eines der beiden anderen Archetypen aus, besonders, wenn du in einer der drei I*AM-Kategorien deutlich unterbelichtet bist. Alternativ kannst du dich auch – speziell beruflich – mit Menschen umgeben, die deine »Schwachstelle« ausgleichen, und dich ganz auf deine Stärken konzentrieren.

Unsere I*AM-Berechnung (wir beide haben dasselbe Ergebnis, was aber nicht auf alle Zwillinge zutrifft) hat Folgendes ergeben: 6 Innovator, 4 Autorität und 3 Mentor. Unser primärer Archetyp ist demnach Innovator; und da Mentor bei uns eher gering vertreten ist, müssen wir diese Energie oft durch bewusste Anstrengung auszugleichen versuchen.

Je mehr du über das I*AM-System erfährst, desto mehr Zugang gewinnst du zu den Energien, die sich auf die drei I*AM-Archetypen verteilen. Wir zeigen dir dann schon, wie's geht!

*Auf welchen astrologischen Daten beruht eigentlich die Berechnung meines I*AM-Archetyps?*

Wenn es dich interessiert, erfährst du es auch: Im nächsten Abschnitt informieren wir dich über die Planeten, Tierkreiszeichen und den weiteren Sternenstoff, auf dem dein I*AM-Profil beruht.

*Muss ich mich in der Astrologie auskennen, um mit dem I*AM-System arbeiten zu können?*

Kein bisschen! Du darfst den entsprechenden Abschnitt gern überspringen, ihn dir für später aufheben oder auch ganz auslassen. Denn du brauchst kein Astro-Profi zu werden, um maximal von diesem Buch profitieren zu können.

In Wahrheit ist genau das der Grund, warum wir das I*AM-System überhaupt entwickelt haben. Denn es stellt eine Art Brücke dar. So etwas wie einen Lückenfüller. Weil es nämlich die Wissenslücke vieler überbrückt, die zwar gern von den Erkenntnissen der Astrologie profitieren möchten, sich aber aus dem einen oder anderen Grund nicht eingehender mit deren Grundlagen befassen möchten.

*Ist das I*AM-System identisch mit meinem Geburtshoroskop?*

Im Grunde ja. Denn es beruht auf denselben Daten, die auch bei der Lesung und Deutung traditioneller Geburtshoroskope von Interesse sind. Das I*AM-System ermöglicht es dir, dich an deinem Geburtshoroskop zu orientieren, ohne dass du es in all seinen komplexen Einzelheiten interpretieren können oder auch nur eine Ahnung von Astrologie haben musst.

Ich weiß nicht, wann genau ich geboren wurde. Was kann ich tun?

Viele Leute kennen nicht ihre genaue Geburtszeit, die besonders für die Berechnung des Aszendenten (des aufsteigenden Zeichens) von Bedeutung ist. Den Kalkulator kannst du trotzdem benutzen, musst dir allerdings darüber im Klaren sein, dass unter diesen Umständen mindestens einer der Punkte nicht ganz präzise sein wird. Solltest du in Deutschland geboren worden sein, kannst du deine Geburtszeit beim Standesamt des Ortes erfahren, in dem du auf die Welt gekommen bist. In Österreich gibt ein Registerauszug aus dem Geburtenbuch darüber Auskunft, der bei der Personenstandsbehörde der jeweiligen Gemeinde beantragt werden kann. In der Schweiz ist das Zivilstandsamt der Geburtsgemeinde zuständig.

DIE SECHS I*AM-ARCHETYPEN UND HYBRID-ARCHETYPEN

*Gestatten: die I*AM-Archetypen (Innovator, Autorität und Mentor)*

Mittlerweile dürftest du deinen I*AM berechnet und deinen primären Archetyp ermittelt haben: Innovator, Autorität oder Mentor. Vielleicht gehörst du aber auch zu den Hybrid-Archetypen Innovator-Autorität, Innovator-Mentor oder Autorität-Mentor. Jetzt lernst du, deinen Archetyp so zu leben, dass du auf allen Gebieten vom Astrologie-Code profitieren kannst.

Hier zunächst die Grundlagen: Was hat es eigentlich mit den einzelnen Archetypen auf sich?

Innovator (I)

Innovatoren sind im I*AM-System die Initiator*innen und First Responder. Bei den meisten Innovatoren handelt es sich um kardinale Zeichen (Widder, Krebs, Waage, Steinbock), also diejenigen Tierkreiszeichen, die den Beginn einer neuen Jahreszeit (Frühling, Sommer, Herbst, Winter) markieren. Und tatsächlich lieben Innovatoren nicht nur alles Neue, sondern verkörpern es geradezu. Als die unermüdlichen Pionierinnen und Visionäre, die sie sind, können sie auch Möglichkeiten erkennen, wo andere, wenn überhaupt etwas, nur Blockaden sehen.

Und der Nachteil dieser Vorreiterposition? Na ja, Innovatoren sind nicht immer Meister*innen des richtigen Timings, und oft wird ihnen auch nachgesagt, sie würden gegen Windmühlen kämpfen. Ihre kühnen Ideen werden oft erst Jahre später mehrheitsfähig, und im schlimmsten Fall ist dann längst vergessen, dass sie die Urheber*innen waren. Gelingt es ihnen allerdings doch einmal, einen Trend zu setzen, können sie sich vor begeisterten Fans kaum mehr retten. Wie auf den Leib geschnitten ist ihnen die Rolle einer Vordenkerin oder auch eines Bahnbrechers. Denn die Leute erwarten von ihnen zündende Ideen und geniale Pläne. Woraufhin die Innovatoren ihre beeindruckenden Netzwerke und Fanbases nutzen, um ihre innovativen Vorschläge so runterzutunen, dass sie dem Zeitgeist nicht zuwiderlaufen.

Was sie motiviert: Erste zu sein, Zusammenhänge herzustellen, Dinge aus der Taufe zu heben

Superkräfte: Stilempfinden, Selbstsicherheit, die Fähigkeit, aus dem Nichts etwas zu zaubern

Weg zum Erfolg: das gewisse Etwas

Mögliche Gefahren: elitäres Gehabe, sich für etwas Besseres zu halten, zu abgehoben und seiner/ihrer Zeit »allzu weit voraus« zu sein

Schlüsselwörter: Leader*in, Pionier*in, zukunftsorientiert, stilprägend, Trendsetter*in, Vorreiter*in, Ideenproduzent*in

Astrologisch betrachtet: Innovatoren sind jederzeit und gern auch als Einzige bereit, Risiken einzugehen.

Kosmisches Profil: Innovatoren sind zumeist kardinale Zeichen (Widder, Krebs, Waage, Steinbock).

Autorität (A)

Die ebenso systematischen wie vernünftigen Autoritäten fungieren oft als Stimme der Achtsamkeit und Mäßigung; sie sind die Diplomat*innen, die selbst im hitzigsten Gefecht noch einen kühlen Kopf bewahren. Bei den meisten handelt es sich um fixe Zeichen (Stier, Löwe, Skorpion, Wassermann), also die Tierkreiszeichen, die die Mitte einer Jahreszeit markieren und dafür sorgen, dass wir konsequent und beharrlich bleiben. Das Erfolgsgeheimnis der Autorität lautet ganz einfach: Anweisungen befolgen! Autoritäten sind die »Gewusst-wie«-Typen, die sich auf Bewährtes stützen, um Schritt für Schritt weiterzukommen. Und haben sie diese Methode erst einmal perfektioniert, können sie es durchaus bis ganz an die Spitze schaffen.

Zwar gibt es unter den Autoritäten sehr talentierte darstellende und bildende Künstler*innen, viele aber meiden das Rampenlicht auch, jedenfalls privat. Geht es allerdings um ihr Lebenswerk oder eine Sache, für die sie sich engagieren, ist ihnen schon sehr an Anerkennung gelegen. Autoritäten sind Arbeitstiere, sie können sich stundenlang in ihren Studien, Forschungsarbeiten, im Labor vergraben oder investieren auch viel Zeit und Kraft in ihre Weiterbildung. Nachdem sie diesen ihren Beitrag geleistet haben, wünschen sie sich den Respekt und die Wertschätzung, die sie sich verdient haben.

Was sie motiviert: Stabilität, Bestätigung, Qualifizierung

Superkräfte: Geduld, Beharrlichkeit, Entschiedenheit, Integrität

Weg zum Erfolg: »ohne Fleiß kein Preis«

Mögliche Gefahren: zu rigide zu sein, Anweisungen übergenau zu befolgen, Schüchternheit, Bedürfnis nach Lob, es allen recht machen zu wollen

Schlüsselwörter: Expert*in, Person des öffentlichen Lebens, Projektmanager*in, Macher*in, Preisträger*in

Astrologisch betrachtet: Autoritäten können das Chaos beseitigen und Bedeutendes von Unwichtigem unterscheiden.

Kosmisches Profil: Autoritäten sind zumeist fixe Zeichen (Stier, Löwe, Skorpion, Wassermann).

Mentor (M)

Die ebenso wissbegierigen wie kooperativen Mentoren sind die Botschafter*innen der Welt! Bei den meisten handelt es sich um veränderliche Zeichen (Zwillinge, Jungfrau, Schütze, Fische), die das Ende einer Jahreszeit markieren. Sie sind die »Redakteur*innen«, die einem Projekt den letzten Schliff verleihen und es so richtig zum Strahlen bringen. Da sich Mentoren mit Veränderungen wohler fühlen und auch flexibler auf sie reagieren als die beiden anderen Archetypen, fällt es ihnen auch recht leicht, sich verschiedenen Lebenslagen und gesellschaftlichen Gruppierungen anzupassen.

Obwohl Mentoren eine Menge Eigenes beizutragen haben, besteht ihre eigentliche Superkraft doch darin, die mehr oder weniger unausgegorenen Ideen und Konzepte anderer aufzupolieren und groß rauszubringen. Mentoren sind die Redakteure und Publizistinnen im Tierkreis – diejenigen, die in der Lage sind, Texten das gewisse Etwas zu geben und fast jedes Projekt unwiderstehlich attraktiv wirken zu lassen. Sie gehören zu den Triebkräften der Veränderung, sind hervorragende Prediger*innen, initiieren Unterhaltungen und tragen Ideen weiter. Sie müssen nur einen Weg finden, ihre Talente möglichst breitflächig zum Ausdruck zu bringen. Besonders zum Strahlen kommen Mentoren in einer Rolle, die mit Teams, interaktivem Zusammenwirken und Kommunikation zu tun hat und in der es auf das besondere Händchen ankommt, das sie im Umgang mit Menschen haben.

Was sie motiviert: alles Neue (Spannend! Aufregend! Sowas hat die Welt noch nie gesehen!), Gemeinschaft, Beziehungen zu knüpfen

Superkräfte: Cleverness, Charisma, Inklusivität, nicht auf den Mund gefallen, intelligente Wortspiele

Weg zum Erfolg: die Begabung, alles viral gehen zu lassen

Mögliche Gefahren: für eine Quasselstrippe gehalten zu werden; viel zu reden, aber nichts gebacken zu kriegen

Schlüsselwörter: Botschafter*in, Erfolgsmaschine, Promi auf kulturellem Gebiet, Trend-Spreader*in, Cheerleader

Astrologisch betrachtet: Mentoren sind gemeinschaftsorientierte Teambuilder*innen, die Menschen zusammenbringen.

Kosmisches Profil: Mentoren sind zumeist veränderliche Zeichen (Zwillinge, Jungfrau, Schütze, Fische).

Gestatten: die Hybriden (Innovator-Autorität, Innovator-Mentor, Autorität-Mentor)

Da sich die I*AM-Profile aus 13 Punkten zusammensetzen, kommt es bei manchen zu einer Fifty-fifty-Verteilung auf zwei der drei Archetypen (zum Beispiel 6, 6 und 1). Du hast ein solches hybrides Profil? Glückwunsch! Du verfügst über doppelt so viel Astro-Power wie andere, kannst also doppelt von den Benefits des Astrologie-Codes profitieren und findest leicht Zugang zur Energie nicht nur von drei, sondern sage und schreibe *sechs* Zeichen. Das ist der *halbe Tierkreis*! Am besten liest du dir fortan in jedem Kapitel immer die Abschnitte für deine beiden Primärarchetypen durch.

Innovator-Autorität (IA)

Dank ihrer Innovator-DNA hat die Innovator-Autorität jede Menge bahnbrechender Ideen. Damit daraus Nägel mit Köpfen entstehen können, muss die systematisch veranlagte Autorität ihres Amtes walten und hochtrabende Konzepte so bearbeiten, dass sie massentauglich werden. Dass der Innovator-Autorität-Mix sowohl die Zukunft in den Blick nehmen als auch in der Gegenwart leben kann, macht diesen Typus superproduktiv. (Denk nur an einen begabten Musiker, der zugleich in der Lage ist, seine Songs neu abzumischen.) Innovator-Autoritäten geben vagen Entwürfen und Konzepten eine akzeptable Form, und dafür scheuen sie keine Mühe. Hat die IA plötzlich einen ihrer Heureka-Momente, kann es sein, dass sie sich für einige Zeit zurückziehen muss, um die Idee auszuarbeiten und aufs Papier zu bringen. Und wenn sie ihr »Labor« schließlich wieder verlässt, hat sie oft schon etwas beinahe Produktionsreifes in der Tasche.

Was sie motiviert: komplexe Konzepte, der Aufbau von etwas komplett Neuem, der Gedanke daran, eine ganz große Sache aufziehen zu können

Superkräfte: Ausdauer, strategisches Denken, Entschiedenheit, Beharrlichkeit, Vision, Weitsicht

Weg zum Erfolg: *Business as usual* – nur halt vollkommen und total anders!

Mögliche Gefahren: Arbeitssucht, Scheuklappen, elitäres Denken, überdimensioniertes Ego

Schlüsselwörter: Regisseur*in/Produzent*in, Wunderkind, furchtloser Leader, Visionärin

Astrologisch betrachtet: Innovator-Autoritäten haben nicht nur große Ideen, sondern realisieren sie auch.

Kosmisches Profil: Innovator-Autoritäten sind zumeist kardinale (Widder, Krebs, Waage, Steinbock) und fixe Zeichen (Stier, Löwe, Skorpion, Wassermann).

Innovator-Mentor (IM)

Innovator-Mentoren haben zahlreiche Ideen und noch viel mehr für deren Verbreitung. Da in ihrem Profil jedoch die geerdete, systematische Autorität fehlt, besteht die Gefahr, dass sie sich bei der Umsetzung verzetteln und zu einer Art Hansdampf in allen Gassen werden. Dieser Typus blüht in Funktionen auf, die es ihm ermöglichen, viele total unterschiedliche Aufgaben zu übernehmen.

Da alles allzu Rigide ihr kindliches Naturell einengt, tun sich Innovator-Mentoren am leichtesten mit flexiblen Arbeitszeiten und Abgabeterminen. Besonders glücklich macht es sie, wenn sie ihr kreatives, superleidenschaftliches Ich ausleben und sich von ihrer neugierigen Pionierseele leiten lassen können. Oft verkörpern diese Menschen das Urbild des Künstlers, der nur »entdeckt« und von einer cleveren Agentur vertreten werden muss, um Riesenerfolge feiern zu können. Viele entsprechen auch dem Inbegriff der genialen Programmiererin, deren Idee mit der Unterstützung eines risikofreudigen Kapitalgebers viral geht.

Was sie motiviert: das Rütteln am Status quo, neue Ideen und deren Verbreitung, kreative Herausforderungen

Superkräfte: Spontaneität, Mut, Einfallsreichtum, die Bereitschaft, Neues auszuprobieren

Weg zum Erfolg: zu beweisen, dass das »Unmögliche« sehr wohl möglich ist

Mögliche Gefahren: mögliche Undurchführbarkeit ihrer Projekte, Destruktivität, Chaos, das Verbrennen von Ressourcen, Disziplinlosigkeit

Schlüsselwörter: Zauberer, Unterhaltungschefs und -chefinnen, Wissenschaftler*innen, Philosoph*innen

Astrologisch betrachtet: Innovator-Mentoren sind vielseitige und breit aufgestellte Gestaltwandler*innen.

Kosmisches Profil: Innovator-Mentoren sind zumeist kardinale (Widder, Krebs, Waage, Steinbock) und veränderliche Zeichen (Zwillinge, Jungfrau, Schütze, Fische).

Autorität-Mentor (AM)

Autorität-Mentoren sind die wahren »Edu-Tainer«, natürliche Lehrer*innen (Autorität), die dafür sorgen, dass das Lernen Spaß macht (Mentor). Ob ausgebildet oder handgestrickt, diese Superproducer würden sich nie je im Elfenbeinturm verstecken oder rein elitäres Kauderwelsch von sich geben. Autorität-Mentoren lieben es, Leuten wie Erika und Max Mustermann komplexe Konzepte zu vermitteln, ihnen Alternativen aufzuzeigen und Tricks an die Hand zu geben. Auch genießen es die Vertreter*innen dieses Typs, mit der Geschichte ihres eigenen Erfolges zu glänzen, speziell in den neuen Medien und ein bisschen witzig. Über ein und dasselbe Thema können sie auf 50 verschiedene Arten sprechen, und aus irgendeinem Grund hört es sich nie langweilig an.

Was sie motiviert: Beschäftigung mit neuen und alten Ideen, Weitergabe von Erkenntnissen und Erfahrungen, Geschichtenerzählen

Superkräfte: Stil, Selbstsicherheit, Einfallsreichtum, verbindliches Auftreten

Weg zum Erfolg: Selbstrepräsentation als »kluger Kopf«

Mögliche Gefahren: Entscheidungslähmung, Versagensangst, ein Sich-in-Kleinigkeiten-Verheddern

Schlüsselwörter: Expertin, Lehrer, Weg-Weiser, Impresario

Astrologisch betrachtet: Autorität-Mentoren brillieren darin, komplexe Inhalte in ein amüsantes, leicht vermittelbares Format zu verwandeln.

Kosmisches Profil: Autorität-Mentoren sind zumeist fixe (Stier, Löwe, Skorpion, Wassermann) oder veränderliche Zeichen (Zwillinge, Jungfrau, Schütze, Fische).

SPICKZETTEL: KURZANLEITUNGEN ZUM VERSTÄNDNIS DER I*AM-ARCHETYPEN

Spickzettel: Innovator

Hauptantriebskraft: Kreativität

Wichtigster Wert: Freiheit

Verankert in: der Zukunft

Geistreich, unabhängig, respektlos, wie sie sind, dreht sich bei ihnen alles um das große »I« der Innovation: Die Vertreter*innen dieses Typs sind sowohl Pionier*innen als auch Fleisch gewordene Paradoxa – alles in einer sich ständig verändernden Person. Freiheit ist für sie alles, und nie würden Innovatoren die ihre gegen die Sicherheit eines festen Jobs oder einer stabilen Beziehung eintauschen – jedenfalls nicht ohne ernsthafte kosmische Klaustrophobie. Denn allein die Vorstellung einer spannenden, aufregenden Zukunft ist es, die sie allmorgendlich aus dem Bett treibt.

Im Leben allgemein. Innovatoren haben eine Vision und leben praktisch in der Zukunft. Sie hassen Small Talk, Engstirnigkeit und alles, was sie für provinziell halten. Die einzige Welt, die sie reizt, ist »die da draußen«, in der Ferne eines Universums, in dem sich alles um Ehrgeiz und Aufstieg dreht, und unter Leuten, die oben sind, »ganz weit vorn«. Die meisten Innovatoren sind sich ihrer Auffassungen sicher, sprechen sie aber nicht unbedingt aus, weil ihre zukunftsorientierten Vorstellungen von vielen missverstanden oder abgelehnt werden. Aufgrund ihres Scharfsinns und anspruchsvollen Auftretens kommen sie mitunter, ohne es zu bemerken, als elitär, snobistisch rüber oder so, als hielten sie sich für etwas Besseres.

In Liebes- und anderen Beziehungen. Da Innovatoren in aller Regel völlig unabhängig, aber auch sehr picky sind, haben sie meistens keinen bestimmten Typ – zumindest nicht, was das Äußere betrifft. Ihre Partner*innen sollten jedenfalls smart, klug und bereit sein, sich dem oft unbändigen Freiheitsdrang des typischen Innovators zu beugen. Innovatoren nerven ihre Liebsten oft dadurch, dass sie sich auf nichts festnageln lassen und keine Konventionen gelten lassen. (Du planst einen festen wöchentlichen Pärchentag? Na denn: Prost Mahlzeit und viel Glück!) Innovatoren sind alles andere als altmodisch und brauchen ihre Autonomie. Viele leisten sich eine Zweitwohnung oder bestehen auf ihrem eigenen Zimmer – während es sich der/die Herzallerliebste auf dem Sofa bequem machen darf. Hört sich das womöglich so an, als müsste alles nach der Innovator-Nase gehen? Mhm ... ja ... irgendwie schon. Doch ihre faszinierende, vollkommen angstfreie Haltung dem Leben gegenüber macht das alles locker wett. Einen – männlichen oder weiblichen – Innovator zu daten gibt einem ständig das Gefühl, dass im nächsten Moment etwas ganz Großes geschehen könnte. Was einem permanenten, von ihrer absoluten Sucht nach dem ewig Neuen ausgelösten Dopamin-Rausch gleichkommt. Selbst konventionellere Vertreter*innen ihres Archetypus haben eine rebellische Seite, und genau die macht sie zu jenen sexy Mysterien, die einfach unwiderstehlich sind. Echt hot!

Zu Hause. Da Innovatoren ständig mit irgendwelchen Projekten beschäftigt sind, kommen Angehörige nur selten auf längere Sicht in den Genuss ihrer vollen Aufmerksamkeit. Dabei ist es keineswegs so, dass sich Innovatoren nicht für andere interessieren würden; nur hat für sie nicht die Biologie Vorrang, sondern die Chemie. Denn sie lassen sich leicht hinreißen, sei es von einer neuen charismatischen Bekanntschaft oder von einem Projekt, das ihre Leidenschaft entfacht. Was bei den »vernachlässigten« Angehörigen für Groll und Ärger sorgen kann. Und ja, es ist schon so: Die Liebsten von Innovatoren werden tatsächlich oft mit den traurigen Resten abgespeist, mit elenden Überbleibseln. Du kommst gegen die einander rasend schnell ablösenden geistigen Abenteuer »deines« Innovators nicht an? Dann *schließ* dich ihnen doch an. Ein kreatives Familienprojekt (zum Beispiel der Bau eines Gemüsegartens auf Basis von Hydrokultur oder die Einrichtung eines Etsy-Shops) kann Nützliches – die Kreativität des Innovators – mit dem Angenehmen – der gemeinsam verbrachten Zeit – verbinden.

Bei der Arbeit. Innovatoren sind unabhängig. Sie brauchen viel Freiraum und vertragen kein Mikromanagement. Als geborene Führungspersönlichkeiten kommen sie am besten in ihrem eigenen Beritt klar. Und geraten leicht in Schwierigkeiten, sobald sie sich an fremde Hierarchien, Pläne oder Timings halten müssen. Bestleistungen erbringen Innovatoren, wann immer sie vom Blitz der Inspiration getroffen werden, ob der nun nachts um drei einschlägt oder um 15 Uhr am Nachmittag. Deadlines – Abgabetermine – sind für Innovatoren eh Interpretationssache. Am besten eignen sie sich für eine Karriere als Unternehmer*innen, Geschäftsinhaber*innen oder auch als »Intrapreneur*innen«, also selbstständig handelnde Abteilungsleiter*innen. Aber selbst dann nehmen sie höchstwahrscheinlich noch ganz unterschiedliche Rollen ein und sind in Berufen tätig, in denen sich Kultur, Technologie, Gesellschaft und/oder Kunst auf bahnbrechende Art und Weise verbinden.

Privatleben. Haben Innovatoren so etwas überhaupt? Wo für sie sich doch Leben, Arbeit und Abenteuer ständig überlappen und ineinander übergehen. Alles, was ihm ein Gefühl von Weite und Entdeckerfreude gibt, zieht den Innovator in seine nächste spontane Aventüre (aus der sich vielleicht ein neues Business oder ein innovativer Lebensstil ergibt).

Beste Rolle. Neue Ideen auf den Weg bringen, Arbeit an Projekten oder in einer Funktion, die mit einem Höchstmaß an Selbstständigkeit einhergehen, Visionär*in

Ungeeignetste Rolle. Alles, was beinhaltet, viel auf andere hören oder sich an deren Agenda halten zu müssen

Spickzettel: Autorität

Hauptantriebskraft: Klarheit

Wichtigster Wert: Beständigkeit

Verankert in: der Vergangenheit

Die robuste, kompetente Autorität gibt den Rhythmus vor und sorgt in ihrem Umfeld für Stabilität. Geradlinig und strukturiert, wie sie sind, gehen diese tüchtigen Baumeister*innen bevorzugt in die Tiefe, statt sich in der Breite zu tummeln. Sie neigen zur Nostalgie und hängen in Gedanken oft der Vergangenheit nach. Stein für Stein bauen sie ihren Zuständigkeitsbereich auf und bringen es zu etwas – durch viel harte Arbeit. Denn genau auf diese Weise gelangen sie schließlich in den Rang einer Autorität: Sie setzen alles auf ihr Leistungsvermögen, unternehmen größte Anstrengungen, um es zur Meisterschaft zu bringen, und werden so schließlich zu ausgewiesenen Expert*innen. Autoritäten sind stolz auf ihre Arbeit. Genau wie auf ihre Leistungen. Optimal läuft es für sie, wenn sie »ihren Weg« im Leben finden und sich beruflich Tag für Tag verbessern können.

Im Leben allgemein. Als archetypische Leistungsträger*innen streben Autoritäten das an, was man ein »gut gelebtes Leben« nennt. Sie sind maßvoll und wirken mitunter sogar stoisch, nehmen ihre Verpflichtungen aber immer sehr ernst. Ihr Ziel im Leben ist finanzielle und emotionale Stabilität, Risiken gehen sie nur mit äußerster Vorsicht ein. Da sich viele bemühen, ein Erbe aufzubauen, oder ein Ziel anstreben (etwa einen akademischen Titel oder den Sieg in einem Wettbewerb), sind sie stets auf ein festes Fundament angewiesen. Zwar interessieren sie sich durchaus für neue Trends, neigen aber nicht dazu, ihnen blind zu folgen, geschweige denn, selbst welche zu setzen – jedenfalls nicht absichtlich. Als geborene Expert*innen packen sie die Dinge an. Sie brechen komplexe Prozesse auf einfache Schritt-für-Schritt-Abläufe herunter, die sich mit etwas Engagement und Übung leicht bewältigen lassen. Fehler nehmen Autoritäten sich (aber auch allen anderen) ausgesprochen übel. Und was Experimente oder Unzulänglichkeiten angeht – die gestatten sie sich nur mit ausdrücklicher Erlaubnis.

In Liebes- und anderen Beziehungen. Was ihr Liebesleben angeht, setzen Autoritäten auf Dauer und Stabilität. Sie gehen weder Hals über Kopf Beziehungen ein noch trennen sie sich leichtfertig. Das Skript herkömmlicher Liebesfilme – »... bis an ihr Lebensende ...« – dürfte ihren Vorstellungen zu mindestens 90 Prozent entsprechen. Denn statt unnötig Zeit auf Verhältnisse zu verschwenden, in denen sie emotional nicht auf ihre Kosten kommen, leben sie lieber glücklich und zufrieden mit ihrem »Herzensmenschen« zusammen. Als die hingebungsvollen Partner*innen, die sie sind, erschaffen Autoritäten liebend gern die Basis für gemeinsame Erinnerungen. Und werden – was ihnen sonst gar nicht ähnlichsieht – beim Betrachten von Fotoalben oder Souvenirs richtiggehend weich und gefühlig. Die Vergangenheit dämonisieren sie entweder oder glorifizieren sie. Ihr typischer Bindungsstil ist der »sichere«, und überhaupt sind Autoritäten quasi der Inbegriff gelebter Monogamie. Weshalb es durchaus sein kann, dass sie eine unbefriedigende Beziehung aus lauter Treue und weil sie den mit einer solchen Veränderung verbundenen Trubel vermeiden wollen, nicht aufkündigen. Es dauert lange, bis Autoritäten eine Trennung verarbeitet haben. Sollten sie jedoch tatsächlich einmal von sich aus gehen, können sie von dem für sie charakteristischen »Aus Erfahrung wird man klug« profitieren – für die nächste Beziehung.

Zu Hause. Hier gilt: Entspannung pur. Das Zuhause von Autoritäten ist im Chaos des Alltags oft die Oase, das Lagerfeuer, an dem die Familie und der Freundeskreis am liebsten zusammenkommen. Und zwar, weil die Vertreter*innen dieses

Archetyps offenbar von Natur aus wissen, wie man ein bequemes, einladendes Ambiente erzeugt, in dem alles und alle ihren Platz haben. Unter Umständen gönnen sie sich ein richtig altmodisches Esszimmer, das nur einmal im Jahr benutzt wird, oder es stehen und hängen ein paar Kunstwerke herum, die zu kostbar sind, als dass man sich auch nur trauen würde, sie aus nächster Nähe zu betrachten. Ganz allgemein gilt: Autoritäten haben es in ihrem Zuhause gern kuschelig und gemütlich. Und worauf sie besonderen Wert legen: darauf, dass Arbeit und Stress draußen bleiben.

Bei der Arbeit. Ohne Plan und klare Prioritäten funktionieren Autoritäten nicht. Sie managen und delegieren gern und sind am effektivsten in Firmen oder Institutionen, in denen alle – sie selbst eingeschlossen – ihre klar definierten Rollen haben. Als die geborenen Prüferinnen und Kontrolleure, die sie sind, erkennen sie auch kleinste Schwachstellen in einem Plan, die allen anderen verborgen bleiben. Das kann ihnen zwar den Ruf der Spaßbremse einbringen, doch mit ihrer Klarsicht sorgen sie nicht nur für einen fulminanten Start, sondern auch für den nötigen langen Atem. Autoritäten ist der übliche Achtstundentag von neun bis fünf wie auf den Leib geschnitten. Zwar sind sie durchaus bereit, die Ärmel hochzukrempeln, um ein Projekt rechtzeitig fertigzustellen, feste Arbeitszeiten ziehen sie jedoch eindeutig vor, einfach weil sie dann auch mehr (von ihrer) Freizeit haben.

Privatleben. Vertreter*innen dieses Archetyps legen Wert auf klare Grenzen zwischen Arbeits- und Privatleben. Wir sollten sie also weder an den Wochenenden anrufen noch ihre Mittagspause stören. Deshalb sind Autoritäten eigentlich auch der Grund, warum es im E-Mail-Verkehr so etwas wie Abwesenheitsnotizen überhaupt noch gibt, auch wenn wir sie deshalb insgeheim für altmodisch halten; aber sobald sie dann wieder online sind, sind sie auch wieder voll da, leistungsfähig und -bereit wie immer. Als perfekte Eventplaner*innen sind Autoritäten jederzeit in der Lage, die besten Partys des Jahrhunderts auf die Beine zu stellen oder eine ebenso ideale wie geniale Reiseroute zu erstellen. Derartige Tätigkeiten können mit Fug und Recht als ihre Spezialität gelten. Doch nicht weniger schätzen Autoritäten ihre Freizeit, die sie beim Shoppen, Lesen, Kochen oder in der Beschäftigung mit ihren Hobbys voll auskosten.

Beste Rolle. Pläne erstellen, Projekte managen und Mitarbeiter*innen führen, als Expert*innen oder Sachverständige für bestimmte Themen fungieren, Coaching

Ungeeignetste Rolle. Sich an lausige Pläne halten, gegen den Strom schwimmen und multitasken zu müssen

Spickzettel: Mentor

Hauptantriebskraft: Verbindungen und Verbundenheit

Wichtigster Wert: Erfahrung

Verankert in: der Gegenwart

Der magische, schelmische und facettenreiche Mentor ist eine leibhaftige Studie in dynamischer Energie. Diese ständig »angeknipsten« Menschen bedienen gern ganz verschiedene Rollen – und die am liebsten alle gleichzeitig. Ruhelos und energiegeladen, wie sie sind, leben sie für extreme Erfahrungen und sind der unumstrittene Mittelpunkt jeder Party – starke Charaktere, zu allem bereit. Lass dich von ihrem Temperament aber nicht täuschen: Mentoren sind keineswegs nur auf Amüsement und eine gute Zeit aus. Vielmehr handelt es sich bei ihnen um die »Konnektoren«, die wichtigsten Verbindungsglieder und Kommunikator*innen im I*AM-System der Archetypen. Mentoren sind hervorragende Marketingleute und begabte Lehrkräfte. Sie arbeiten Informationen so auf, dass sie für alle verständlich werden, und geben erstaunlich cleveres Feedback. (Du hast wohl gedacht, Mentoren könnten nicht gleichzeitig sprechen und zuhören? Da täuschst du dich aber!) Nicht zuletzt ihrer ansteckenden Begeisterungsfähigkeit und scharfen Beobachtungsgabe ist es zu verdanken, dass großartige Ideen bald auch den Mainstream erfassen.

Im Leben allgemein. *Carpe diem* – genieße den Augenblick! Das Leben ist dafür da, gelebt zu werden, jedenfalls wenn es nach den Mentoren ginge. Als die Erfahrungsjunkies und Informationsschwämme, die sie nun einmal sind, wollen diese allseits beliebten Persönlichkeiten ja nichts verpassen. Wann immer es auch nur die geringste Chance gibt, noch eine Verabredung zum Kaffee einzuschieben oder Konzerttickets abzustauben, finden Mentoren garantiert eine Möglichkeit. Und an Einladungen mangelt es diesen Menschenmagneten bestimmt nicht! Denn Mentoren sind Meister der Verbundenheit und die Grundfesten vieler Gemeinschaften; sie teilen, interagieren, lehren und lernen liebend gern. Und ja, manche Mentoren haben sogar gleich mehrere akademische Grade, die meisten aber besuchen eher die Schule des Lebens – und bilden sich mithilfe der Weisheiten der von ihnen bevorzugten TED-Talker:innen weiter. Brauchst du vielleicht eine Umarmung? Oder hast du Bock auf Party? Die Emotionen von

Mentoren zeigen sich raumgreifend, schillernd bunt und direkt. Die Vertreter*innen dieses Archetyps sind so etwas wie empathische Spiegel, oft auch hervorragende Zuhörer*innen, die gute Ratschläge parat haben und praktisch in der Lage sind, die Gedanken ihrer Mitmenschen zu lesen. Weil sie so eng an ihnen dran sind und ihnen so gut wie nie etwas entgeht, können sie auch hervorragend Menschen nachahmen.

In Liebes- und anderen Beziehungen. Vergiss lange Strandspaziergänge. Mentoren sind auf Gespräche aus ... auch gern am Strand, aber genauso im Bett oder wo auch immer. Denn Konversation ist der Schlüssel zu ihrem Herzen, schließlich brainstormen sie für ihr Leben gern, sie lieben Klatsch und Tratsch und haben großen Spaß am Spiel mit Ideen. Spieglein, Spieglein: Damit eine Verbindung mit ihm entstehen kann, müssen sich die Partner*innen des Mentors seiner Stimmung und Energie anpassen. Er ist begeistert? Dann ist der/die andere gut beraten, einen Zahn zuzulegen. Er weint? Dann bloß nicht emotionslos und kühl reagieren, sondern voll mitfühlend. Fast zwingend vorgeschrieben sind gemeinsame Freund*innen (und Feind*innen). Mentoren sind darauf angewiesen, dass ihnen ihre Liebsten empathisch und nicht allzu kritisch zuhören. Sie geben aller Welt gute Ratschläge, sind aber eher selten bereit, auch selbst mal einen anzunehmen. Mentoren neigen dazu, ihre geheimsten Gefühle unter Humor, Intellekt oder richtiggehendem Vermeidungsverhalten zu verstecken. Denn wenn sie sich tatsächlich einmal verwundbar zeigen, bedeutet das nicht mehr und nicht weniger, als dass eine andere Person über ihr Herz bestimmen kann. Die Liebhaber*innen von Mentoren seien jedoch gewarnt: Ihr Schatz könnte jederzeit wieder auf einen anderen emotionalen Kanal umswitchen. Und das geht ganz fix!

Zu Hause. Ein Spielchen gefällig? Die ganze Nacht durchzocken? Gemeinsam mit anderen Serien bingen? Eine Potluck-Party besuchen oder ausrichten, bei der alle Geladenen ein Gericht mitbringen? Was es auch sein mag, auf Spaß haben Mentoren jederzeit Bock. Auf einen Kaffee und ein Schwätzchen bei ihnen vorbeikommen? Aber sicher doch, die Tür ist immer offen. Du kannst dich dazusetzen und mit ferngucken, basteln oder was die Mentoren auch sonst gerade machen, wenn du bei ihnen klingelst. Ihr experimenteller Stil macht auch vor dem häuslichen Ambiente nicht halt. Denn ihre Einrichtung ist nicht weniger bunt und originell als sie selbst. Um sicherzustellen, dass nicht in jeder Ecke Zeugs von ihren vielen Projekten rumfliegt, brauchen Mentoren ein gutes Ordnungssystem, damit sie nicht eines Tages vollends im Chaos versinken. Wenn jedoch alles optimal läuft, können sie das faszinierendste Heim *ever* ihr Eigen nennen. Weil man bei ihnen dann, ohne sich zu langweilen, stundenlang in Bücherregalen stöbern oder dekorative Kuriositäten bewundern kann, von denen jede eine eigene Geschichte erzählt.

Bei der Arbeit. Mit ihrer Liebe zum Experiment ähneln Mentoren hoch qualifizierten Gauklern, die sehr viel lieber *busy* sind, als sich zu langweilen. Jedes Team, das so einen zupackenden Mentor in seinen Reihen hat, der in einem Drittel der Zeit für drei malocht, kann sich glücklich schätzen. Darüber hinaus sorgen die Vertreter*innen dieses Typs in jedem Pausenraum, in der Kaffeeküche und im Gruppenchat für Spaß und den neusten Büroklatsch. Diese superschnellen Arbeitsbienen kriegen einen Job lieber schnellstmöglich fertig, als dass sie ihn unbedingt besonders gut erledigen wollen. Also wuseln sie sich durch ihre Aufgaben durch und tunken dabei alles in ihre spezielle verspielte Energie. Und wir sagen nur:

Stellt allen Mentoren eine Werkstatt zur Verfügung. Denn als die ultimativen Bastler, die sie nun einmal sind, haben sie ständig einen Haufen Projekte in unterschiedlichen Stadien der Vollendung am Wickel. Kolleg*innen und Angehörige können ein langes, trauriges Lied von dem speziellen Durcheinander singen, das wir auch gern als »Mentor-Chaos« bezeichnen. Eine Vertreterin dieses Archetyps kennen wir, die so viele Organisationsmittel und -methoden entwickelt hatte, dass sie sich schließlich als Aufräum- und Organisationsexpertin selbstständig machen konnte. Inklusive eigener strategisch systematisierter Aufbewahrungs- und Ordnungskisten, -kästen, Schachteln sowie allerlei weiterer nützlicher Helferlein im Kampf gegen das häusliche Chaos.

Privatleben. Liegt da irgendwo ein Schmöker rum? Gibt's 'ne Serie zum Bingen? Eine ganztägige Convention, ein Festival? Mentoren vergeuden nie leichtfertig auch nur eine Minute ihrer Freizeit. Als die Popkultur- und Medienjunkies, die sie sind, wollen sie sich absolut nichts entgehen lassen. Und da sie außerdem als geborene Kommunikator*innen und Sozialarchitekt*innen gelten dürfen, geht ihnen auch nichts über Freundschaften. Obwohl sie sich für inklusiv halten (und sich auch gern so präsentieren), geiern sie im Grunde doch ständig nach Gleichgesinnten und neigen zur Grüppchenbildung (auch wenn sie längst nicht so auf Exklusivität bedacht sind wie die Innovatoren).

Beste Rolle. Zusammenhänge herstellen und Menschen zusammenbringen, blitzschnelle Auswertung großer Informationsmengen

Ungeeignetste Rolle. Ein einziger Job oder Aufgabenbereich; alles, wobei sie sich isoliert fühlen; monotone Arbeiten

WIE DIE I*AM-ARCHETYPEN ZUSAMMENWIRKEN

Die drei I*AM-Archetypen stehen in einem wunderbaren Wechselverhältnis. Spielt jeder seine natürlichen Stärken optimal aus, wuppen sie im Nu alle Projekte und erfüllen jeden Plan.

Innovatoren warten mit großen, zukunftsweisenden Ideen auf, die uns aus unserer Komfortzone herausreißen. Ihr Leben ist ein einziges Labor, ein endloser Strom von (mehr oder weniger guten) Experimenten. Diese Störenfriede und Visionär*innen sind die Antriebskräfte des Fortschritts.

Autoritäten sind die Vertrauenswürdigen mit einer Vorliebe für Verantwortungsbewusstsein und Struktur. Oft nehmen sie die Ideen von Innovatoren auf, konkretisieren und terminieren sie. Wenn alle anderen die Nerven verlieren, bewahren Autoritäten die Ruhe. Für viele stellen sie eine Art sicheren Hafen dar, auf den sie sich jederzeit verlassen können.

Mentoren sind richtiggehende Informationsschwämme, Entertainer*innen und super Moderator*innen. Sie übernehmen, sobald die Autorität den Plan erstellt hat, und kümmern sich um Marketing und PR. Mentoren stehen für Veränderung und sorgen dafür, dass wir anderen nicht stagnieren. Ihre Funktion besteht darin, Ideen unters Volk zu bringen und ihnen breite Akzeptanz zu verschaffen.

In der Zusammenschau heißt das: Der Innovator sagt: »Lasst uns ein Unternehmen gründen!« Er legt das erste Konzept vor und versucht die anderen zu inspirieren: Diese Firma wird das Leben der Menschen revolutionieren und zugleich frischen Wind in die stagnierenden Märkte bringen. Der Innovator weiß ganz genau, was er sagen muss, um möglichst viel Eindruck zu machen. Als Nächstes ist die Autorität am Ball. Sie arbeitet die Gesellschafterverträge aus und erledigt überhaupt den ganzen Papierkram für die Unternehmensgründung, stattet alle Mitarbeitenden mit den richtigen Tools und der passenden Software aus, verfasst den Aufnahmebrief und informiert über zusätzliche Leistungen der künftigen Arbeitgebenden. Denn eines ist ja mal klar, und das weiß die Autorität auch genau: Damit diese Firma erfolgreich werden kann, muss sie auf einer soliden Grundlage stehen. Der Mentor bedient die Medien und kümmert sich um den Vertrieb; auf Social Media rührt er die Werbetrommel, nicht zuletzt auch für die künftigen Merchandise-Artikel und die freundschaftliche Atmosphäre, die im Unternehmen herrschen wird; auf Networking-Events lässt sich der Mentor so lautstark über die wunderbare neue Marke aus, dass alle Anwesenden es hören können, und erzeugt auf diese Weise bereits lange vor der offiziellen Gründung einen Vorab-Hype für die Firma.

AUSWERTUNG DES I*AM-PROFILS

Beim Blick auf deinen I*AM-Score fällt dir vielleicht auf, dass du in ein, zwei Bereichen besonders hohe oder niedrige Werte hast. Womöglich hast du dir auch die Beschreibung der Archetypen durchgelesen und würdest deshalb jetzt gern deine Innovator-Vibes etwas pimpen und die knallharte Energie der Autorität ein wenig runterschrauben. Das Ganze ist ein Balanceakt, wie es ja im Leben eigentlich immer ums Gleichgewicht geht.

Und genau zu diesem Gleichgewicht – deiner optimalen Verfassung – kann dir das I*AM-System verhelfen. Deshalb sprechen wir in diesem Zusammenhang auch gern von »Astro-Ayurveda« und beziehen uns dabei auf die traditionelle indisch-nepalesische Gesundheitslehre.

Wenn du in einem der I*AM-Typen mehr als fünf Planeten hast, bist du auf diesem Gebiet sehr stark – was man dir auch anmerken wird. Dabei kann es sich um eine natürliche Stärke handeln, mitunter aber ist es des Guten auch zu viel. Hast du bei einem der Archetypen nur drei oder noch weniger Punkte, gilt der entsprechende Wert als niedrig, sodass du vielleicht überlegen solltest, von dieser Energie etwas mehr in dein Leben zu bringen. Es gibt aber auch Leute, deren Ergebnisse ziemlich ausgewogen sind (zum Beispiel 5-4-4); das bedeutet, dass sie womöglich einen primären Archetyp haben, aber auch leicht Zugang zu den Talenten der beiden anderen finden.

Ganz unabhängig von deinem Gesamtergebnis kannst du jederzeit auf die Grundsätze des Astro-Ayurvedas zurückgreifen, um eventuelles Zuviel oder Zuwenig in deinem I*AM-Profil auszugleichen. Im Folgenden erfährst du, was genau du dafür tun kannst:

Viel (5 oder mehr) Innovator: natürliche Führungskraft

Du bist eine begeisterungsfähige, mutige und motivierende Führungspersönlichkeit, der es nie an wegweisenden Ideen mangeln dürfte. Hast du einmal Feuer für einen Plan gefangen, begibst du dich sofort ans Werk. Das Problem ist nur: Bei dieser »Auf-die-Plätze-fertig-los-Strategie« besteht die Gefahr, dass du ohne Rücksicht auf Verluste rund um die Uhr malochst; und das kann schließlich zu kostspieligen Fehlern, unnötiger Zeitverschwendung und im Endeffekt sogar zum Burnout führen. Unter diesen Umständen könnte sich das Mantra »Ich will schnell vorankommen? Dann mach ich am besten schön langsam« als echter Gamechanger erweisen, weil es dir die Möglichkeit gibt, Entscheidungen gut zu durchdenken, bevor du anfängst, ein Riesentheater zu veranstalten.

Wenig (höchstens 3) Innovator: zögerliche Führungskraft

Wo ist denn deine Leidenschaft geblieben? Egal, wie großartig die Ideen auch sein mögen, die du hast: Du fängst sofort an, sie dir wieder auszureden, und findest 1000 (gänzlich aus der Luft gegriffene) Gründe, warum sie eh nicht funktionieren können. In Wahrheit hast du einfach Angst, als Pionier*in abgelehnt, kritisiert oder der Lächerlichkeit preisgegeben zu werden. Also lässt du dich von Kleinigkeiten ins Bockshorn jagen und vermeidest selbst das geringste Risiko. Damit gehst du natürlich auf Nummer sicher, nimmst aber auch in Kauf, dass sich das Leben für dich klein und leicht fad anfühlt. Am besten versuchst du jetzt etwas risikofreudiger zu werden, vielleicht mit der Unterstützung eines Coachs oder (d)eines Teams, das dir bei der Fokussierung auf das Ziel behilflich ist und dich aufheitert, wann immer du den Mut verlierst.

Viel Autorität (5 oder mehr): Struktur-Freak

In deiner wohlgeordneten Welt wird alles »so und nicht anders« gemacht; das Ergebnis, das dabei herauskommt, kann sich mehr als sehen lassen und nötigt durchaus Respekt ab. Aber wann entspannst du dich denn auch mal? Deine intensive Konzentration auf Äußerlichkeiten (eventuell also auch auf ... pardon ... deine Haare) kann zur Folge haben, dass du nicht mehr genügend Engagement für die Dinge aufbringst, die du doch eigentlich so unbedingt erreichen möchtest. Und mehr noch: Die Wahrscheinlichkeit ist groß, dass deine Fixierung auf Regeln und Abläufe die Atmosphäre nicht nur am Arbeitsplatz verschlechtert, sondern auch bei dir zu Hause. Weil du nämlich ständig versuchst, die Leute glücklich zu machen. Und die blinde Fokussierung auf Resultate kann dich zum/zur bloßen Jasager*in machen. Mit der Folge, dass die echte Fürsorge unbemerkt bleibt, die du den Menschen entgegenbringst, sobald du dich selbst nicht mehr so unter Druck setzt.

Wenig Autorität (höchstens 3): Abneigung gegenüber Strukturen

Deine mentale Jugendlichkeit ist erfrischend; wann immer aber mal Erwachsene gebraucht würden, ist bei dir Sendepause. Du scheinst Leute, die als »Autoritätsperson« rüberkommen, abzulehnen und lehnst dich gegen Strukturen auf – auch wenn sie dir das Leben tausendmal leichter machen würden. Mit dem Ergebnis, dass dir oft das Geld ausgeht, du Termine verpasst und Menschen frustrierst, die auf dich angewiesen sind. Verpflichtungen, die mit einer Menge Verantwortung verbunden sind, können Angst machen, ja. Aber bitte lauf nicht vor ihnen weg! Es gibt da einen Muskel, der es wert ist, trainiert und aufgebaut zu werden, und zwar um eines erfüllteren Lebens, intensiverer Beziehungen und kostbarer Erfahrungen willen, die alle etwas Zeit brauchen, bis sie sich entwickelt haben. Und dieser Muskel ist die Resilienz alias Widerstandskraft.

Viel Mentor (5 oder mehr): Experimentierfreude

Ist denn schon wieder Pause? Dein ganzes Leben dreht sich ums Spielen. Genauer gesagt: Selbst die banalsten Aufgaben verwandelst du noch in ein Match. Als echter Hansdampf-in-allen-Gassen jonglierst du für dein Leben gern mit einer Vielzahl von Projekten.

Nur bist du leider oft zerstreut und überfordert. Was schnell ins Chaos und zu Zerwürfnissen mit Kolleg*innen und anderen führt, die sich im selben Raum befinden wie du. Du solltest lernen, Prioritäten zu setzen, damit du deine brillanten Pläne auch voranbringen und finalisieren kannst. Für den geselligen Schmetterling, der du nun einmal bist, ist es für dich ein Leichtes, Menschen anzuziehen und Freundschaften mit ihnen zu schließen. Eine deiner größten Begabungen ist das Storytelling, das Erzählen, aber Klatsch und Tratsch liebst du auch. Dein redseliger Stil kann allerdings auf dich zurückfallen – und eventuell sogar dafür sorgen, dass ein paar wichtige Brücken in Flammen aufgehen.

Wenig Mentor (höchstens 3): Furcht vor Experimenten

Du bist ein Gewohnheitstierchen und mehr als am Experimentieren mit neuen Optionen daran interessiert, an Dingen festzuhalten, die du liebst und die dir viel bedeuten. Absolut nichts spricht gegen klare Wünsche. Aber dein Widerstand gegenüber Veränderungen führt leider auf Dauer dazu, dass du Entwicklungen verschläfst und deiner Zeit hinterherhinkst. Brich doch einfach immer mal wieder aus deiner Routine aus und schau, was die »Kids« so machen. Andernfalls besteht die Gefahr, dass du versteinerst oder in Panik gerätst, sobald wichtige Entscheidungen anstehen. Leg dir ein paar neue Strategien zu, bevor du losmarschierst, aber warte nicht mehr allzu lang! Manchmal muss man einen ersten Schritt machen, um den ganzen Weg überblicken zu können.

DIE ASTROLOGIE HINTER DEM I*AM-SYSTEM

Was bestimmt denn nun aber darüber, ob du Innovator, Autorität oder Mentor bist? Um die Essenz deines astrologischen Horoskops in unser I*AM-System zu überführen, haben wir uns, wie schon erwähnt, einer astrologischen Kategorie bedient, die als Modalität (oder auch Qualität) bekannt ist.

Dein I*AM-Score hängt davon ab, wie viele der 13 Hauptpunkte deines Geburtshoroskops sich in welcher Modalität befinden. Diese 13 Hauptpunkte sind: Sonne, Mond, Aszendent (aufsteigendes Zeichen), die beiden Mondknoten sowie alle Planeten von Merkur bis Pluto.

ASTROLOGISCHES HOROSKOP VS. I*AM-PROFIL

Astrologische Tabellen bedienen sich eines ganz eigenen Alphabets aus Symbolen und Markern; entsprechend dauert es seine Zeit, bis man sie zu interpretieren gelernt hat. Die Darstellung der astrologischen Kernpunkte in Tabellenform (statt als Grafik oder Diagramm) ermöglicht es, mit einem Blick zu erkennen, wo wie viele Planeten in welchen Modalitäten sind.

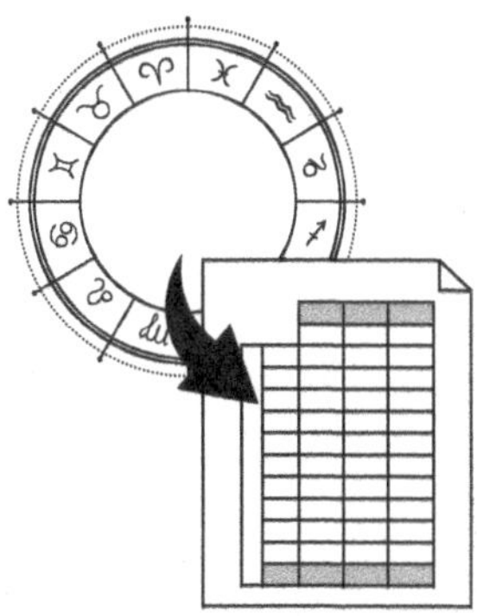

Die drei Modalitäten

Das I*AM-System nutzt eine der zwei wichtigsten Subklassifikationen der zwölf Tierkreiszeichen – die Modalitäten beziehungsweise Qualitäten. (Die zweite Subklassifikation ist die der Elemente: Feuer, Erde, Luft und Wasser.)

Die Modalitäten unterteilen den Tierkreis in drei Gruppen: kardinale, fixe und veränderliche Zeichen. Sie beruhen auf den Jahreszeiten und enthalten je vier Tierkreiszeichen.

Kardinale Zeichen: Widder, Krebs, Waage, Steinbock

Fixe Zeichen: Stier, Löwe, Skorpion, Wassermann

Veränderliche Zeichen: Zwillinge, Jungfrau, Schütze, Fische

Und so verteilen sie sich auf die drei I*AM-Archetypen:

Innovatoren: hauptsächlich kardinale Zeichen

Alle kardinalen Zeichen markieren den Anfang einer Jahreszeit und stehen für die Qualitäten Initiative, Führungsvermögen und Vorreitertum, die den Archetyp Innovator antreiben.

Autoritäten: hauptsächlich fixe Zeichen

Alle fixen Zeichen markieren die Mitte einer Jahreszeit, hier finden wir die Arbeitstiere und Macher*innen des Tierkreises.

Mentoren: hauptsächlich veränderliche Zeichen

Die veränderlichen Zeichen markieren das Ausklingen einer Jahreszeit; hier versammeln sich die Vermittler*innen und Kommunikator*innen, die für diesen Archetyp kennzeichnend sind.

Die 13 Punkte des I*AM-Algorithmus

Der I*AM-Algorithmus beruht auf 13 speziellen Punkten in deinem Horoskop und berechnet die jeweiligen Tierkreiszeichen, in denen sie sich zum Zeitpunkt deiner Geburt befanden. Diese 13 Punkte sind:

1.	Sonne	☉
2.	Mond	☽
3.	aufsteigend/Aszendent	Asc
4.	Merkur	☿
5.	Venus	♀
6.	Mars	♂
7.	Jupiter	♃
8.	Saturn	♄
9.	Uranus	♅

10. Neptun ♆

11. Pluto ♇

12. südlicher Mondknoten ☋

13. nördlicher Mondknoten ☊

Die meisten kennen nur ihr Sonnenzeichen, das auch als Stern- oder Tierkreiszeichen bekannt ist. Aber es gibt einen Grund, warum nicht alle Waagen (um nur eines von zwölf möglichen Beispielen zu nennen) gleich gestrickt sind, weshalb sie auch unterschiedliche I*AM-Typen haben können.

Zum genauen Zeitpunkt deiner Geburt hatten alle Planeten – sowie Sonne und Mond – am Himmel einen speziellen Bezug zu einem der zwölf Tierkreiszeichen. So trägt jeder Himmelskörper seinen Teil sowohl zu deiner kosmischen Veranlagung bei als auch zum Plan deiner Seele.

Du bist also nicht einfach Waage (oder Widder ... oder Jungfrau). Sondern vielleicht eine Waage-Sonne mit einem Skorpion-Mond, mit dem Merkur in der Venus, Uranus im Steinbock und so weiter. Das so entstehende Gesamtbild wird als dein Geburtshoroskop bezeichnet und stellt die Grundlage jeder astrologischen Interpretation deines Lebensweges dar.

Faszinierend daran ist, dass nur ein Mensch, der exakt zur selben Zeit und am selben Ort geboren wurde, dasselbe Horoskop hat wie du. Demnach gibt es praktisch ebenso viele kosmische Kombinationen wie Menschen auf der Erde. Selbst wir als eineiige Zwillinge, die im Abstand von nur vier Minuten auf die Welt gekommen sind, haben leicht unterschiedliche Horoskope.

Diese vielen Informationen drohen dich schon beinahe zu überfordern? Ja, das Ganze ist tatsächlich ziemlich komplex. Aber schließlich handelt es sich bei der Astrologie auch um ein jahrhundertealtes Deutungssystem, das sich von den alten Babyloniern bis in unsere modernen Zeiten immer weiterentwickelt hat. Sie stellt sowohl eine umfassende Theorie dar als auch ein praktisch anwendbares Instrumentarium. Und genau deshalb haben wir das I*AM-System entwickelt. Wir wollen, dass du so viel wie nur möglich von deinem Geburtshoroskop profitieren kannst – also in den vollen Genuss deines Astrologie-Codes kommst –, ohne dir die ganzen komplizierten Einzelheiten merken zu müssen.

Die Bedeutung der 13 Punkte des I*AM-Algorithmus

Deine Großen Drei: Sonne, Mond und Aszendent

Dein Sonnenzeichen kennzeichnet deine Persönlichkeit mit all ihren Stärken. Es bestimmt also, was dich antreibt und wie du dich der Welt von deiner besten Seite zeigst. Dagegen ist der Mond, der Begleiter unserer Welt, für dein Innenleben und die Emotionen zuständig. Demnach zeigt das Mondzeichen, was du brauchst, um dich in Sicherheit und wohlfühlen zu können. Und der Aszendent? Ist das Zeichen, das sich zum Zeitpunkt deiner Geburt am östlichen Horizont zu zeigen beginnt (also »aufsteigt«). Der Aszendent gibt Auskunft über den ersten Eindruck, den du bei anderen erweckst, sowie über das Bild, das du der Öffentlichkeit von dir vermitteln möchtest.

Die persönlichen Planeten: Merkur, Venus und Mars

Diejenigen Himmelskörper, die der Sonne am nächsten sind und als innere oder auch persönliche Planeten bezeichnet werden, regieren die Art und Weise unseres täglichen Austauschs. Merkur etwa beeinflusst deine Art der Kommunikation und den Umgang mit deinen Mitmenschen. Auch bestimmt Merkur, wie du lernst, Probleme löst und Informationen verarbeitest. Venus und Mars sind die himmlischen Turteltäubchen. Dein Venus-Zeichen ist entscheidend dafür, wie du die Objekte deiner Zuneigung verführst und dich stylst, sowie nicht zuletzt auch für dein Schönheitsempfinden. Mars ist pure Leidenschaft, reine Antriebskraft; die Position, die er zum Zeitpunkt deiner Geburt am Himmel innehat, regiert, was dich anmacht und wofür du dich einsetzt.

Die äußeren Planeten: Jupiter, Saturn, Uranus, Neptun und Pluto

Die langsameren äußeren Planeten zwischen Jupiter und Pluto beeinflussen wichtigere Entscheidungen und prägen ganze Generationen. Der freigiebige Jupiter ist dein Glücksbringer. Aus deinem Jupiter-Zeichen geht hervor, was dir locker zufällt und du besonders gut kannst. Jupiters vorsichtiger, vage miesepetriger Gegenpart ist der strenge, disziplinierte Saturn. Seine Position zum Zeitpunkt deiner Geburt kann auf einen Lebensbereich hinweisen, in dem du dich schwertust. In dem du dich aber auch durchkämpfst und an Stärke gewinnst.

Die drei letzten Planeten sind in gewisser Weise besonders interessant: Uranus (höheres Bewusstsein), Neptun (Unterbewusstsein), Neptun (Unbewusstes). Du möchtest am Status quo rütteln? Dann such in deinem Uranus-Zeichen nach Hinweisen auf dein Engagement und deine Ideale – und auf die Gebiete, auf denen du dich nicht einhegen lässt. Spiritualität, Fantasie sowie das Reich der Träume fallen in Neptuns Zuständigkeitsbereich; dein Neptun-Zeichen markiert den Kreativdirektor in deinem Horoskop. Pluto wiederum herrscht über das Reich des Unbewussten, und seine Stellung zum Zeitpunkt deiner Geburt zeigt deine »blinden Flecke« – die Bereiche deines Lebens, in denen du dazu neigst, deine eigenen Wesenszüge auf andere zu projizieren, mit Süchten zu kämpfen hast oder die Augen vor der Wahrheit verschließt. An dieser Stelle nun solltest du, um dich persönlich weiterentwickeln zu können, mit der »Schattenarbeit« beginnen, wie Carl G. Jung den Akt der Integration unerwünschter Anteile von uns nannte.

Deine Mondknoten: der nördliche und der südliche

Diese wichtigen Punkte stehen mit Eklipsen (Finsternissen) zum Zeitpunkt deiner Geburt in Verbindung. Astrolog*innen entnehmen den Mondknoten Informationen über deinen Lebensweg und deine Lebensaufgabe, deinen karmischen Lebenszweck. Diese mysteriösen Punkte sind uns bei der Beantwortung der großen Fragen behilflich wie zum Beispiel »Warum bin ich auf der Welt?« oder »Was habe ich vom Schicksal zu erwarten?«. Jenseits des Alltäglichen erteilen die Mondknoten Auskunft über die Reise deiner Seele durch ihre früheren Leben bis hin zu ihrem höchsten Ziel.

In diesem Buch gehen wir nicht intensiver auf die genannten Planeten und Punkte ein. Weitere astrologische Informationen findest du jedoch auf unserer Website Astrostyle.com. Aber wie gesagt: Du brauchst dich auf diesem Gebiet nicht auszukennen, um optimal vom I*AM-System profitieren zu können.

DER I*AM-SCORE: JETZT KOMMT ALLES ZUSAMMEN

Zur Ermittlung deines I*AM-Scores berechnet der Algorithmus die Modalitäten jedes einzelnen der 14 wichtigen Punkte. Hier ein Beispiel auf der Basis unseres Geburtshoroskops:

- Sonnenzeichen: Schütze (M)
- Mondzeichen: Skorpion (A)
- aufsteigendes Zeichen: Steinbock (I)
- Merkur-Zeichen: Skorpion (A)
- Venus-Zeichen: Skorpion (A)
- Mars-Zeichen: Skorpion (A)
- Jupiter-Zeichen: Steinbock (I)
- Saturn-Zeichen: Zwillinge (M)
- Uranus-Zeichen: Waage (I)
- Neptun-Zeichen: Schütze (M)
- Pluto-Zeichen: Waage (I)
- südlicher Mondknoten: Krebs (I)
- nördlicher Mondknoten: Steinbock (I)

		MODALITÄTEN		
		kardinal (I) Widder Krebs Waage Steinbock	**fix (A)** Stier Löwe Skorpion Wassermann	**veränderlich (M)** Zwillinge Jungfrau Schütze Fische
PLANETEN	**Sonne**			X
	Mond		X	
	Merkur		X	
	Venus		X	
	Mars		X	
	Jupiter	X		
	Saturn			X
	Uranus	X		
	Neptun			X
	Pluto	X		
	nördlicher Mondknoten	X		
	südlicher Mondknoten	X		
	Aszendent	X		
	Gesamt	**6**	**4**	**3**

Zusammengezählt ergeben alle Punkte unser I*AM-Profil: 6 x Innovator, 4 x Autorität, 3 x Mentor.

DIE VIER ELEMENTE: FEUER, ERDE, LUFT UND WASSER

Astrologische Horoskope kennen noch eine weitere Differenzierung: die Subklassifikation der zwölf Tierkreiszeichen in die vier Elemente. Diese Elemente, denen jeweils drei Zeichen angehören, sind Feuer, Erde, Luft sowie Wasser:

Feuerzeichen: Widder, Löwe, Schütze

Erdzeichen: Stier, Jungfrau, Steinbock

Luftzeichen: Zwillinge, Waage, Wassermann

Wasserzeichen: Krebs, Skorpion, Fische

Die Anzahl der Planeten in den jeweiligen Tierkreiszeichen und das dazugehörige Element nuancieren und personalisieren deinen I*AM-Typ noch ein bisschen mehr. (Denk bloß an die zahlreichen verschiedenen Abstufungen der Farbe Blau, um nur ein Beispiel zu nennen, und an die breite Range zwischen Baby- und Royal- oder Dunkelblau. Damit lässt sich das gut vergleichen.) Auf diese Weise verschaffst du dir größere Klarheit darüber, wie du deine individuellen I*AM-archetypischen Talente und Begabungen in der Praxis am besten einsetzen kannst.

*Die Elemente im I*AM-System*

Wenn du deinen I*AM-Score um das astrologische Element ergänzt, wird dein Persönlichkeitsbild noch runder und einzigartiger. Ganz ähnlich wie die Nuancen im Spektrum einer Farbe Dinge spezieller machen, individualisieren die Elemente den Ausdruck deiner persönlichen I*AM-Modalität. Das Wissen, dass du beispielsweise viel Erde hast und wenig Luft, kann dir helfen, energetische Überschüsse und eventuelle Mängel an anderer Stelle auszugleichen.

Ein Mentor mit vielen Feuerzeichen hat womöglich ein großes Geschick dafür, die heißesten neuen Ideen unter die Leute zu bringen, zum Beispiel als Klatschkolumnist*in. Vielleicht wäre ein solcher »Feuer-Mentor« aber auch gut beraten, einen Gang runterzuschalten und seine Mitarbeitenden nicht allzu sehr unter Druck zu setzen.

Eine Autorität, deren I*AM-Score eine Menge sensible Wasserzeichen aufweist, könnte eine Kapazität auf dem Gebiet der Heilung sein. Dieselbe Wasser-betonte Autorität läuft aber auch Gefahr, zu einer Art emotionalem Schwamm zu werden, der das Gewicht der ganzen Welt auf seinen Schultern trägt. Du kennst doch bestimmt jemanden, der ständig dabei ist, anderen aus einer Krise herauszuhelfen, oder an den Feiertagen immer das Familienessen bei sich zu Hause organisiert? Bei dieser Person handelt es sich mit hoher Wahrscheinlichkeit um eine »Wasser-Autorität«.

Die Hinzunahme der Elemente dient deiner besseren Fokussierung. Statt ständig über deinen »perfekten« Weg nachzugrübeln, kannst du jetzt aus dem Denken rauskommen und ins Handeln gehen. Die Welt braucht die Talente und Begabungen, die du hast. Also zögere nicht länger und nimm dein Leben in die Hand!

Wie die vier Elemente deine Persönlichkeit prägen

Feuer

macht dich direkt, geradeheraus, handlungsorientiert, kühn und aufsehenerregend, es energetisiert und motiviert dich. Du bist auf der Welt, um die Party in Gang zu bringen und dafür zu sorgen, dass alle in die Hufe kommen. Am dienlichsten bist du der Welt, indem du dich für eine Sache engagierst, die dir am Herzen liegt. Oder indem du an die Öffentlichkeit gehst.

Erde

erdet dich, macht dich vernünftig, klug, ein wenig konservativ, serviceorientiert und sorgt dafür, dass du stets auf Sicherheit bedacht bist. Du bist auf der Welt, um etwas Langlebiges, Dauerhaftes zu erschaffen oder eine Tradition zu pflegen. Am besten gehst du schrittweise vor oder gibst den Leuten eine Struktur an die Hand, an die sie sich halten können.

Luft

macht dich impulsiv, fürsorglich, kommunikativ, freundlich und lebhaft. Du bist hier, um der Welt eine Botschaft zu übermitteln, dich mit anderen auszutauschen und »unter Leuten« zu sein. Am besten dienst du deiner Mission, indem du statt in die Tiefe in die Breite gehst und etwas Leichtes, allen Menschen Zugängliches erschaffst.

Wasser

macht dich einfühlsam und liebevoll, empathisch intuitiv, nachdenklich, introspektiv und gründlich. Du bist auf der Welt, um dich auf der emotionalen Ebene mit Menschen zu verbinden und dich künstlerisch, musikalisch oder auf andere Weise kreativ auszudrücken. Am besten kannst du deiner Mission dienen, indem du statt in die Breite in die Tiefe gehst oder für dich allein arbeitest.

Sobald du dein Element kennst, kannst du auch anfangen, dir mögliche Wege zu überlegen, dein einzigartiges I*AM-Licht zu verbreiten: Weil »Wasser« empathisch und fürsorglich macht, fühlt sich ein auf Gründlichkeit bedachter Wasser-betonter Innovator wahrscheinlich am wohlsten, wenn er seine bahnbrechenden Ideen in privaten Coaching-Gruppen erläutert. Der Luft-betonte Innovator dagegen bietet vermutlich eher einen Podcast oder Videos an – schließlich geht es diesem Element ja vor allem darum, eine Botschaft in allen Richtungen zu verbreiten.

ORCHESTRIERE DEIN HOROSKOP MIT DEN VIER ELEMENTEN

Auf https://astrostyle.com/iam kannst du mithilfe des kosmischen Kalkulators dein vorherrschendes Element ermitteln. Vielleicht sind es aber auch zwei oder sogar drei. Genau, deshalb auch Astro-Ayurveda! Schau, in welchem Element du viele (mindestens fünf) Planeten hast und in welchem wenige (höchstens zwei). Unsere folgenden Tipps zeigen dir, wie du etwaiges Ungleichgewicht ausbalancieren kannst.

Viel Feuer

Du wirst möglicherweise schnell ungeduldig, bist impulsiv, dominant und kannst im Nu das Interesse an etwas verlieren. Oder erleidest gar einen Burnout. Versuch alles, was du angefangen hast, auch zum Abschluss zu bringen. Nimm dir aber nicht zu viel auf einmal vor. Hör lieber gut zu, statt zu predigen oder die Kuh selbst vom Eis kriegen zu wollen.

Wenig Feuer

Womöglich bist du ängstlich oder zweifelst an dir. Versuch auch mal, mehr Risiken einzugehen und auf dein Bauchgefühl zu hören. Schluck deinen Ärger nicht runter, sondern lass ihn lieber auf der Stelle raus.

Viel Erde

Du fixierst dich womöglich allzu sehr auf Sicherheit und kannst auch ziemliche Vorurteile haben. Versuch deine Risikotoleranz zu erhöhen – und fang am besten mit kleinen kalkulierten Herausforderungen an. Verlass deine Echokammer und umgib dich mit Leuten, die dir nicht nach dem Mund reden.

Wenig Erde

Möglicherweise bist du zu wenig geerdet, kannst nicht gut mit Geld umgehen oder tust dich jedenfalls schwer damit, die Mäuse zusammenzuhalten. Versuch, dich an einfache Regeln zu halten, und gewöhn dir an, auf dem Boden zu bleiben (und deine Finanzen im Blick zu haben). Ein Finanzplaner oder eine Beratung könnte hilfreich sein.

Viel Luft

Nicht auszuschließen, dass du etwas durcheinander bist und zwar viel quatschst, wenn der Tag lang ist, aber nichts geregelt kriegst. Versuch, pünktlich zu sein, deine Versprechungen zu halten und erst über deine Ideen zu sprechen, wenn du bereits etwas vorzuweisen hast.

Wenig Luft

Mit Veränderungen und Bewegung tust du dich schwer. Versuch proaktiv, Neues auszuprobieren, aufgeschlossener zu werden und dich neuen Erfahrungen auszusetzen, um nicht zu stagnieren. Wirf lieber Fragen auf, als Vermutungen anzustellen.

Viel Wasser

Möglicherweise bist du furchtsam, unsicher oder versteckst dich gern hinter anderen. Versuch, mehr Vertrauen aufzubauen, deine Komfortzone zu erweitern und dich mitzuteilen, auch wenn dir das Angst macht. Wenn du dich fehl am Platz fühlst, tu etwas für andere oder biete wenigstens deine Hilfe an. Dann geht's dir bald besser.

Wenig Wasser

Mitgefühl gehört nicht gerade zu deinen Stärken. Antworten suchst du im Kopf statt in deinem Herzen. Versuch, dich auf deinen Körper und deine Intuition einzustimmen und dich in dein Gegenüber hineinzuversetzen, bevor du es verurteilst.

DAS I*AM-DIAGRAMM

Die folgende Tabelle zeigt das Gesamtensemble: die drei Archetypen Innovator, Autorität und Mentor sowie die Elemente Feuer, Erde, Luft und Wasser: das I*AM-Diagramm.

		ELEMENTE				MODALITÄTEN		
		Feuer Widder Löwe Schütze	**Erde** Stier Jungfrau Steinbock	**Luft** Zwillinge Waage Wassermann	**Wasser** Krebs Skorpion Fische	**kardinale Zeichen(I)** Widder Krebs Waage Steinbock	**fixe Zeichen (A)** Stier Löwe Skorpion Wassermann	**veränderliche Zeichen (M)** Zwillinge Jungfrau Schütze Fische
PLANETEN	**Sonne**	x						x
	Mond				x		x	
	Merkur				x		x	
	Venus				x		x	
	Mars				x		x	
	Jupiter		x			x		
	Saturn			x				x
	Uranus			x		x		
	Neptun	x						x
	Pluto			x		x		
	nördlicher Mondknoten		x			x		
	südlicher Mondknoten				x	x		
	Aszendent		x			x		
	Gesamt	**2**	**3**	**3**	**5**	**6**	**4**	**3**

Solltest du dein astrologisches Verständnis inzwischen schon ein wenig erweitert haben, möchtest du jetzt vielleicht mit dem I*AM-Diagramm arbeiten, um die Stärken deiner Modalitäten und Elemente zu nutzen. Dieses Diagramm ist nichts anderes als die tabellarische Darstellung deines Geburtshoroskops, das sonst zumeist in Form eines Kreisdiagramms mit Symbolen für die Planeten und Tierkreiszeichen erstellt wird.

DER ASTROLOGIE-CODE IN DER KOMMUNIKATION

Das Zusammenleben ist kein Pappenstiel! Die spürbaren Unterschiede zwischen den drei Persönlichkeitstypen sorgen oft für unnötige Konflikte und Machtkämpfe. Wobei der Zankapfel in vielen Fällen von einem bestimmten Baum fällt, nämlich dem der unterschiedlichen Kommunikationsstile der drei I*AM-Archetypen.

Dabei geht es nicht einfach darum, wie sie ihre Gedanken äußern, sondern auch um die Art und Weise, einander zuzuhören. Weil die drei I*AMs nämlich unter Interaktivität alle etwas anderes verstehen.

Innovatoren bevorzugen das Nebeneinander, bei dem zwei oder mehr Menschen parallel an Einzelprojekten werkeln und ihren Spaß am Klima der kreativen Produktivität haben. Für Autoritäten sind Termine und Pläne das A und O: Im Team haben alle ihre bestimmte Rolle; sollte es für den Arbeitsprozess unerlässlich sein, kommen die Kolleg*innen öfter zusammen und kooperieren. Mentoren ihrerseits lieben die Gemeinsamkeit: den kollektiven Schaffensprozess, das Brainstormen und Sich-im-Sandkasten-die-Förmchen-Teilen.

Probleme entstehen, sobald den I*AM-Persönlichkeiten das Verständnis für die bevorzugten Kommunikationsmethoden der anderen abgeht. Dann werden mit einem Mal selbst die besten Absichten falsch interpretiert und es hagelt plötzlich Vorwürfe, gegenseitige Beschämungen und Projektionen.

Von einem weiblichen Innovator, den wir kennen, wissen wir, was sie an ihrem Partner, einer Autorität, am meisten aufregt: wenn er mit ihr in einem »Befehlston« spricht, wie sie es nennt. Sobald sie auch nur die leiseste Andeutung dieser Klangfarbe hört, explodiert sie wie eine Rohrbombe.

»Dann nimmt seine Stimme diesen abgehackten, offiziellen Ton an. Und er bittet mich nicht mehr, sondern trägt mir auf, was ich tun soll und wie und wann ... normalerweise auf der Stelle«, regt sie sich auf. »Womit *ich* gerade beschäftigt bin, spielt für ihn dabei nicht die geringste Rolle. Plötzlich dreht sich alles nur noch um ihn und seine Bedürfnisse. Da fühle ich mich wie ein ungezogenes Kind, das vom Vater auf die Schweigetreppe geschickt wird. Und das macht mich einfach wahnsinnig!«

Ihr Partner, die Autorität, sieht das natürlich ganz anders. »Das, was sie meinen ›Befehlston‹ nennt ...«, erklärt er, »den hab' ich drauf, wenn sie mal wieder die Zeit aus den Augen verloren hat und ich mich zusammenreiße, um nicht aus der Haut zu fahren.« Weiter berichtet er: »Mich vertröstet sie für Stunden, wenn sie gerade noch ›bloß ein Viertelstündchen‹ an einem ihrer Projekte arbeitet, und ich warte und warte oft stundenlang oder wir verpassen ihretwegen einen Termin, der schon seit Wochen im Kalender steht.«

Wie wäre es nun aber, wenn die beiden lernen würden, Ton und Subtext der Äußerungen des jeweiligen Gegenübers zu übersetzen und besser zu verstehen? Klar, in einer idealen Welt würden sich Partner*innen 24/7 der direkten Kommunikation befleißigen. Die meisten aber funktionieren nun mal nicht so.

Beispiel: Vielleicht ist »das Viertelstündchen« des weiblichen Innovators in diesem Fall ja kein Zeichen mangelnden Respekts, sondern ein Hilferuf: weil sie sich von dem Projekt, mit dem sie beschäftigt ist, überfordert fühlt, weil sie Unterstützung braucht, um aus ihrem Arbeitsmodus herausfinden oder wenigstens einen Schlachtplan aushecken zu können. Aber natürlich muss auch unsere Bekannte, der Innovator, an sich arbeiten. Sie muss begreifen, wie viel Wert die Autorität auf Pünktlichkeit legt, sollte also klare Verabredungen mit ihr treffen und diese strikt einhalten. Bei der Terminierung sollte übrigens nicht nur der Anfang der gemeinsamen Zeit festgelegt werden, sondern auch ihr Ende. Etwa nach dem Muster »Wir haben eine Stunde« oder »Um zwei muss ich wieder am Schreibtisch sein«.

Selbstverständlich wird der Aufbau einer wirkungsvollen Kommunikation der I*AM-Archetypen kein Spaziergang, sondern kann durchaus Jahre in Anspruch nehmen. Doch bereits das Wissen um die spezifischen Bedürfnisse jedes Typs stattet alle Beteiligten mit dem Vorteil des Astrologie-Codes aus. Denn so braucht sich niemand missverstanden und gedisst zu fühlen; stattdessen können alle Archetypen zu einem Kommunikationsstil finden, der für sie funktioniert und ihre Botschaft unbeschädigt rüberbringt.

AUF EINEN BLICK: DIE I*AM-KOMMUNIKATION

	SPRECHEN AN AUF	MÖGEN KEINE(N)
INNOVATOREN	Chancen	Small Talk
AUTORITÄTEN	Sicherheit	Unzuverlässigkeit
MENTOREN	Dringlichkeit	Pedanterie

SO KOMMUNIZIEREN INNOVATOREN

Innovatoren sprechen gut an auf *Chancen*

Innovatoren mögen keinen *Small Talk*

Bei Innovatoren weiß man nie, was sie als Nächstes von sich geben; und genau das ist es auch, was diesen Typ sowohl sehr faszinierend als auch ein bisschen einschüchternd macht. Manchmal ist das Mundwerk dieser Visionär*innen messerscharf, ihre Botschaft stark und ehrfurchtgebietend. Doch sobald sie in Gedanken versunken beziehungsweise nachdenklich sind (was häufig der Fall ist) oder kurz vor der Lösung des Problems stehen, können sie auch ausgesprochen diffus wirken.

Die kommunikativen Superkräfte von Innovatoren

Problemlösung. Als geborene Problemlöser*innen sind Innovatoren außerordentlich gut in der Lage, Zusammenhänge herzustellen und mit inspirativen Lösungen um die Ecke zu kommen. Dafür schöpfen sie aus einem reichen Wissensschatz in den verschiedensten Bereichen. Wie es der Innovator schafft, sich in einem einzigen Satz sowohl über neoklassizistische Architektur als auch den Hip-Hop der 90er zu äußern – und warum überhaupt? Das weiß kein Mensch, nicht einmal der Innovator selbst. Jedenfalls so lange, bis er seinen Gedanken zu Ende gedacht hat. Weil sich seine Gedanken nämlich erst während des Sprechens bilden.

Unorthodox. Als die echten Originale, die sie sind, gehen Innovatoren kompromisslos ihren eigenen Weg und haben zumeist ziemlich festgezurrte Meinungen. Seitens dieser provokativen Rebell*innen sollten Freundinnen und Kollegen auf einen Schwall überraschend schonungsloser Kommentare gefasst sein. Innovatoren schrecken auch nicht vor Äußerungen zurück, die der herrschenden Meinung total zuwiderlaufen und den Status quo infrage stellen. (»Mir ist sehr wohl bewusst, dass wir darüber gesprochen haben, das Marketingbudget zu verringern. Trotzdem schlage ich vor, es zu verdoppeln. Und zwar, weil ...«)

Weitblick. Manchmal kommt es einem so vor, als würden Innovatoren den Advocatus Diaboli spielen oder mutwillig »schwierig« sein wollen. Dieser Eindruck entspricht aber nur in den seltensten Fällen der Wahrheit. Mit dem sechsten Sinn, über den Innovatoren verfügen, nehmen sie winzigste Details und Nuancen wahr, zum Beispiel eine einzige falsche Note in einer Symphonie oder das eine Wort, das den Satz zum Strahlen bringen könnte – würde es nur durch ein Synonym ersetzt. Das mag im ersten Moment vielleicht pingelig wirken, doch sobald das jeweilige Detail dann korrigiert wurde, ist plötzlich alles perfekt. Hinweis für Leute, die an der Vergangenheit hängen oder darauf bestehen, »alles zu machen wie schon immer«: Der Innovator holt nicht nur für sein Leben gern Leute aus ihrer Komfortzone heraus, sondern hat auch eine Vorliebe für unkonventionelle Ideen.

Ein gutes Gedächtnis. Manchmal sieht es so aus, als würden Innovatoren nicht zuhören. Das hat viel mit ihrer Körpersprache zu tun (sie halten selten Blickkontakt, zappeln viel rum – oder räumen gar ihren Schreibtisch auf, während jemand mit ihnen spricht). Und ... Überraschung: Sie haben ein ausgesprochen gutes Gedächtnis. Oft sind die Leute geschockt, weil der Innovator sich an ein vollkommen beliebiges Detail erinnert: an den Mädchennamen der Urgroßmutter einer Freundin, das Tierkreiszeichen der Jugendliebe eines früheren Mitbewohners oder daran, dass eine Kollegin von ihm in einem Vorort Bielefelds aufgewachsen ist.

Eisbrecher im Umgang mit Innovatoren

Stich heraus aus der Menge

Erzeuge FOMO

Überrasche sie

Du möchtest nicht länger an der Oberfläche bleiben, sondern einen Innovator besser kennenlernen? Leute, die sich mit einem Vertreter oder einer Vertreterin dieses Archetyps anfreunden, mit ihm oder ihr zusammenarbeiten möchten oder vielleicht auch ein amouröses Interesse an der Person haben, müssen sich von anderen unterscheiden. Wie das in weniger als 60 Sekunden gehen soll? Indem du die erratische Aufmerksamkeit des Innovators mit etwas Aufsehenerregendem, Einzigartigem einfängst und auf dich lenkst – mit ein bisschen heißem Klatsch und Tratsch vielleicht, einem originellen Spruch oder der Einladung zu einem Event, auf dem er neue Kontakte knüpfen kann. Sag am besten etwas leicht Schockierendes, und das in einem entschiedenen Ton, damit du auch wirklich zu der Person durchdringst.

Halt dem Innovator ruhig (sanft) die Möhre vors Mäulchen und drück seine FOMO-Knöpfe (FOMO/*fear of missing out* = die Angst, etwas zu verpassen). Denn dieser I*AM-Typ hasst das Gefühl, hinterm Mond zu sein. Vermittele ihm also nicht den Eindruck, er wäre uncool, indem du ihm etwa Fragen stellst wie »Hast du schon von [hier fügst du den Namen einer Band oder eines aufstrebenden, der breiten Masse aber noch weitgehend unbekannten Promis ein] gehört?«. Das führt nämlich unter Umständen dazu, dass der Innovator nickt und so etwas antwortet wie »Ja, glaub' schon«, nur um nachher schnellstmöglich Tante Google zu befragen. Damit es an dieser Stelle gar nicht erst zu einer Gesprächspause kommen kann, solltest du so etwas hinzufügen wie »... die ich gerade für mich entdeckt habe« und deinem Gesprächspartner dann gleich den Social-Media-Account der betreffenden Gruppe oder Persönlichkeit auf deinem Handy zeigen.

Für den Innovator ist Abliefern alles. Ein »wissender«, ruhig etwas rotziger Insiderton kann durchaus geeignet sein, ihm ein anerkennendes Kichern zu entlocken. Solltest du ein erotisches Ziel verfolgen, schadet es nichts, wenn du ein bisschen kokettierst und *hard to get* spielst. Während Klammern für Innovatoren das definitive No-Go ist, funktioniert das Sich-ein-wenig-rar-Machen bei ihnen ausgesprochen gut. Häng also nicht länger bei ihm rum, aber ghoste ihn auch nicht. Schau lieber öfter mal auf ein paar Worte bei ihm vorbei, um dein bleibendes Interesse zu demonstrieren – und ihn neugierig zu machen. Sobald der Innovator anfängt, auf dich zuzugehen, hast du grünes Licht. Unsere Innovator-Freundin Peri ist buchstäblich den ganzen Strand entlanggelaufen, nur um einem attraktiven Typen von hinten auf die Schulter zu tippen. Ihr Spruch dabei: »Sag mir doch bitte deinen Namen – nur für den Fall, dass ich dich nie wiedersehe.« Inzwischen sind sie seit fast 30 Jahren verheiratet.

Worüber Innovatoren gern sprechen: große, originelle Ideen

So neugierig und respektlos, wie Innovatoren von Natur aus sind, interessieren sie sich eher für Mögliches als für Dinge, die es schon gibt. Du hast gerade von einer bahnbrechenden Studie erfahren, die die Zukunft von Frauen in der Arbeitswelt revolutionieren könnte? Oder bist du vielleicht kürzlich auf Raw Food – Rohkost – umgestiegen, weil diese Ernährungsweise hilft, den Teint zum Strahlen zu bringen, und das Darm-Mikrobiom regeneriert? Sprich darüber! Der Innovator wird nicht nur ganz Ohr sein, sondern auch selbst Interessantes zum Thema beisteuern können.

Warnung: Der clevere Humor und die »allwissende« Haltung des Innovators können elitär und abgehoben wirken. Gibt es überhaupt etwas, was für ihn je cool genug sein könnte? Ihr Perfektionismus kann für viele dieser ungeduldigen Typen zum Problem werden, die so oft darauf warten müssen, dass die Umwelt ihre revolutionären oder utopischen Visionen zur Kenntnis nimmt, die für sie selbst so selbstverständlich sind.

Worüber Innovatoren gar nicht gern sprechen: Alltägliches

Willst du innerhalb von zehn Nanosekunden die Aufmerksamkeit eines Innovators verlieren? Dann nerv ihn mit Small Talk über Banalitäten wie das Wetter oder deinen letzten Arztbesuch. Tratsche über Leute, die sich im selben Raum aufhalten wie ihr, oder ergeh dich in oberflächlichen, kleingeistigen Urteilen (»Die Augenbrauen von der sind ja das reinste Chaos« oder »Was hat der sich denn heute früh dabei gedacht, als er in DEM Hemd das Haus verlassen hat?«). Innovatoren haben einen guten Geschmack, sind aber keine Snobs. Und sie wissen ganz genau, dass man den Leuten ihre Talente nicht an der Nasenspitze ansehen kann. Außerdem würden sie selbst auch nicht gern für ihr Verhalten (oder die Klamotten, die sie in der Freizeit tragen) kritisiert werden, für ihre unkonventionellen Entscheidungen hat man sie schon oft genug niedergemacht. Für einen Hauch Ironie haben sie durchaus Sinn, Kleinlichkeit und

Borniertheit aber gehen ihnen total gegen den Strich. Viel lieber sprechen sie über große Ideen – und genau dabei laufen sie auch immer zur Höchstform auf.

Konversationsstil: durcheinander

In Gesprächen neigen Innovatoren dazu, andere zu unterbrechen, deren Sätze fortzusetzen oder sich in Tagträumen zu verlieren, insbesondere, wenn ihnen jemand Anweisungen erteilen möchte. Mit ihrer Geduld, Toleranz und Nachsicht ist es nicht immer gut bestellt, was sie mitunter grob und brüsk wirken lässt. »Welches Problem muss jetzt gelöst werden?«, will der Innovator wissen. Und das schnell. Was die Vertreter*innen dieses Typs aber nicht davon abhält, sich ausgiebig über *ihre* Angelegenheiten und Visionen zu äußern. Und nur allzu oft sind sie selbst nicht in der Lage, das zu liefern, was sie von anderen verlangen: eine eindeutige, schlüssige Erklärung: »Weißt du, das ist wie ein solargetriebenes Mikropanel, das seine Energie auch aus dem Mondlicht bezieht, sodass du es in der Tasche herumtragen kannst. Auf die Idee bin ich gekommen, während ich mit Alex durch die Wüste gegurkt bin. Den hab' ich auf der Uni kennengelernt, nach dem Examen, das war total irre ...«

Warum bloß kommt der Innovator in diesem Moment nicht auf den Punkt? Solche Momente »vager Visionen« entstehen oft, wenn Innovatoren gerade dabei sind, neue Ideen zu entwickeln, und die erst halb aus der kosmischen Cloud runtergeladen haben. Ihre hochfliegenden Pläne erklären zu müssen gehört zu den Achillesfersen von Innovatoren und stellt sie vor eine Riesenherausforderung. Ähnlich wie Ingenieur*innen gehen sie den Dingen auf den Grund, als wollten sie ein Rätsel lösen, und betrachten jede Angelegenheit von allen Seiten. Oder aber sie erinnern an abgehobene Philosoph*innen, die große Reden schwingen.

Schauen wir sie uns doch einmal in freier Wildbahn an: Beim Sprechen halten viele Innovatoren so den Blick auf den Himmel gerichtet, als liefe irgendwo oberhalb ihres Kopfes ein unsichtbarer Film. Daran zeigt sich, dass Vertreter*innen dieses Archetyps auf ihre Intuition zugreifen und gleichzeitig Informationen verarbeiten. In solchen göttlich inspirierten Momenten halten sie keinen Blickkontakt (der würde sie viel zu sehr ablenken), was auf ihr Gegenüber nicht selten störend wirkt. Ist das Feuer der Eingebung dann jedoch entzündet, schaut einem der Innovator so tief in die Augen, dass man von seiner Leidenschaft schier eingehüllt wird.

Das Gespräch mit einem Innovator

So tief, wie Innovatoren oft in ihre Zukunftsvisionen versunken sind, kommen sie erst langsam in die Gegenwart zurück, und das wirkt sich natürlich auf ihre Kommunikationsgewohnheiten aus. Mit der Konzentration von Innovatoren verhält es sich mitunter wie mit so altmodischen Polaroid-Fotos: Das Bild existiert eigentlich schon, doch bis es aus der Dunkelheit hervorgetreten und fertig entwickelt ist, dauert es noch eine Weile. Kolleginnen und Freunde, die einem Innovator etwas Wichtiges zu sagen haben, sollten ihm deshalb zuvor etwas Zeit zum Warmwerden geben, indem sie ihn nach seinem letzten Projekt oder so befragen, um ihm die Rückkehr in die Gegenwart zu erleichtern.

Mehr als jeder andere Archetyp ist der Innovator für die Rückkehr aus seinem voll fokussierten Flow in die Gegenwart auf eine Brücke angewiesen. Bevor du eine Diskussion mit ihm anfängst, solltest du ihm daher ein paar Minuten Zeit geben, wieder zu sich zu kommen und sich zu erden. Sonst kriegt er nämlich die Hälfte des Gesprächs gar nicht mit.

Small Talk mögen Innovatoren zwar überhaupt nicht, was sie aber gern hören, sind lustige Geschichten, »spannende Neuigkeiten!« oder Updates über die beruflichen Erfolge von Bekannten. Fang die Unterhaltung also am besten mit etwas an, was du in letzter Zeit erlebt hast, oder du erzählst von einem neuen Laden, der gerade erst eröffnet hat. Im Restaurant solltest du dem Innovator ein paar Minuten Zeit lassen, damit er das Ambiente in sich aufnehmen, den QR-Code der Speisekarte scannen oder einen Spezialcocktail aus dem Happy-Hour-Angebot des Lokals wählen kann. Sorg dafür, dass der Innovator in aller Ruhe zu sich finden und auch erst einmal in der Situation ankommen kann, dann dauert es bestimmt nicht mehr lang, bis er sich ganz auf euer Gespräch konzentriert.

Der beste Schauplatz für eine Unterhaltung mit dem Innovator

Die beste Gesprächsumgebung für den Innovator befindet sich jenseits der Ablenkungen seines Zuhauses oder seines Arbeitsplatzes. Dann nämlich bekommen Innovatoren den Kopf frei und können ihre Aufmerksamkeit auf anderes richten. So viel beschäftigt, wie die meisten sind, muss man sie aber trotzdem oft aus irgendetwas herausreißen. Deshalb nochmal unsere dringende Empfehlung: Wenn du nicht warten willst, bis der Innovator »nur noch eben schnell eine E-Mail verschickt« oder den Geschirrspüler eingeräumt hat, solltest du dich außerhalb seiner angestammten Refugien zu Hause und bei der Arbeit mit ihm verabreden.

Ob wir auch dafür einen Tipp haben? Such am besten ein Café oder Lokal aus, in dem der Innovator eine Kleinigkeit essen kann. Untersuchungen haben nämlich ergeben, dass die damit verbundenen Kaubewegungen gegen Nervosität helfen und die Aufmerksamkeit fördern – beides Dinge, die Innovatoren bei der Kommunikation mit anderen dienlich sein können.

Verabrede dich vor Ort mit dem Innovator und hole ihn nicht zu Hause oder bei der Arbeit ab. Denn auch wenn er sich vielleicht (was wahrscheinlich ist) einige Minuten verspätet, hat er auf dem Weg ins Lokal doch Gelegenheit, aus seiner geistigen Abwesenheit herauszukommen und sich wieder in der Gegenwart einzufinden.

Innovatoren sind anspruchsvoll und bevorzugen ästhetisch ansprechende Locations. Sie lieben Cafés mit einem leicht altmodischen Ambiente, in denen die Gäste noch am Tisch bedient werden, sowie Restaurants, deren Inneneinrichtung von einem Top-Interior-Design-Team entworfen wurde. Am besten wäre es, wenn die Karte des Lokals der Ausstattung in nichts nachstehen würde; dann hätte dein Foodie-Innovator nämlich schon einmal etwas zum Schwärmen, während er allmählich ins Gespräch hineinfindet.

Wenn dir an einer produktiven Diskussion gelegen ist, solltest du jeden Treffpunkt meiden, an dem es zu laut und geschäftig zugeht, die Musik dröhnt, im schnellen Wechsel Gäste reinkommen und rausgehen. Such euch lieber einen Tisch weiter hinten, vorzugsweise in einem ruhigen Eckchen. Sonst besteht die Gefahr, dass der Innovator eher den Leuten zuschaut, als dass er sich auf eure Unterhaltung konzentriert. No-Gos sind auch alle Lokale, in denen man die Gespräche am Nachbartisch leicht mithören kann. Innovatoren wollen frei von der Leber weg reden, und weder ihr zukunftsorientiertes Denken noch der unkonventionelle Lebensstil, den sie pflegen, eignen sich unbedingt immer fürs »allgemeine Publikum«.

Feedback für den Innovator

Als Perfektionist*innen, die bei Gelegenheit hart mit sich ins Gericht gehen, neigen Innovatoren dazu, sich jede Kritik zu Herzen zu nehmen. Sehr oft verhalten sie sich defensiv oder versuchen auch, ihre Sensibilität hinter selbstironischen Kommentaren beziehungsweise übermäßiger Zurückhaltung zu verbergen.

Den meisten Innovatoren würde es guttun, wenn sie sich ein etwas dickeres Fell zulegen könnten. Andererseits bitten diese Pioniere auch oft um Verzeihung, weil sie vergessen haben, um Erlaubnis zu bitten. Denn Innovatoren wissen sehr genau, dass ihre Ideen von der Mehrheit der Leute erst verstanden werden, wenn sie bereits greifbare Früchte tragen. Also versuchen sie, sich möglichst geschickt durch die nötigen Zulassungsverfahren und Genehmigungsprozesse hindurchzumanövrieren, um die Welt schnell von sich überzeugen zu können.

»Ich kriege schon immer am ganzen Körper Gänsehaut, wenn ich das Wort ›Mitarbeitendenbeurteilungsgespräch‹ auch nur höre«, presst Ilene – selbst Innovator – zwischen zusammengepressten Zähnen hervor. »Für mich bedeutet es nämlich in aller Regel: ›Du bist mal wieder viel zu weit gegangen.‹ Also gehe ich in den Termin wie die schlechteste Schülerin der Klasse – in der Erwartung, ordentlich ausgeschimpft zu werden.«

Die beste Möglichkeit, einem Innovator Feedback zu geben, besteht darin, das zu versuchen, was die Aktivistin Loretta J. Ross »Einbeziehen« nennt (im Gegensatz zum »Ausgrenzen«). Dadurch fühlt sich der Innovator weder gescholten noch beschämt. Denn er möchte sich seinen Mitmenschen gegenüber als gleichberechtigt empfinden und nicht wie ein unartiges Kind dastehen, das auf einen Elternteil trifft, der ihn tadelt und straft. Selbst der geringste Hauch einer Andeutung davon kann bei Innovatoren eine patzige, defensive Reaktion auslösen.

Das Einbeziehen soll zur Reflexion einladen, und das kommt dem philosophisch veranlagten Innovator sehr zupass. Statt immerzu auf dem Problem herumzuhacken, sprichst du lieber von einem »Missverständnis« oder einer »kommunikativen Panne«. Anschließend könnt ihr zusammen nach einer Lösung suchen, der Innovator und du.

Mal angenommen, du hast es mit einem notorischen Zu-spät-Kommer-Innovator zu tun. Dann nerv ihn nicht mit dem Vorwurf, er habe keinerlei Respekt für die Zeit anderer Menschen. Das würde dir zwar vielleicht kurzfristig eine gewisse Erleichterung verschaffen, an seinem Verhalten aber nichts grundlegend ändern. Bring das Thema deshalb lieber ganz neutral zur Sprache, damit auch der Innovator seinen Teil zur Lösung des Problems beitragen kann.

»Wie mir aufgefallen ist, fällt es dir in letzter Zeit schwer, unseren Mittagstermin einzuhalten. Hast du einen anderen Vorschlag? Wann würde es dir denn besser passen?« Empathie bringt auch die reflexhafte Abwehrhaltung des Innovators zum Schmelzen. »Offenbar schaffen wir es kaum mehr, uns regelmäßig einmal die Woche zu treffen. Mir ist aber wichtig, dass wir in Kontakt bleiben, damit ich meinen Teil unseres Projekts voranbringen kann. Könnte ich irgendwas tun, um dich zu unterstützen?«

Statt ihre Bedürfnisse zu äußern, gehen viele Innovatoren eher einen Schritt auf die Gruppe zu. Denn diesem Archetyp ist sehr daran gelegen, den Leuten zu gefallen, oft auch auf Kosten einer realistischen Lösung. Perfektionistisch veranlagt, wie er nun einmal ist, kann der Innovator nur schwer delegieren. Weshalb es vielleicht gut wäre, ihm zu seiner Entlastung das eine oder andere abzunehmen.

Natürlich müssen Innovatoren auch mal zur Rede gestellt werden. In solchen Fällen sollten sich die Kritisierenden auf jede Menge Abwehr gefasst machen und sich keinesfalls (wir wiederholen: *keinesfalls*) auf eine Auseinandersetzung einlassen, sondern ruhig und freundlich einen Folgetermin vereinbaren und dem Innovator so Zeit zum Runterkommen und Einen-klaren-Kopf-Bekommen zu geben. Glücklicherweise wird dieser einen Schritt zurücktreten, die erhaltene Rückmeldung überdenken und beim nächsten Treffen in einer (neuen) Haltung der einsichtigen Akzeptanz erscheinen. Denn mittlerweile wird er seine Fehler eingesehen und sich Besserung geschworen haben. Dann sollte man ihn beim Wort nehmen und fragen, was er für die Zukunft plant. Mit großer Wahrscheinlichkeit hat er bei dieser Gelegenheit eine innovative Lösung im Gepäck, die alle Erwartungen weit übertrifft.

Wie Innovatoren mit Konflikten umgehen

Für Innovatoren sind Konflikte so eine Sache. Mit Vorliebe brainstormen sie und suchen Informationen zusammen, mit deren Hilfe sie ihre Ideen noch verbessern können. Aber Kommentare wie »Nein«, »Das schaffst du nie« oder »Das wird nicht funktionieren« erzürnen sie und führen in aller Regel dazu, dass sie auf stur schalten.

Freundlichen, nachvollziehbaren Widerspruch fürchten Innovatoren nicht. Im Gegenteil: Lebhafte Diskussionen, in denen alle frei heraus ihre Meinung sagen, genießen sie sogar. Denn für diese Vordenker*innen könnte jede ihrer Unterredungen genauso gut in einem französischen Salon stattfinden, wo über die neusten gesellschaftlichen und kulturellen Entwicklungen debattiert wurde.

Hat der Innovator einmal seine Entscheidung getroffen, überschlagen sich seine Willenskraft und Entschiedenheit geradezu. In den Horoskopen dieses Archetyps dominieren die willensstarken kardinalen Zeichen. Haben Innovatoren sich etwas in den Kopf gesetzt, tun sie – mitunter richtiggehend stur – alles dafür, ihr Vorhaben zu verwirklichen, ob es dabei nun um die perfekte Herstellung einer bestimmten Sauce geht oder darum, den Fußboden im Flur abzuschleifen. Dabei sind sie am liebsten allein und ungestört. An den vorbereitenden Lernprozessen haben Innovatoren genauso viel Spaß wie am Ergebnis ihrer Bemühungen. Und Fehler, die ihnen während der Arbeit unterlaufen, stören sie nicht weiter. Weil sie eben gern »Spaghetti an die Wand werfen«, wie man so sagt, um herauszufinden, welche »Nudeln« kleben bleiben.

Partner*innen oder Angehörige, die mutig genug sind, sich einem Innovator entgegenzustellen, der sich auf den Weg gemacht hat, sollten gut gerüstet sein. Denn zunächst einmal dürfte er zornig oder sogar aggressiv reagieren. Schließlich ist sein Zug mit 250 Sachen unterwegs und der Innovator neigt dazu, jeden Ratschlag (sowie selbst die einfachsten Fragen) als ein Ziehen der Notbremse zu empfinden.

Höchstwahrscheinlich *sollte* er allerdings tatsächlich anhalten … bevor alles noch chaotischer wird oder mehr Geld verschlingt. Allen, die sich auf den Versuch einlassen wollen, einen Innovator aufzuhalten, empfehlen wir jedoch, zunächst in seinen Schnellzug miteinzusteigen. Sich für sein Tun und die Beweggründe dahinter zu interessieren. Denn beim Innovator hat der Wahnsinn tatsächlich Methode. Und wenn er eines gar nicht leiden kann, dann, dass Leute versuchen, ihn umzustimmen. Was er allerdings durchaus gern mag, sind Ideen, die sich als Verbesserungsvorschläge präsentieren. Denn wenn du die Vorteile deines Plans mit guten Argumenten, Zahlen, Daten, Fakten belegen kannst, ist der Innovator sehr wohl bereit, sich von seinem Kurs abbringen zu lassen.

Im Nachhinein betrachtet gab es viele Gelegenheiten, bei denen es sehr hilfreich gewesen wäre, wenn jemand die Pausentaste gedrückt und unser jeweiliges Innovator-Projekt rechtzeitig gestoppt hätte. Typisches Beispiel: Ende der 1990er ist Tali nach Fort Greene im Stadtteil Brooklyn gezogen, wo sie die einmalige Chance wahrnahm, das Obergeschoss eines Brownstone-Hauses mit Blick auf einen Park zu beziehen. Da die Wohnung von der Quadratmeterzahl her genug Platz für zwei Personen bot, wurde sie zur idealen Übergangslösung für Freund*innen, die wie Tali von Detroit nach New York gezogen waren. Der einzige Nachteil: Die beiden Schlafräume waren miteinander verbunden.

Nicht lang, und Tali fühlte sich inspiriert, eine Zwischenwand einzuziehen. Ohne die Angelegenheit wirklich zu durchdenken (oder gar den Vermieter um Genehmigung zu bitten), enterte sie einen Baumarkt und ließ sich in der Abteilung Trockenbau beraten. Einige Tage später landeten Rigipsplatten, Nägel, Schrauben, Dämmmaterial sowie Zwischentür und -rahmen auf dem Treppenabsatz im Erdgeschoss. Da die Lieferung um die Mittagszeit eingetroffen war und Talis Freund*innen alle bei der Arbeit waren, schleppte sie das ganze Zeug allein Stück für Stück in den dritten Stock – ein ebenso anstrengendes wie gefährliches Manöver. Bis alles fertig war, dauerte es ganze sechs Wochen. Und warum? Weil sie niemanden um Hilfe gebeten hatte.

Schaut Tali jetzt auf ihr damaliges Mittzwanziger-Ich zurück, begreift sie ihre eigene Sturheit selbst nicht mehr. »Ich glaube, ich wollte einfach allen beweisen, dass ich es allein stemmen konnte«, räumt sie heute ein. »Und dann haben mir die Leute auch noch alle gesagt, ich hätte die falschen Schrauben und Nägel verwendet. Aber ich wollte mir meine Arbeit nicht miesmachen lassen. Trotzdem: Die haben mir den ganzen Spaß verdorben.«

Als Talis Freund Mike, der von Beruf Zimmermann war, Tali einige Monate später besuchte, bewunderte er ihre handwerkliche Leistung und ihren Mut. Doch er ließ sie auch wissen, dass er ihr die Arbeit gern abgenommen und dafür nur ein Wochenende gebraucht hätte. Sie schluckte ihren Stolz runter, erklärte aber, sich nie wieder auf solch ein Solounternehmen einlassen zu wollen. Jedenfalls nicht, ohne zuvor ihre Freunde und Freundinnen um Rat gebeten zu haben.

Wann Innovatoren eine Auszeit brauchen

Innovatoren merken es nicht immer, wenn sie mal besser den Schnabel halten sollten. Und so plappern sie einfach weiter, hören nur mit einem Ohr und schwankender Aufmerksamkeit zu. Sobald ihre vagen, unzusammenhängenden Kommentare nur noch schwer nachzuvollziehen sind, ist das ein Zeichen dafür, dass sie das Sprechen einstellen, sich auf ihren Körper besinnen und einige Minuten lang bewegen sollten. Bei diesem I*AM-Archetyp kann ein Spaziergang um den Block Wunder wirken.

Eine Auszeit sollten sich Innovatoren auch nehmen, wenn sie anfangen, defensiv zu werden. Diese Leistungsträger*innen kommen gar nicht damit klar, dass jemand ihren Plan in der Luft zerreißt, und schlagen unter Umständen wild um sich, wenn sie kritisch auseinandergenommen werden. Leute, die womöglich geglaubt haben, ein Innovator wisse nicht um ihre Fehler und heimlichen Schwächen, dürfen sich auf eine Überraschung gefasst machen. Denn mit einem Mal stürzt er sich auf ihre Macken und nutzt sie als Waffen gegen sie und fühlt sich damit auch total im Recht. Denn schließlich macht da ja jemand genau das nieder, was dem Innovator ganz besonders am Herzen liegt: seine visionären Ideen. Und ja, die folgenden Auseinandersetzungen können tatsächlich sehr hässlich werden und tiefe Wunden schlagen. Deshalb ist es am besten, wenn beide Parteien ein Stück zurücktreten und sich beruhigen, bevor noch mehr Porzellan zerschlagen werden kann.

Kommunikative Herausforderung: Ungeduld

Innovatoren sind *interessant* ... aber nicht immer auch *interessiert.* So ichbezogen (und an schlechten Tagen geradezu egoistisch), wie sie sind, blühen sie auf, sobald sie begriffen haben, dass die Thematik, um die es gerade geht, sehr wohl etwas mit ihnen und ihrer wichtigsten Mission zu tun hat. Deshalb sind Innovatoren gut beraten, wenn sie sich, statt immer sofort wieder an die vor ihnen liegenden nächsten Schritte zu denken, um eine Verbindung zu den Menschen bemühen, mit denen sie im Gespräch sind, und bewusst auf ein und derselben Wellenlänge mit ihnen zu kommunizieren versuchen. Denn genau dadurch entstehen das Vertrauen und die Verbundenheit, nach denen sie sich doch so sehnen.

Das scheinbare Desinteresse eines Innovators empfinden insbesondere Menschen als frustrierend, die Stunde um Stunde als Resonanzboden für die langatmigen Vorträge des Innovators über seine revolutionäre Geschäftsidee dienen. Und sobald dieser sich dann bewusst darum bemüht, Interesse auch für Dinge aufzubringen, die einmal nichts mit ihm zu tun haben könnten, trägt er enorm zur Entstehung einer fairen, auf Gegenseitigkeit beruhenden Kommunikation in seinen Beziehungen bei.

Zum allermindesten aber sollte er *körpersprachlich* signalisieren, dass er bei der Sache ist. Zum Beispiel durch längeren Blickkontakt, Kopfnicken oder ein bestätigendes »Mhm, ja«. Auch indem der Innovator Fragen stellt, statt sofort mit eigenen Geschichten zu kontern (»Das erinnert mich jetzt an die Zeit, in der ich ...«), vermittelt er seinen Gesprächspartner*innen das Gefühl, dass er wirklich von Herzen an ihnen interessiert ist und keinen Kampf ums Mikro ausficht.

Man kann nur hoffen, dass Freund*innen und Kolleg*innen lernen, seine unstete Aufmerksamkeit nicht persönlich zu nehmen. Dabei kann er sie unterstützen – zum Beispiel durch den ersten Eindruck, den er vermittelt.

Dafür wiederum empfehlen sich insbesondere Techniken wie Spiegeln (dabei reagiert man auf Äußerungen anderer mit Formulierungen wie »Ich glaube verstanden zu haben, dass du damit das und das sagen willst – stimmt das?«) und Matchen (wobei die Körpersprache des Gegenübers unauffällig imitiert wird; verschränkt beispielsweise der Gesprächspartner die Arme vor der Brust, kann man es ihm Sekunden später gleichtun). Manche Expert*innen auf diesem Gebiet empfehlen sogar, den eigenen Atemrhythmus dem des oder der anderen anzugleichen.

Als Innovator-Schwestern und -Geschäftspartnerinnen haben wir die Erfahrung gemacht, dass es bei heiklen Diskussionen sehr sinnvoll ist, eine neutrale Drittperson hinzuzuziehen. Wann immer wir uns argumentativ festgefahren hatten, unterbrach unsere Life Coach Lois (Mentor) die Unterredung und forderte uns auf, die beschriebenen Spiegeltechniken anzuwenden. Lois ist eine überaus tapfere Seele, denn der Versuch, Innovatoren zu stoppen, bevor sie ihren Standpunkt darlegen können, ist eine haarige Angelegenheit. Doch siehe da: Wie sich herausstellte, ging es gerade *nicht* darum, den eigenen Standpunkt zu vertreten. Vielmehr mussten wir zu hören und verstehen lernen, was die andere tatsächlich sagte, statt uns sofort wieder in den Kokon der eigenen Reaktivität einzuspinnen.

Natürlich fühlte es sich komisch an, einander Dinge zu sagen wie »Ich meine verstanden zu haben, dass du dir mehr Unterstützung für unsere Social-Media-Aktivitäten wünschst«. Aber mithilfe des Spiegelns kühlten sich unsere Zwiegespräche immer schnell wieder von kochend heiß auf lauwarm ab, sodass es uns möglich wurde, Empathie für die jeweils andere zu empfinden, statt uns in Dominanzgefechten zu erschöpfen. (Und ja, zu Letzterem kann es zuweilen sogar unter eineiigen Zwillingen kommen.)

SO KOMMUNIZIEREN AUTORITÄTEN

Autoritäten sprechen gut an auf *Gewissheiten*

Autoritäten mögen keine *Unzuverlässigkeit*

In ihrer Kommunikation erweisen sich Autoritäten als ebenso geradlinig wie zielorientiert. Sie mögen keine großen Worte und überlegen sich jede einzelne Äußerung sehr genau. Und obwohl sie selbst viel Interessantes zu sagen haben, ist es den meisten Autoritäten doch lieber, wenn andere das Gespräch eröffnen. Diese hocheffizienten Seelen wägen stets ab, in was sie ihre Zeit und Aufmerksamkeit investieren. Bevor eine Autorität bereit ist, sich einer anderen Person zu öffnen, möchte sie um deren Werte wissen und fragt sich, ob sich aus dem Kontakt wohl etwas Bleibendes entwickeln kann. Gespräche mit Leuten nutzt die Autorität als Möglichkeit herauszufinden, *wer die betreffende Person ist und was sie für wichtig hält.* Für die dermaßen auf ethisch vertretbares Verhalten bedachten Vertreter*innen dieses Archetyps gibt es kaum etwas, was mehr zählt als die persönlichen Wertvorstellungen eines Menschen.

Die kommunikativen Superkräfte von Autoritäten

Anerkennung. Obwohl Autoritäten alles andere als geschwätzig sind, macht auch niemand so ehrliche Komplimente wie sie. Es sind die Vertreter*innen dieses I*AM-Archetyps, die auf Hochzeiten und Geburtstagsfeiern den Toast ausbringen sollten. Denn Autoritäten wissen ganz genau, wie man Menschen von Herzen dankt und ihnen Anerkennung zollt. Sie sind die Freund*innen, die Glückwunschkarten versenden, zu abendlichen Essenseinladungen Gastgeschenke mitbringen oder ein Blumenarrangement liefern lassen. Schon als Kinder wirken viele Autoritäten älter und weiser, als sie es in Wirklichkeit sind, oder gar mütterlich beziehungsweise väterlich. Manchmal sind sie vielleicht ein bisschen *too much*, wohldosiert aber können uns Autoritäten durchaus ein Gefühl der Geborgenheit vermitteln.

Kluge Ratschläge und vernünftige Auffassungen. Wer eine Autorität nach ihrer Meinung fragt, bekommt eine vernünftige Antwort auf der Basis bewährter Erkenntnisse und

Konzepte. Vertreter*innen dieses Archetyps zitieren häufig »Autoritäten«, die sie selbst für bewundernswert und vertrauenswürdig halten: einen Philosophen der Stoa, einen anderen berühmten Denker seiner Zeit oder die Leichtathletiktrainerin aus der Oberstufe. Auch wenn sie sich mitunter vor lauter zustimmendem Lachen über ein Witzchen kaum mehr einkriegen, kommen I*AM-Autoritäten doch häufig förmlich oder sogar pedantisch-spießig rüber. Und da sie nur selten jemandem so weit vertrauen, dass sie sich ihm oder ihr rückhaltlos anschließen, dürfen sich alle geehrt fühlen, in deren Nähe sich eine Autorität entspannt und Spaß hat, ohne die Kontrolle zu übernehmen.

Verantwortungsbewusstsein. Die ruhigen, vernünftigen, souveränen Autoritäten unter uns sind *die* Accountability Buddys (Verantwortungspartner*innen) schlechthin. Du hast Ziele? Autoritäten beherrschen die Kunst, Teams, Projekte und Familien genauestens im Auge zu behalten, aus dem Effeff. Und verdienen sich das Vertrauen der Menschen durch ihre Kompetenz, Erfahrung und Beharrlichkeit. Autoritäten wissen ganz genau, was funktioniert – weil es sich ja schließlich wieder und wieder bewährt hat. Und um anderen die Schwierigkeiten zu ersparen, mit denen sie früher einmal selbst konfrontiert waren, teilen sie ihr Erfahrungswissen gern.

Empfindsamkeit. Im Laufe der Zeit wird die Kommunikation mit einer Autorität immer angenehmer: Hinter dem anfänglich noch eher kühlen, formellen Ton, den Vertreter*innen dieses Archetyps oft anschlagen, kommt über kurz oder lang ihr weicher Kern zum Vorschein. Und wenn sich jemand an deine weisesten und originellsten Bemerkungen erinnert, dann bestimmt eine Autorität.

Eisbrecher im Umgang mit Autoritäten

Mit einer Autorität warm zu werden kann sich wie ein formeller Gesellschaftstanz anfühlen. Oder wenigstens wie ein unglaublich höflicher Austausch, über den man nachher denkt: »Meine Güte, dass es heutzutage doch noch so freundliche Menschen gibt!«

Kleiner Tipp am Rande: Versuch beim ersten Kontakt nie, einer Autorität Einzelheiten aus ihrem Leben zu entlocken. Damit wollen wir keinesfalls sagen, euer Gespräch sollte an der Oberfläche bleiben oder langweilig werden - nur eben bloß so unpersönlich, dass die Autorität den Eindruck bekommt, das Tempo eurer Annäherung unter Kontrolle zu haben. Für diesen Archetyp sind Grenzen nämlich ein großes Thema, und neugierige Fragen bringen bei ihnen alle Alarmglocken zum Schrillen - selbst, wenn sie von einer aufrichtig wissensdurstigen Person kommen, in der alle wie in einem offenen Buch lesen können.

Autoritäten lieben es, andere in ihre Expertise und Meinungen einzuweihen. Alle, die in der Schlange vor der Theke einer Eisdiele einer Autorität begegnen, dürfen diese gern fragen, ob sie das Angebot des Monats schon probiert habe und was sie gegebenenfalls vom Geschmack der entsprechenden Eissorte halte. Da für diese ebenso anspruchsvollen wie pingeligen Persönlichkeiten selbst Kleinigkeiten von Bedeutung sind, ist jede Situation, in der Autoritäten ihr Wissen teilen können, eine gute Gelegenheit, sie für sich zu erwärmen.

Schau dir an, wie die Autorität gekleidet ist, mit der du es zu tun hast. Sollte es sich bei ihr um einen eher stylischen Typ handeln, kannst du sicher sein, dass sie viel Mühe in ihren Look investiert hat. Mach ihr ein Kompliment, und du wirst überrascht sein. Denn womöglich erzählt sie dir gänzlich ungefragt von dem kleinen Vintage-Laden in Wanne-Eickel, in dem sie das Cat-Eye-Gestell ihrer Brille aufgestöbert hat. Eine Autorität, die wir kennen, ist auf beiden Armen von oben bis unten tätowiert. Jedes einzelne dieser Tattoos hat einen engen Bezug zu einem ihrer Interessensgebiete; zum Beispiel gibt es da eine Tarotkarte der großen Arkana, aber auch das Bild eines Wollknäuels nebst Stricknadeln. Und unübersehbar lebhaft wird sie immer, wenn sich jemand nach der Bedeutung einzelner Motive erkundigt.

Worüber Autoritäten gern sprechen: ihren exquisiten Geschmack

Für den Anfang am liebsten ... über dich! Denn die meisten Autoritäten sind so höfliche, geduldige Zuhörer*innen, dass die Menschen sich ihnen ganz leicht öffnen und viel mehr von sich preisgeben, als man denken würde. Auch wenn sie ihnen insgeheim peinlich sind, können sich Autoritäten ohne Ende Monologe und intime Geständnisse aller Art anhören. Solange es ihren Prinzipien und Werten nicht zuwiderläuft, bieten sie diesen sicheren Raum gern. Fast jede Autorität dürfte nach gerade mal einstündiger Bekanntschaft schon einmal die Worte »Ich habe das Gefühl, Sie schon mein Leben lang zu kennen« gehört haben. Und zwar einfach nur, weil sie der anderen Person ein gutes Gefühl vermittelt hat.

Diese Superkraft von Autoritäten kann zwar durchaus dazu führen, dass sie in einseitigen Beziehungen stecken bleiben, vermag sich für sie aber auch als vorteilhaft erweisen. Denn ihre langmütige Stille gibt ihnen die nötige Zeit, um die Körpersprache der anderen zu studieren und ihrem wahren Charakter, ihren eigentlichen Motiven auf die Spur zu kommen. Ihrer interessierten, aber immer angemessenen Haltung verdanken Autoritäten Antworten auf Fragen wie: Welche Erziehung hat dieser Mensch genossen? Wo ist er zur Schule gegangen? Welchen Traditionen fühlt er sich verpflichtet? (Notiert. Abgeheftet. Katalogisiert.)

Je mehr und systematischer die Autorität ihre Vorsicht ablegt, desto deutlicher wird die Breite ihres Wissensspektrums. Gern geben Autoritäten ihre Erkenntnisse weiter, lassen andere an ihren Lebenserfahrungen teilhaben und sezieren Probleme bis auf den Kern. Hat man ihren Loyalitätstest dann einmal bestanden, haben Interaktionen mit Vertreter*innen dieses I*AM-Archetyps nichts Oberflächliches mehr an sich.

Trotzdem sollten die Freund*innen einer Autorität nicht zu früh auf gegenseitige Transparenz setzen. Dieser Menschentyp ist in aller Regel etwas eigen und verschlossen, insbesondere, wenn es um Probleme geht, die sie nicht allein lösen können. Doch um persönlich werden zu können, brauchen Autoritäten eine (vor)urteilsfreie Zone, andernfalls *denken* sie nicht einmal daran, sich zu öffnen. Und auch dann ist es noch sinnvoll, sich ihnen mit Fragen und Äußerungen zu nähern wie zum Beispiel »Was glaubst du, was du in dieser Situation tun solltest?« oder »Erzähl doch mal, welche Lösungsmöglichkeiten du selbst in Betracht ziehst«.

Worüber Autoritäten gar nicht gern sprechen: Oberflächlichkeiten

Du möchtest die Gunst einer Autorität verlieren? Fehlende Raffinesse oder auch Niveaulosigkeit können schnell dazu führen, dass sie dich von der Liste ihrer Freund*innen streicht. Autoritäten wissen echte Revolutionärinnen, wahre Neuerer sehr zu schätzen, haben aber keinerlei Verständnis für eine Rebellion ohne Plan. Sag Vertreter*innen dieses Archetyps also besser nie so etwas wie »Ups, hab ich bei der letzten Präsidentschaftswahl doch tatsächlich vergessen, meine Stimme abzugeben« und nerv sie auch nicht mit Trivialitäten über abgehalfterte Realitystars. Denn wer mit derartigen Äußerungen ums Eck kommt, verscherzt es sich auf der Stelle mit der Autorität und dürfte bei ihr auch keine zweite Chance mehr bekommen.

Autoritäten, die gern auf allen Gebieten Expert*innen wären, empfinden es als deutlich unangenehm, wenn sie es mal nicht sind.

Das heißt nicht, dass sie es ablehnen würden, sich mit neuen Themen zu befassen. Aber sie wollen sich eingeladen fühlen, ihre Meinung dazu zu sagen, möchten bewusst hinzulernen und ins Gespräch einbezogen werden. Also lässt du Autoritäten am besten ein bisschen Zeit, damit sie sich intelligente Fragen einfallen lassen und Parallelen zu Themenbereichen ziehen können, von denen sie mehr verstehen.

Unser Freund Derek ist ein einfühlsamer, umgänglicher Typ, der auch oft eingeladen wird, mit den Mädels abzuhängen. Als die verletzliche Autorität, die er ist, spricht er sowohl gern über seine Gefühle als auch die der anderen, und mit seinen Freunden männlichen Geschlechts geht das nicht so gut. Allerdings findet er sich auf diese Weise auch öfter mal in lebhaften Diskussionen über Themen wie Make-up oder VIP-Klatsch-und-Tratsch wieder, die er für »hohl« hält und zu denen er nichts beizutragen hat. Wie er sagt, fragt er sich in solchen Situationen unwillkürlich: »Was mache ich eigentlich hier? Derek gibt auch zu, dann nervös zu werden und sich auffällig zu verhalten, etwa aufzustehen und im Zimmer umherzugehen. Im Idealfall versucht er allerdings, das Gespräch in eine Richtung zu lenken, von der er mehr versteht. Ob es sich hier um passiv-aggressives Verhalten handelt? Klar, von manchen wird das behauptet, Derek selbst jedoch bezeichnet seine Autorität-typischen Winke mit dem Zaunpfahl als »freundliche Hinweise«.

Konversationsstil: formell und engagiert

Sobald die anderen die Hosen runtergezogen und sich nackig gemacht haben, steht die Autorität bereit, Ruder und Regie zu übernehmen. Nun, da sie sich als der/die »Erwachsene im Raum« erwiesen hat, hat sie endlich wieder Boden unter den Füßen, kann die Tagesordnung festlegen – und eines ihrer rhetorischen Meisterstücke abliefern.

Autoritäten verfügen über eine große Schatzkiste voller Themen, über die sie sprechen und dabei intellektuell brillieren können. Manche Gesprächsbeiträge von ihnen wären perfekte Podcasts – würden sie nur daran denken, sie aufzunehmen. Autoritäten möchten die Leute für Anspruchsvolles interessieren. Intellektuell ist sogar ihr Humor oberste Schublade, voller Schärfe und Wortwitz, und das eine oder andere Bonmot von ihnen hat durchaus das Zeug, im Freundeskreis zum Evergreen zu werden.

In wichtigen, formelleren Gesprächen sorgt die regelverliebte Autorität gern für Ordnung, klare Abläufe und durchschaubare Verfahrensweisen, damit alle Beteiligten zu ihrem Recht kommen. Und so höflich die Vertreter*innen dieses Archetyps auch sind, nehmen sie sich für ihre Ausführungen doch stets mehr als genug Zeit und hassen es, unterbrochen zu werden – insbesondere, wenn sich ihre Argumentation gerade dem Höhepunkt nähert. Dass die Autorität so eisern auf der Einhaltung von Grundregeln besteht, dürfte zwar allen gegen den Strich gehen, die lockerer unterwegs sind und sich gern ohne Redezeitbegrenzung äußern, sich selbst und andere aufs Geratewohl unterbrechen oder zweifelhafte Scherze machen würden. Dafür kommt es jedoch unter der Ägide einer Autorität wenigstens zu keinen Beleidigungs- oder Verleumdungsprozessen.

Die meisten werden sich schließlich bereitwillig der Führung der Autorität anschließen, weil sie für ein Klima der Höflichkeit und des gegenseitigen Respekts sorgt. Mitunter mutet die Kommunikation mit der Autorität aber auch angestrengt oder sogar irgendwie fake an. Das Vorhaben, sie dazu zu bringen, sich mal so richtig gehen zu lassen, kommt dem Versuch gleich, dem Kopfschmuck einer brasilianischen Karneval-Tänzerin alle Hundertschaften von Haarklammern einzeln zu entnehmen.

Und die gute Nachricht? Um dich einer Autorität gegenüber öffnen zu können, brauchst du nicht erst an ihrer Fassade zu kratzen. Denn im Umgang mit persönlichen Themen sind diese Menschen erstaunlich geschickt, auch wenn sie eher eine aktuelle Studie zur mentalen Gesundheit zitieren oder jemandem ein Buch in die Hand drücken würden, als sich mit einer heiklen Anekdote aus ihrem Leben verwundbar zu machen.

Bevor die Autorität anfängt, die Lektionen aus den »lehrreichen Momenten« ihres Lebens zu verarbeiten (Sprich in diesem Zusammenhang nur ja nie von »Fehlern«!), wird sie sich kaum über die Schwierigkeiten äußern, mit denen sie selbst zu kämpfen hat. Was leider dazu führen kann, dass sie keine zufriedenstellenden, auf Gegenseitigkeit beruhenden Beziehungen zu ihren Freund*innen herstellen kann. Und oft bewirkt erst ein Verlust, den die Autorität erleidet, oder eine schlimme Krankheit, dass sie die weiße Flagge hisst und sich dazu hinreißen lässt, um Unterstützung zu bitten.

Das Gespräch mit einer Autorität

Halte deinen Kalender bereit. Denn die Autorität lebt strikt nach der Uhr und liebt es, alles – eben auch zeitlich – zu planen. Denn genau dieses Vorab-Organisieren bringt das Beste an ihr zum Vorschein. Ansagen à la »Hey, wir müssen gleich mal reden« schrecken sie nicht ab. Trotzdem würden wir vorschlagen, sie anders zu framen, etwa so: »Du, lass uns mal einen Termin vereinbaren. Es gibt da so ein paar Dinge, die ich gern mit dir erörtern würde.« Zu wissen, dass nichts anbrennt und keine akute Gefahr besteht, macht der Autorität gleich alles sehr viel leichter.

Tipp für die vielen Ungeduldigen da draußen: Autoritäten sind nur selten zu einem spontanen Treffen bereit. Da ihre Zeitzone die Vergangenheit ist, sinnen sie ewig über alles Mögliche nach, was sie noch nicht erledigt haben. Und die Aufforderung, von jetzt auf gleich einen anderen Gang einzulegen, kann durchaus schon reichen, um eine Autorität in Angst und Schrecken zu versetzen.

Egal, worum es geht: Autoritäten lieben es, sich gründlich vorzubereiten. Also gib ihnen eine Viertelstunde (mindestens), um alle elektronischen Geräte auszuschalten, sich kameratauglich herzurichten und mit einem Becher Kaffee bewaffnet vor bestausgeleuchteter Kulisse Platz zu nehmen. Autoritäten sind immer dann am besten, wenn sie sich in Sicherheit und geerdet fühlen.

Der beste Schauplatz für eine Unterhaltung mit der Autorität

Was ihre Umgebung angeht, sind Autoritäten ausgesprochen heikel. Damit sie sich öffnen können, solltest du die Wahl des Treffpunkts also in ihre Hände legen. Und lass dich von ihrem lockeren Ton nicht in die Irre führen. Die Entspannung, die sie gern empfinden würden, hängt nicht zuletzt vom Ambiente ab. Solltest also doch du das Lokal bestimmen, in dem ihr euch trefft, schlagen wir vor, du schickst »deiner« Autorität einen Link der Location, die dir vorschwebt. Sodass sie sich schon mal die Karte anschauen und gucken kann, ob Preise, Art der Küche und Ästhetik des Lokals ihren Vorstellungen entsprechen. Oder besser noch: Du schickst ihr mehrere Vorschläge, von denen sie sich einen aussuchen kann.

Autoritäten laden Freund*innen oft in ihr mit größter Sorgfalt eingerichtetes Zuhause ein, das auch ihren Repräsentationsbedürfnissen gerecht wird. Eines aber solltest du wissen: Bei Einladungen, die eine Autorität ausspricht, geht es ihr nicht nur um Kontrolle oder die eigene Bequemlichkeit. Nein, das Zuhause von Autoritäten ist so etwas wie ihre »Kommandozentrale«. Dort können sie ihren Gästen nach Belieben eine spezielle Auswahl importierter Teesorten präsentieren oder bei Bedarf jederzeit nach einem für die Unterhaltung relevanten Buch greifen. Und praktisch immer entpuppt sich der Aufenthalt im Heiligtum einer Autorität für alle Beteiligten als Gewinn.

Feedback für die Autorität

Autoritäten sind Perfektionist*innen, die mit der eigenen Person hart ins Gericht gehen und sich eventuelle Fehltritte ewig übelnehmen. Deshalb sollte das Feedback, das man ihnen geben will, auf Samtpfoten daherkommen und darf *nie, nie, nie* in der Öffentlichkeit stattfinden, wo es den guten Ruf schädigen kann, den sie in den Augen der Gesellschaft genießen. Denn wer eine Autorität blamiert, handelt sich womöglich eine Feindschaft bis in den Tod ein.

Was allerdings geht: Autoritäten auf Dinge aufmerksam zu machen und ihnen klare Anweisungen zu erteilen. Doch bei Gesprächen, die auf eine Maßregelung oder gar Kampfansage hinauslaufen, sollte die Kritik in eine »Lobesroulade« eingewickelt werden. Denn sosehr es Autoritäten auch gegen den Strich gehen mag, sich ins Unrecht gesetzt zu fühlen – sobald sie Anerkennung und Wertschätzung empfinden, hellen sich ihre Mienen auf wie die Kerzen des Weihnachtsbaums am Rockefeller Center in New York. Deshalb gehst du am besten zunächst auf die Dinge ein, die sie *richtig* gemacht haben, bevor du mit der eigentlichen Rückmeldung anfängst. Schließlich beendest du deine Äußerung mit begeisterten Worten der Zuversicht: »Ich weiß, dass niemand so gut geeignet ist, die neue Strategie um- und durchzusetzen wie Sie« oder »Ich bin so begeistert von Ihren Vorschlägen. Sie sind einfach großartig, und dieses Projekt hier liegt genau auf Ihrer Linie«.

Damit sich die Autorität nicht etwa ausgegrenzt fühlt, empfiehlt es sich, das Feedback ihr gegenüber in der Wir-Form zu äußern. À la: »Hey, wir müssen unsere Strategie dringend ein bisschen aufmotzen« oder »Umständehalber müssen wir unseren Aktionsplan entscheidend verändern«. Anders ausgedrückt: Mach aus deiner kritischen Rückmeldung ein gemeinsames Brainstorming. Stell der Autorität Fragen wie »Wenn du jetzt zurückblickst: Was, glaubst du, hätten wir anders machen können?«.

Sollte es persönlich werden, kannst du die Autorität um einen Rat bitten: »Sie sind so ein Profi auf diesem Gebiet, deshalb will ich Ihnen da gar nichts vormachen. Also: Welche Empfehlung würden Sie sich selbst in dieser Situation geben?« Die Antworten der Autorität werden dich mit Sicherheit beeindrucken.

Dir kommt das alles ziemlich aufwändig vor? Na ja ... irgendwie ist es das auch. Denn in Sachen Kritik befindest du dich bei der Autorität tatsächlich auf heiklem Terrain. Und wer sich – besonders geschäftlich – auf eine einlässt, bekommt oft das Gefühl, ihrem fragilen Ego zuliebe allzu viele Zugeständnisse machen zu müssen. Eines aber kannst du uns glauben: Ihre inneren Monologe sind tausendmal strenger und unerbittlicher, als es jeder Kommentar von außen sein könnte. Denn sie hassen es, Leute zu enttäuschen, im Stich zu lassen oder ein Versprechen zu brechen. Und dadurch, dass du ihr mit Sanftmut begegnest, vertreibst du sie nicht, sondern gibst ihr im Gegenteil das Gefühl, trotz ihres Fehlers weitermachen zu können, ohne ihr Gesicht zu verlieren.

Wie Autoritäten mit Konflikten umgehen

Bereit für eine langwierige Partie geistigen Schachs? Autoritäten sind ausgesprochen talentiert im Verhandeln und besonders geschickt darin, Unstimmigkeiten zu ihren Gunsten auszulegen. Gleichzeitig geben sie den »Gegner*innen« das Gefühl, eine Win-win-Situation erreicht zu haben. Dabei wollen Autoritäten die andere Person keineswegs besiegen und auch niemanden verunsichern. Sie wollen nur nicht zugeben, dass sie im Unrecht waren. Und rein theoretisch haben sie damit wahrscheinlich sogar recht. Weil sie nämlich sowohl sprachlich als auch in ihrem Handeln dermaßen präzise sind, dass sie gar nicht im Unrecht sein *können*. Wird eine Autorität kritisiert, lässt sie sich, intelligent, wie sie ist, lang und breit darüber aus, warum sie so gehandelt hat, wie sie es getan hat. Vielleicht fügt sie in der Anlage noch einen Brief ihres Anwalts oder den Link zu einer juristischen Website an.

Gegen eine solche Logik ist äußerst schwer anzukommen! Also ... versuch es gar nicht erst. Zur Beilegung von Konflikten mit Autoritäten empfehlen wir, das jeweilige Thema unter Verwendung von Begriffen wie Brainstorming, Vordenken, Superhirn, Wertschätzung oder Untersuchung neu zu framen. Sie lieben es nämlich, Probleme zu lösen – solange sie nicht selbst »das Problem« sind.

So oder so, irgendwann wird eine Autorität etwas tun, was Freundinnen, Kollegen oder der Partner, die Partnerin als problematisch empfinden. (Noch einmal: Die Wahl der Formulierung sollte am besten in Richtung »Gebiet, auf dem noch Raum für Optimierung ist« gehen, es sei denn, es handelt sich um eine tatsächliche Grenzverletzung oder Straftat.) Wer das bestmögliche Ergebnis erzielen möchte, spricht die Angelegenheit statt in Form einer Beschwerde als Frage oder Erkundigung an: »Ich hab' überlegt, wir sollten vielleicht einen neuen Ansatz für unsere Finanzen finden. Dafür würde ich gern ein paar erste Ideen mit Ihnen besprechen und Ihre Meinung dazu hören.«

Wann Autoritäten eine Auszeit brauchen

Nicht wenige Autoritäten fühlen sich überfordert, wenn ihnen zu viele Optionen offenstehen. Sie sind zwar bekannt dafür, dass sie immer gern bereit sind, die sprichwörtliche Nadel im Heuhaufen zu suchen – allerdings in eher gemächlichem Tempo. Und was die alltägliche Kommunikation betrifft, hassen sie endlose Wahlmöglichkeiten. »Wir könnten halbe Hähnchen kaufen und an den Strand fahren oder uns Fahrräder ausleihen und die Austern-Bude ansteuern. ... Aber genauso gut könnten wir auch einfach drauflosfahren und schauen, wo es uns hintreibt ...«? Bloß nicht, für diesen I*AM-Archetyp ist das alles viel zu viel.

Was Autoritäten allerdings häufig übersehen, ist ihre eigene Pingeligkeit, die oft dazu führt, dass andere Angst bekommen, eine falsche Wahl zu treffen und sich bei ihnen unbeliebt zu machen. Doch spätestens, wenn sie sich von Menschen genervt fühlt, die lediglich versuchen, sie zufriedenzustellen, sollte sich die Autorität eine Auszeit nehmen. Denn sonst besteht die Gefahr, dass ihr herablassender Ton – oder gar ein unkontrollierter Wutanfall – einen ernsthaften Schaden anrichtet.

Kommunikative Herausforderung: die Unfähigkeit, sich locker zu machen

Du brauchst einen Rat? Autoritäten sind zwar durchaus verständnisvoll, aber nur in Maßen. Kaum haben sie sich in den Problemlösungs-Modus begeben, wollen sie des Pudels Kern dingfest machen und herausfinden, wie das optimale Ergebnis aussehen könnte. Ist ihnen das gelungen, möchten sie sich nicht länger damit aufhalten. Dann ist es Zeit, sich neuen Fragen zuzuwenden.

Autoritäten sind gern bereit, Leute zu coachen, andere zu verhätscheln aber ist gar nicht ihre Art. Kommen die Personen, die sie beraten, nicht schnell genug in die Pötte, verlieren Autoritäten leicht die Geduld oder vergreifen sich auch mal im Ton und führen sich auf wie Lehrkräfte, die ungehorsame Schüler zur Rede stellen. Unser Finanzberater, eine liebenswürdige, aber etwas schroffe Autorität, liegt uns ständig mit seinem Mantra »Zahlen lügen nicht« in den Ohren. Das stimmt zwar, gar kein Zweifel, ist aber nicht gerade das, was Unternehmer*innen in einem umsatzschwachen Monat hören möchten.

In Wahrheit verfügt natürlich niemand über alle Antworten. Und viele Autoritäten empfinden es als beschwerlich und unbefriedigend, für den ganzen Freundes- und Bekanntenkreis als Problemlösungszentrale zu gelten. Und sich ständig wie die Betreuungskraft für eine Horde nachlässiger, unreifer Erwachsener fühlen zu müssen, kann ja auch nicht gesund sein – obwohl die Autorität durch ihre immerwährende Verlässlichkeit natürlich selbst dazu beigetragen hat. Sei's drum: Autoritäten sollten ihre Fähigkeiten lieber dazu nutzen, den Leuten Selbstwirksamkeit beizubringen, auch wenn das bedeutet, sie sich selbst und den Kämpfen zu überlassen, die dann auf sie zukommen.

Allzu viel *tough love* – liebevolle Strenge – kann den Vertreter*innen dieses Archetyps jedoch auch den Ruf einbringen, (mit-) gefühllos oder unsensibel zu sein. Denn nicht immer nimmt das Leben einen geradlinigen Verlauf, und Heilung ist ein Prozess. Das bedeutet auch: Nicht alle sind in der Lage, plangemäß und zeitlich punktgenau über bestimmte Dinge »hinwegzukommen« beziehungsweise mit ihnen »fertigzuwerden«. Kleiner Hinweis fürs »A-Team«: Irgendwann wird das auch auf euch einmal zutreffen.

Übrigens kann eine rigide, in Stein gemeißelte Grundhaltung der Autorität sogar richtig schaden, weil sie auf diese Weise davon abgehalten wird, sich weiterzuentwickeln und auch mal ein Risiko einzugehen. Wann immer sie also allzu sehr auf Nummer sicher geht, sollten ihre Lieben sie dazu ermutigen, auf ihre Neugier zu hören. Denn wenn sie sich für neue Erfahrungen und Betrachtungsweisen öffnet, wächst die Autorität geradezu über sich hinaus. Vertreter*innen dieses I*AM-Typs unterstützt man am besten, indem man ihnen einen gefahrlosen Zugang zu neuen Perspektiven ermöglicht – insbesondere solchen, die sie von sich aus nie einnehmen würden.

SO KOMMUNIZIEREN MENTOREN

Mentoren sprechen gut an auf *Dringlichkeit*

Mentoren mögen keine *Langeweile*

Mentoren sind begabte Kommunikator*innen und wissen genau, dass die besten Dinge im Leben gar keine »Dinge« sind, sondern aus der Fülle all dessen hervorgehen, was entsteht, wenn Menschen eng miteinander verbunden und ins Gespräch vertieft sind.

Als die geborenen Philosoph*innen, die sie sind, erkunden Mentoren mit Vorliebe den Grund von allem. Genauso gern aber mögen sie das humorvolle Geplänkel. Diese freundlichen Seelen finden schnell Gemeinsamkeiten. Denn Menschen faszinieren den Mentor. Egal, ob er einen liebt oder hasst, mit der Analyse der sozialen Dynamik kann er Stunden verbringen. Sein kleines Laster (und möglicher Ruin) sind Klatsch und Tratsch. Bis sie schließlich ihr loses Mundwerk in den Griff bekommen und sich zur Macht der Diskretion bekennen, haben Mentoren oft schon großes Unheil eingerichtet.

Die kommunikativen Superkräfte von Mentoren

Akzeptanz. Diese umgänglichen, kontaktfreudigen Seelen gehören nicht nur zu den tolerantesten Menschen überhaupt, sondern auch zu den offensten. Es dauert nicht lang, bis ein Mentor jemanden in seinen Clan aufnimmt und als Freund oder Freundin bezeichnet. Und fühlt er sich einmal mit einer Person verbunden, schert er sich keinen Deut darum, was diese gestern oder auch vor einer Stunde getan haben könnte.

Frei nach Oscar Wilde, der einmal gesagt hat: »Jeder Heilige hat seine Vergangenheit, jeder Sünder eine Zukunft.«

Neugier. Mentoren leben geradezu von Neuigkeiten und langweilen sich, sobald der Nachschub ausbleibt. Was dazu führt, dass sie Leute geradezu mit Fragen bombardieren, fast so, als würden sie sie in einer Talkshow interviewen – oder im Rahmen einer polizeilichen Befragung vernehmen. Wobei du eines wissen musst: Mentoren bohren nicht einfach nur in der Privatsphäre anderer Leute herum, sondern sind an einem echten Austausch mit ihnen interessiert, der ihnen hilft, als Persönlichkeiten zu wachsen und hinzuzulernen.

Spiegeln. Mentoren sind Spiegel. Dieser interaktive Archetyp ist wie dafür gemacht, anderen das zu spiegeln, was sie hören müssen, und gibt ihnen das Gefühl, gesehen und verstanden zu werden. Indem Mentoren unbewusst den Tonfall ihres Gesprächspartners nachahmen und, ohne es zu bemerken, dessen Körpersprache übernehmen, »werden« sie quasi zu dieser Person. Mit der sie sich aufgrund dessen auch schnell intuitiv verbinden. Wobei im Gespräch mit einem Mentor das Kopieren von Verhaltensweisen eine Art Kompliment darstellt.

Aktives Zuhören. Mentoren sind jedoch nicht nur gewandte Gesprächspartner*innen, sondern auch höchst aktiv Zuhörende, denen kein noch so subtiles Signal ihres Gegenübers entgeht, wie etwa Nuancen in Tonfall oder Körpersprache. Mentoren wissen genau, wie sie anderen das Gefühl geben können, verstanden zu werden, und vollenden wie zum Beweis dafür sogar deren Sätze. Und wenn sie, um die Energie zu erhöhen, die Gesamtheit ihrer Superkräfte in die Waagschale werfen, profitieren alle davon.

Manche Mentoren beherrschen dieses Spiel vielleicht sogar etwas zu gut. Wenn sie nämlich anfangen, in jedes Hüsteln, jedes Zucken der Mundwinkel ihres Gegenübers etwas hineinzuinterpretieren - oder es sogar persönlich nehmen und auf sich beziehen. Mentoren können mitten im Gespräch viel Zeit damit verdaddeln, dass sie grübeln und grübeln und sich fragen: »Was hat er mir damit wohl sagen wollen?« Derweil ist der andere schon viel weiter, weil er auch ja von der Irritation des Mentors gar nichts weiß – obwohl sie sich inzwischen mietfrei in dessen Oberstübchen eingenistet hat. Mentoren könnten Stunden ihres Lebens hinzugewinnen, wenn sie nur mit diesem Grübeln aufhören und lernen würden, Missverständnisse sofort auszuräumen. Statt irgendwelche Vermutungen anzustellen, sollten sie lieber Fragen stellen wie »Habe ich irgendwas gesagt, was dich beleidigt hat?« oder »Damit kannst du wohl nichts anfangen?«.

Eisbrecher im Umgang mit Mentoren

Mit keinem anderen Archetyp kommt man so schnell in Kontakt wie mit Mentoren, sei es freundschaftlich oder in romantischer Absicht. Nur nähert man sich ihnen am besten nicht in ihrer »Tüftelzeit« (wenn sie sich also gerade ihrer neusten Leidenschaft widmen). Sonst aber sind sie jederzeit bereit, einer Plauderei wegen alles stehen und liegen zu lassen. Was dagegen viel schwieriger ist: den Mentor auch wieder zum Schweigen zu bringen, nachdem er einmal richtig losgelegt hat. Diese Leute tauen ausgesprochen schnell auf, auch wenn sie zunächst sehr kühl wirken.

Mentoren bewundern den intelligenten Witz und lieben alberne, lustige oder auch sarkastische Bemerkungen. Jeden Spaßvogel nehmen sie hochinteressiert ins Visier und dann gehen die

Scherze hin und her, bis der andere schließlich aufgibt. Bonuspunkte gibt's für die Imitation von Promis sowie für Dad Jokes – gern auch auf eigene Kosten. Denn Mentoren *lieben* möglichst alberne, unbeschwerte Späße.

Sie sind jedoch auch philosophisch veranlagt. Und interessieren sich gleichermaßen für Menschen, die Tiefgründiges zum Zustand der Welt beizutragen haben, wie für solche, die über einen hohen EQ (Emotionalen Intelligenzquotienten) verfügen und sich über die verschiedenen Bindungstypen äußern oder aus neusten wissenschaftlichen Studien zitieren. In Fakten und Trivia schwelgen Mentoren für ihr Leben gern.

Auch die soziale Intelligenz steht bei ihnen hoch im Kurs. Als die geborenen Kulturkritiker*innen, die sie im Herzen sind, lieben es Mentoren, Menschen zu beobachten und die zwischen ihnen entstehenden Dynamiken zu analysieren. Ohne allzu gemein zu werden, könnte jemand, der einen Mentor für sich interessieren möchte, einfach in seiner Hörweite halblaut sinnierend so etwas sagen wie »Also als divers würde ich diese Gruppe nun nicht direkt bezeichnen …«. Mentoren lieben Klatsch und Tratsch und gehen auch gern Beziehungen auf der Basis eines gemeinsamen Feindbilds oder der geteilten Ablehnung bestimmter Dinge ein.

Worüber Mentoren gern sprechen: alles und jeden, dies und das

Es gibt praktisch nichts, worüber Mentoren nicht gern sprechen würden. Mit ihrem rhetorischen Geschick und breiten Interessensspektrum sind sie bei jeder Dinnerparty die perfekten Sitznachbar*innen. Und das nicht nur, weil sie übergangslos von der Entwicklung der Trap Music auf französische Küchentechniken zu sprechen kommen können. Mit ebenso großer Begeisterung hören sie sich nämlich auch an, was *andere* zu sagen haben.

Sprich dem Mentor gegenüber ein Thema an, mit dem er nicht vertraut ist, und er wird sich hineinfinden. Zunächst bittet er dich vermutlich, »noch etwas mehr« darüber zu sagen, um dich anschließend mit vielen ebenso interessierten wie interessanten Fragen zu überraschen. Gespräche mit Mentoren können einen vom gewohnten Territorium im Nu in gänzlich neue Gefilde transportieren. Mentoren mögen es, bei anderen die Neugier zu wecken und sie zum Denken anzuregen. Kein Wunder also, dass sie in der Berufsgruppe der Therapeut*innen und Coaches so häufig vertreten sind.

Im Gespräch mit diesem I*AM-Typ solltest du dich aber unbedingt auf eine endlose Berg- und Talfahrt gefasst machen. Denn Mentoren, die oft mehr in die Breite als in die Tiefe gehen, tänzeln in atemberaubendem Tempo durch ein ganzes Spektrum von Themen. Wobei jeder Mentor auch seine eigenen Obsessionen hat, Sujets, mit denen er sich so intensiv und leidenschaftlich befasst, dass er bei Bedarf jederzeit einen TED-Talk halten könnte.

Mentor Brittany ist eine talentierte Interior-Fotografin, deren Porträtarbeiten sich oft auf den Covern von Hochglanzmagazinen wiederfinden. Auf allen Partys kann sie total leicht in jedes Gespräch einsteigen, so richtig lebendig aber wird sie, sobald sie von ihrem Fotografie-Kurs in der achten Klasse berichtet, in dem sie einst ihre Liebe zur Bildgestaltung entdeckt hat. Als ihre Freundinnen freuen wir uns immer, wenn sie davon erzählt, wie sie die Menschen dazu bringt, sich zu entspannen und kein, wie sie sagt, »Foto-Face« aufzusetzen. Oder wenn sie das von ihr erlassene Hortensien-Verbot beim Arrangement innenarchitektonischer Motive erläutert.

Eine Achillesferse haben jedoch auch Mentoren: ihre Liebe zum Getratsche – oft gepaart mit einem Talent für üble Beleidigungen. Studien haben zwar ergeben, dass kaum etwas Freundschaften besser festigt als gemeinsame Gegner*innen, für Mentoren aber ist das ein eher abschüssiges Gelände. Denn selbst wenn sie versuchen,

Empathie an den Tag zu legen, können ihnen dabei Worte scharfer Kritik entschlüpfen. Oder sie plaudern gar die Geheimnisse anderer Leute aus. Und diese Indiskretionen fallen dann auf die Mentoren mit ihrem lockeren Mundwerk zurück.

Worüber Mentoren gar nicht gern sprechen: Verantwortung

Aus dem Bild, Langweiler! Nichts quält einen Mentor mehr als eine öde Unterhaltung, in der keinerlei originelle Auffassungen vertreten werden. An die Vorstadt-Mama, die eine Eloge auf das Fußballtraining ihres Jungen hält; den stinksteinreichen Angehörigen der obersten Oberschicht, der über einen unbedarften Wahlkandidaten schimpft, dem er wegen der von ihm versprochenen »Steuervergünstigungen« aber trotzdem seine Stimme gibt: Ihr solltest euch mal schleunigst eurer gesellschaftlichen Privilegien bewusst werden – anderenfalls hilft der Mentor gern nach! Aufgrund ihrer enormen sozialen Intelligenz sind Mentoren so etwas wie Botschafter*innen, die das Zusammenspiel von Gruppen perfekt durchschauen. Und aufgeblasenes Schnöseltum canceln sie sofort.

Jeder Mentor hat Themen, bei denen er keinen Spaß versteht, Fragen, über die er um nichts in der Welt sprechen möchte. Dabei geht es um die Lebensbereiche, in denen Mentoren ihre Performance als chaotisch empfinden und sich fühlen, als hätten sie den Überblick verloren. Oder gar so, als wären sie »echt in Schwierigkeiten«, wie es ein Mentor einmal ausgedrückt hat. Dabei bezog er sich auf das Thema »dringend notwendige Einkommenssteigerung«, das für ihn tabu war, von seiner Frau jedoch immer wieder aufs Tapet gebracht wurde. Aber warum sind Mentoren da eigentlich dermaßen empfindlich? Ganz einfach: weil sie sich so große Mühe geben, ihre Umwelt davon zu überzeugen, dass sie alles im Griff haben. Doch unter dieser spiegelglatten Fassade brodelt immer eine gewisse innere Ruhelosigkeit. Vertreter*innen dieses Archetyps leiden oft enorm unter dem Hochstapler-Syndrom. Wie Betrüger leben sie ständig in der Furcht aufzufliegen, sollte ihnen auch nur der kleinste Fauxpas unterlaufen.

Mentoren leben in der Gegenwart; viele von ihnen schlagen sich aber noch mit Unerledigtem aus der Vergangenheit herum, das sie unbedingt vergessen wollen. Manche werden von ewigen Schuldgefühlen geplagt - bis sie endlich reinen Tisch machen und ihre psychische Unversehrtheit zurückgewinnen. Danach fragen sich die meisten, warum sie sich ihren inneren Frieden nicht früher neu gesichert haben. Doch bevor es so weit ist: Gnade allen, die den Bären beim Schwanz packen und den Mentor dazu bringen wollen, den Elefanten im Raum - das Thema, das er so verzweifelt im Schatten belassen will - beim Namen zu nennen und sich intensiver mit ihm zu befassen.

Konversationsstil: unfassbar expressiv

Gespräche mit den ausdrucksstarken Mentoren werden oft schnell sehr laut. Wobei es gar nicht aufs Thema ankommt. Ob sie nun davon berichten, wie sie einmal knapp einem schrecklichen Unglück entkommen sind, oder darüber jammern, dass ihre meistgeliebte wasserfeste Wimperntusche nicht mehr hergestellt wird: Mentoren strahlen immer eine gewisse Dringlichkeit und Direktheit aus. Ihre Augen funkeln. Ihre Stimme dröhnt. Sie ringen die Hände und gestikulieren weiträumig mit den Armen. Sie verwenden sprachliche Extreme wie »Du machst mich völlig fertig«, »Das wird dein ganzes Leben verändern« oder »Ich schwöre auf meine Erstgeborene«. Und selbst weniger expressiven Mentoren merkt man ihre Intensität oder rechtschaffene Empörung noch deutlich an. Sie wollen nicht ignoriert werden, und das ginge auch gar nicht.

Die intensive Aura des Mentors ist größtenteils ungewollt. Dieser I*AM-Typ empfindet einfach alles so, als würde es *jetzt* geschehen, *in diesem Moment* – und alles auf einmal. Und diese Unmittelbarkeit spiegelt sich auch im Kommunikationsstil der Mentoren wider. Der kann verspielt, dramatisch, weinerlich oder zornig sein ... aber nie halbherzig.

Viele Mentoren »gehen ganz nah ran«, nehmen also in einer Entfernung von nur wenigen Zentimetern vor ihrem Gegenüber Aufstellung und sehen ihm in die Augen. Denn für sie ist es der Körper, der die Symphonie ihres Selbstausdrucks dirigiert. Sie stoßen Freudenschreie aus, wenn sie auf der Straße unverhofft einem alten Freund begegnen, oder sie geben ihren Kolleginnen so energiegeladene High-Fives, dass nachher allen Beteiligten die Handflächen brennen, und drücken ihre Liebsten mit all der Kraft, über die sie verfügen. Sind sie sauer, fegen Mentoren durch die Wohnung, und beim Telefonieren spazieren sie hin und her – am besten, man geht ihnen dann aus dem Weg!

Die Superkraft von Mentoren ist das Storytelling. Sie wissen genau, wie sie ihren Darlegungen Leben einhauchen können. Ihre Lieben sollten deshalb also unbedingt ein bisschen Zeit mitbringen, wenn sie einen Mentor fragen wollen, was es Neues gibt. Und ihm danach die Gelegenheit geben, weit auszuholen und kein Detail auszulassen – inklusive Kulissen, Stimmungen, Menschen und Abläufe.

Wäre da nicht die Oscar-reife Inszenierung des Mentors, würde seine Zuhörerschaft angesichts des unüberschaubaren Detailreichtums des Erzählten wahrscheinlich bald in die Knie gehen. Denn tatsächlich fühlen sich diese »Spiegel« buchstäblich in die Charaktere ein, von denen sie berichten, imitieren sowohl ihre Körpersprache als auch die Ausdrucksweise, bis hin zu etwaigen Akzenten oder Dialekten. Mentoren wissen genau, wie sie Spannung aufbauen, Begeisterung erzeugen und dafür sorgen, dass es ihr Publikum kaum mehr auf den Stühlen hält vor lauter Aufregung, weil die Leute es kaum mehr erwarten können zu erfahren, wie die Geschichte zu Ende geht. Und dann sind viele Mentoren auch noch mit einem anderen Talent gesegnet, und zwar mit Humor. Sei also darauf gefasst, dass du dich über kurz oder lang vor Lachen auf dem Boden wälzt.

Das Gespräch mit einem Mentor

Unter Mentoren zählt bereits ein lebhafter Thread in einem Online-Forum oder eine Mitteilung im Kommentarbereich der sozialen Medien als vollgültige Unterhaltung. Denn solange sie beschäftigt sind, fühlen sie sich eingebunden, und für diese beziehungsorientierten Menschen ist das sehr wichtig. Einem Mentor braucht man bloß den Link zu einem Artikel, eine liebe Kurzbotschaft nebst Emoji oder auch nur ein kurzes »Zeit zum Quatschen?« zu schicken. Und sofort greift er zum Smartphone.

Du möchtest einen Mentor von seinen elektronischen Geräten loseisen? Dann schlag ihm irgendwas Interaktives (aber nicht allzu Verwirrendes) vor, was ihr gemeinsam tun könnt. Mentoren schlendern zum Beispiel gern plaudernd über Bauernmärkte. Oder sie mieten ein Kajak. Sie mögen aber auch Spaziergänge im Park – jedenfalls, wenn ein Coffee to go mit von der Partie ist. Denn Mentoren können sich am besten konzentrieren, solange sie in Bewegung sind. Und das Schönste daran: Bei dieserart Aktivitäten können sie sich nicht permanent mit ihrem Handy befassen und bringen sich deshalb, statt alle paar Sekunden reinzuschauen und ihre Apps beziehungsweise Social-Media-Kanäle zu checken, aktiv ins Gespräch ein.

Der beste Schauplatz für eine Unterhaltung mit dem Mentor

Gemeinschaftsorientiert, wie sie sind, fühlen sich Mentoren immer dann am wohlsten, wenn sie sich im Austausch mit einer Gruppe Gleichgesinnter befinden. Setz einen auf irgendeiner Party aus, und er wird die Location nicht nur sofort nach den interessantesten Leuten absuchen, sondern bei dieser Gelegenheit auch gleich noch wichtige Daten und faszinierende Fakten über sie zutage fördern. Das Problem dabei ist nur: Womöglich faszinieren ihn die vielen Fremden (und künftigen Freund*innen), denen er auf dem Fest begegnet, so, dass er darüber die Menschen aus den Augen verliert, mit denen er gekommen ist. Auch bei Familienfeiern kann es dazu kommen. Einfach, weil sich Mentoren immer besonders zu neuen Leuten hingezogen fühlen – oder zu denen, die sie lange nicht gesehen haben.

Dabei ist es keineswegs so, als versuchten sie bewusst, irgendjemanden zu ignorieren. Wer allerdings täglich exklusiv Zeit mit einem Mentor verbringen möchte, wäre schon gut beraten, wenn er ihn explizit um seine geteilte Aufmerksamkeit bitten würde. Denn sobald der Mentor von diesem Bedürfnis weiß, ist er auch bereit, es zu erfüllen. Er wird jedenfalls nicht gleich ausflippen, wenn er eine »Wir müssen reden«-Nachricht erhält. (Trotzdem würden wir eine spielerischere, differenziertere Formulierung empfehlen, wie etwa: »Ich möchte dir gern einiges erzählen; was meinst du: Können wir uns heute Abend irgendwo treffen?«) Der Mentor kennt bestimmt einen perfekt geeigneten Diner oder eine rund um die Uhr geöffnete Kellerbar, wo ihr reden und notfalls auch eine Runde flippern könnt, sollte die Stimmung aus irgendeinem Grund zu kippen drohen.

Feedback für den Mentor

Mentoren lieben Feedback – solange sie dabei nicht das Gefühl bekommen, persönlich beleidigt oder an den Pranger gestellt zu werden. Als verschmitzte Suchende, die statt um Erlaubnis lieber um Entschuldigung bitten, sind sie es gewohnt, ein wenig in Schwierigkeiten zu sein. Da es sich bei diesen wissbegierigen Seelen aber zugleich um glühende Verfechter*innen der persönlichen Weiterentwicklung handelt, lernen sie auch immer gern etwas hinzu. Haben sie jemanden um Rat und Unterstützung gebeten, würden sie sich – bildlich gesprochen – gern am Fuße der betreffenden Person niederlassen und sie zu ihrem Guru machen. Sie wollen sich in Anweisungen vertiefen, ein Handbuch auswendig lernen und sich ein Lehrvideo nach dem anderen reinziehen.

Manche Mentoren wünschen sich ein Mitarbeitendengespräch. Dabei wollen sie keinen Staubzucker in den Hintern geblasen bekommen – jedenfalls nicht, wenn sie die sie beurteilende Person respektieren. Vielmehr interessieren sie sich tatsächlich für deren Meinung.

Dieses Feedback sollte allerdings auf der Weiterentwicklung und den Fortschritten des Mentors beruhen. In der Beurteilung müsste demnach eindeutig festgehalten werden, wie gut dessen Leistungen sind. Im Weiteren sollte es dann um seine »nächste Entwicklungsstufe« gehen. Wobei jede Kritik neutral formuliert werden muss und keinesfalls in einem strafenden Tonfall vorgetragen werden darf. Denn mehr als jeder andere Archetyp leidet der Mentor unter einem »Böses-Kind«-Komplex: Sobald er das Gefühl bekommt, versagt zu haben, besteht die Gefahr, dass er ausrastet und sich in kindischer Rebellion verliert.

Um das Entstehen einer solchen Eltern-Kind-Dynamik zu verhindern, empfiehlt es sich, zuallererst die Fortschritte und Erfolge des Mentors anzusprechen. Denn sobald er das Gefühl hat, dass sein Beitrag übersehen wurde, ist er durchaus zur Gegenwehr fähig, gegebenenfalls auch sehr nachdrücklich. Dabei merkt er unter Umständen gar nicht, wie sein Tonfall und seine Wortwahl aufgenommen werden, insbesondere dann nicht, wenn er emotional sehr aufgewühlt ist. Mentoren können überaus reaktiv beziehungsweise defensiv sein und schnell auf andere losgehen. Und nicht selten richten ihre rhetorischen Fähigkeiten dann mehr Schaden an, als ihnen bewusst ist.

Wie Mentoren mit Konflikten umgehen

Viel mehr als die beiden anderen I*AM-Archetypen mögen Mentoren es, gespiegelt zu werden. Gerät einer von ihnen ins Schwärmen, würde er sich wünschen, dass sein Gegenüber genauso energiegeladen wäre wie er selbst. Mentoren wählen gern Formulierungen mit »wir«, »uns« oder »unser« und reagieren besonders aufgeschlossen auf Äußerungen, die eine Art Einladung beinhalten (»Wie wär's, wenn wir versuchen würden ...«).

Angesichts dessen ist es gar nicht so einfach, anderer Meinung zu sein als ein Mentor. Denn so cool sie sich auch geben, reagieren sie doch auf jede Art von Spaltung, Trennung oder Vereinzelung äußerst empfindlich. Manche sehen in anderen Auffassungen sogar ein Zeichen der Ablehnung, insbesondere, wenn bei ihnen dadurch ein eventuelles Kindheitstrauma reaktiviert wird. Dann werden aber die Messer gezückt! Und scharfzüngige Mentoren haben schon so einige Egos zerschmettert.

Damit ihnen derartige Spontanreaktionen von Mentoren nicht allzu sehr ans Herz gehen, sollten die Menschen in ihrem engeren Umfeld am besten versuchen, sich ein dickeres Fell zuzulegen. Doch sobald sie sich ernsthaft von einem Mentor bedroht fühlen, sollten sie unbedingt darauf drängen, dass er Verantwortung übernimmt und sich reiferer Kommunikationsmethoden bedient. Die Fähigkeit zur Affektregulation eignen sich viele Mentoren erst im Erwachsenenalter an. Bis es so weit ist, kann sich die Lücke zwischen einem Gedanken und der auf ihn folgenden Reaktion als hoch willkommener Rettungsanker erweisen. Jedenfalls ganz bestimmt im Umgang mit Differenzen.

Wann immer möglich sollten Gespräche mit Mentoren in der »Wir«-Form geführt werden, auch wenn sie vollkommen anderer Meinung sind. À la »Vielleicht finden wir ja doch ein paar Gemeinsamkeiten« oder »Wie können wir es anstellen, dass alle Beteiligten auf ihre Kosten kommen?«. Wenn man verhindern will, dass ein Mentor ausflippt, können zustimmende Bemerkungen wahre Wunder wirken. Denn was Vertreter*innen dieses Archetyps mehr als alles andere hören wollen, ist, dass sie nach wie vor und trotz allem geliebt werden – auch wenn ihnen dieser Wunsch nur höchst selten über die Lippen gehen dürfte.

Wann Mentoren eine Auszeit brauchen

Dafür, dass ein Mentor eine Auszeit braucht, gibt es ein sicheres Zeichen, und das ist der Klang seiner Stimme. Der wirkt dann nicht mehr lebhaft und anspornend, sondern eher kleinlich, kritisch oder auch sarkastisch. Mentoren kommen leicht als streitlustig rüber, so als würden sie den Advokaten des Teufels spielen oder wären auf eine handfeste Auseinandersetzung aus. Der Versuch, das Gespräch einfach weiterzuführen, wäre das Falscheste, was man in einem solchen Moment tun könnte. Denn jetzt muss sich der Mentor erst einmal bewegen – und zwar wohlbemerkt: körperlich.

Bei diesem Archetyp bauen sich die Emotionen schnell auf, und deshalb sollten Mentoren sie unbedingt rauslassen, bevor sie den Zenit erreicht haben. Sie stehen dann so unter Strom, dass sie

Dampf ablassen müssen, um in die Gegenwart, die jeweilige Situation, zurückfinden und wieder nett zu den Leuten sein zu können.

Ein spontanes Tänzchen oder eine schnelle Cardio-Session kann rasende Wut im Nu in Endorphin-gesättigte Glückseligkeit verwandeln. Einige der Mentoren, die wir kennen, haben deshalb ständig eine Meditations-App, ein Notizbuch sowie eine Online-Therapeutin bei sich. Denn da sie alles andere als Meister*innen der Selbstregulation sind, können ihnen diese Hilfsmittel nicht nur helfen, psychisch gesund zu bleiben, sondern auch ihren Ruf vor größerem Schaden bewahren.

Kommunikative Herausforderung: fehlende Filter, Stimmungsschwankungen

Vorsicht, da fällt gleich jemand mit der Tür ins Haus! Die lebhaften Mentoren sind am besten dran, wenn sie sich einer achtsamen Kommunikation befleißigen. Denn statt gleich alles ungefiltert auszuspucken, was ihnen in den Kopf kommt, und den angerichteten Schaden später zu bereinigen, können sie sich ja auch auf die Macht der Pause besinnen.

In Yoga-Retreats oder tränenreichen Tischreden kommt die überquellende Gefühligkeit der Mentoren möglicherweise ganz groß raus. Geschäftlich oder bei gesellschaftlichen Anlässen dagegen kann sie eine solche überhastete »#nofilter #offenheit«-Mentalität schnell in echte Schwierigkeiten bringen. Sodass sich ihnen, sobald der Hangover der Scham einsetzt, die Frage stellt: »Hätte ich in der Sitzung des Finanzausschusses vielleicht besser nicht von meiner komplizierten Trennung berichten sollen?«

Mit ihrem losen Mundwerk können Mentoren aber auch anderen schaden. Wenn sie etwa aufgrund ihrer Bindungs- und Beziehungsbedürfnisse unbedacht persönliche Informationen über ihre Freund*innen ausplaudern. Und im Konflikt mit einem zum Feind gewordenen früheren Freund ist nicht auszuschließen, dass der Mentor anfängt, Rachegedanken auszubrüten, dass er alte Kamellen aufwärmt und im Extremfall sogar ein dunkles Geheimnis aufdeckt, das nie preiszugeben er geschworen hatte. Zudem neigen Mentoren dazu, das Vertrauen anderer aus reiner »Besorgnis« heraus zu brechen, was seinen Beziehungen auch nicht gerade guttut.

Kippt die Stimmung eines Mentors, kann er den ganzen Raum mit seiner schlechten Laune anstecken. Denn dann ist für ihn das Glas nicht mehr nur halb leer, sondern in 1000 Scherben zerbrochen. Ihm in einem solchen Moment gut zureden oder einen Rat geben zu wollen, wäre genauso gefährlich wie der Versuch, die Scherben aufzuheben. Am besten fasst man einen Mentor unter solchen Umständen mit Samthandschuhen an. Seine schlechte Laune geht auch schnell wieder vorbei, und es ist allemal besser, sein inneres Feuer nicht weiter zu schüren.

Sicher, mit ihrem Charme machen Mentoren solche Augenblicke auch schnell wieder vergessen. Ob sie aber wirklich in den Ruf einer tickenden Zeitbombe beziehungsweise eines wandelnden Pulverfasses kommen wollen? Wahrscheinlich doch eher nicht. Und ihre Ehrlichkeit *muss* ja auch keine Bürde sein, sie können sie doch auch als Vorteil nutzen. Die Vertreter*innen dieses dynamischen Menschentyps müssen einfach lernen, die Stimmung im Raum zu eruieren oder wenigstens genauer hinzuschauen, bevor sie die Schleusentore öffnen. Schließlich führt eine Prise Mentorenmagie sehr viel weiter, als sie denken.

DER ASTROLOGIE-CODE UND DIE ARBEITSWELT

Was die verschiedenen I*AM-Archetypen brauchen, um im Beruf erfolgreich zu sein? Inzwischen wird es dich nicht mehr überraschen zu erfahren, dass mit jedem Persönlichkeitstyp auch ein spezielles Produktivitätsmodell verbunden ist. Während einer Autorität zum Beispiel feste Routinen und klare Strukturen den besten Rahmen bieten, finden Mentoren, die die Abwechslung verschiedener Aufgaben brauchen, ein solches Korsett einfach nur lächerlich. Der Innovator seinerseits erregt Bewunderung für seine revolutionär neuen Ansätze – raubt aber allen anderen den letzten Nerv damit, dass er vergisst, sie über die Einzelheiten zu informieren.

Beim Studium der Archetypen ist uns etwas sehr Interessantes aufgefallen. Und zwar, dass jeder Typ eine bevorzugte »Zeitzone« hat, in der er sich besonders wohlfühlt. Für Innovatoren ist es die Zukunft, in der alles möglich ist. Autoritäten dagegen fühlen sich auf sicherem Boden, wenn sie bewährte Techniken aus der Vergangenheit anwenden und können und beherrschen. Gut informierte Mentoren wiederum wissen genau, wie sich aus dem gegenwärtigen Moment Funken der Magie schlagen lassen – indem sie sich ihm einfach ganz hingeben.

Doch wir sind der festen Überzeugung, dass alle drei Archetypen eines gemeinsam haben: den Wunsch, ein bedeutsames, sinnvolles Leben zu führen. Und mithilfe des Astrologie-Codes können sie das Verlangen ihrer Seele mit der geschäftsorientierten Außenwelt in Übereinstimmung bringen. Und sie können sich einen Raum (oder auch mehrere) erschaffen, der sie unter dem Einfluss ihres jeweiligen I*AM-Temperaments dabei unterstützt, zur besten Version ihrer selbst zu werden.

Wir haben sogar für jeden I*AM-Archetyp den Grundriss eines idealen Arbeitsplatzes entworfen, in dem sie ihrem speziellen Flow entsprechend maximale Produktivität an den Tag legen können. Darin zeigen wir, wo jeder I*AM aufblüht, benennen aber auch die Stolpersteine, die sie jeweils vermeiden sollten. Energie bringt noch mehr Energie hervor, und wenn du bereit bist, dich in Bewegung zu setzen, dann wird dir der folgende Abschnitt helfen, voll ins Spiel des Lebens einzutauchen.

DIE I*AM-TYPEN UND IHRE ZEIT

Innovator: die Zukunft

Autorität: die Vergangenheit

Mentor: die Gegenwart

Der Innovator lebt in der ZUKUNFT

Innovatoren sind auf der Welt, um etwas ganz Neues zu erschaffen und den Status quo infrage zu stellen. Berufe, in denen sie ihre Fantasie spielen lassen und sich als visionär erweisen können, sind für sie viel befriedigender als monotone, über-strukturierte Jobs. Ihre Definition des idealen Arbeitsplatzes ist flexibel und umfasst das ganze Spektrum zwischen einem Plätzchen im Café, ihrem Lieblingssofa und einem übergroßen Esstisch – kurz: Sie fühlen sich bei der Arbeit überall dort wohl, wo sie ungestört und ohne irgendwelche zeitlichen Zwänge ihren Träumen nachgehen können.

Die Autorität lebt in der VERGANGENHEIT

Autoritäten sind auf der Welt, um es mithilfe von Routine und bewährten Traditionen zur Meisterschaft zu bringen. Am wohlsten fühlen sie sich in einer Festanstellung, in der sie einen Arbeitsschritt nach dem anderen erledigen können. Autoritäten bevorzugen traditionellere Arbeitsplätze, die Erfolgserlebnisse nicht nur ermöglichen, sondern diese auch fördern. Und die darüber hinaus örtlich von ihrem Privatleben getrennt sind.

Der Mentor lebt in der GEGENWART

Mentoren sind auf der Welt, um auf der Basis außergewöhnlicher Erfahrungen Verbindungen zu knüpfen und Gemeinschaftsgefühle herzustellen. Berufe, in denen sie ganz unterschiedliche Aufgaben haben, nie Langeweile aufkommt und sie mit Menschen zusammenkommen, sind für sie am befriedigendsten. Da diese Sammlungs-Kurator*innen immer 1000 Projekte am Laufen haben, kann ihr Arbeitsplatz schnell zu einem Museum (aber auch total chaotisch) werden.

DAS KARRIEREPROFIL DES INNOVATORS

Was ihn motiviert: Status, Zusammenhänge herzustellen, Dinge aus der Taufe zu heben

Superkräfte: Stilempfinden, Selbstsicherheit, die Fähigkeit, aus dem Nichts etwas zu zaubern

Weg zum Erfolg: die Erschaffung etwas vollkommen Neuen, Einzigartigen

Mögliche Gefahren: elitäres Gehabe, sich für etwas Besseres zu halten, zu abgehoben und seiner/ihrer Zeit »allzu weit voraus« zu sein

Innovatoren sind auf der Welt, um neue Regeln zu schreiben – für das Leben, die Arbeitswelt und alles, was für sie wichtig ist. Mit Dingen wie »So machen wir das schon immer« brauchst du ihnen gar nicht erst zu kommen. Denn statt ausgetretenen Pfaden zu folgen, möchten sie sich etwas Einzigartiges ausdenken, was gegen alle Normen verstößt. Um ihre Mission erfüllen zu können, müssen sie weit über den Tellerrand der Gegenwart hinausblicken und gedanklich in die Zukunft reisen.

Manche Ideen des Innovators kommen aber auch Jahre zu früh, sodass nur wenige bereit sind, sich seinen Vorstellungen anzuschließen. Tja, der eigenen »Zeit voraus« zu sein kann eben beides sein: sowohl Segen als auch Fluch.

Wettbewerbsorientiert, wie sie sind, gehören Innovatoren ganz oft zu den besten Vertreter*innen bestimmter Sportarten oder sind Mitglied eines überaus exklusiven Clubs. Denken wir nur an Innovator Tom Brady, der doch tatsächlich noch mit 45 Jahren NFL-Champion war. Angesichts der Chance, jede beliebige gläserne Decke zu durchbrechen, die sich ihnen womöglich in den Weg stellt, geraten Innovatoren in glühende Begeisterungsstürme.

Wobei ihr beruflicher Erfolg zum Großteil *on the go* entsteht; Innovatoren konstruieren das Flugzeug, während sie bereits in der Luft sind, und schreiben noch am Drehbuch, während der Film bereits am Entstehen ist. Und sobald das Bild dann irgendwann beginnt, klare Konturen anzunehmen, sind die Vertreter*innen dieses I*AM-Typus sogar auch in der Lage, das Konzept zu erläutern, das ihre Fantasie auf die Reise geschickt hat.

In dem Maße, in dem sich das Werk ihres kühnen Federstrichs seiner Vollendung nähert, können Innovatoren zu beeindruckenden Pionierinnen und Vordenkern werden, die ihre Community verändern, wenn nicht gar die ganze Gesellschaft umwälzen. Steve Jobs, der Gründer von Apple, der uns mit seinem »*Think different*« alle zu einem neuen Denken einlud – hatte ganze sieben Innovator-Platzierungen. Aufgrund ihrer Fähigkeit, Zukunftsvisionen Raum zu geben, sind Innovatoren ganz hervorragende Gründer*innen und Firmenbosse – würden eventuell allerdings gut daran tun, ein prozessorientiertes Team von Leuten anzuheuern, die mithilfe von eingehaltenen Terminen und erfüllten Umsatzerwartungen dafür sorgen, dass das Unternehmen in der Spur bleibt.

DAS ZEITMANAGEMENT DES INNOVATORS

Zeitzone des Innovators: die Zukunft

Der visionäre Innovator hat die Zukunft fest im Blick. Was schon geschafft und erledigt wurde, interessiert ihn nicht. Er schreibt die Regeln neu, erfindet etwas ganz Besonderes und verändert den Lauf der Dinge für uns alle. Um die Bestimmung ihrer Seele erfüllen zu können, müssen Innovatoren weit, weit über den gegenwärtigen Augenblick hinausblicken. So, wie das Fotomotiv einer Sofortbildkamera allmählich zum Vorschein kommt, nimmt auch das von ihnen Erwünschte mit der Zeit mehr und klarere Konturen an. Allerdings brauchen Innovatoren immer viel Zeit zum Träumen, bevor sie die faszinierende Zukunftsvision in Worte fassen können, die in ihnen Gestalt annehmen möchte.

Sobald Innovatoren in der Zone sind, wird ihre Zeit elastisch. Denk nur an die Figur, die Keanu Reeves in *Matrix* gespielt hat und die mithilfe ihres Geistes die Zeit sowohl verlangsamen als auch beschleunigen konnte (Innovator-#goals). Und die gute Nachricht:

Zu etwas ganz Ähnlichem sind viele Innovatoren auch imstande, und zwar gänzlich ohne Special Effects. Innovatoren, die etwas wollen, können es auch realisieren – entsprechend dem Gesetz der Anziehung, nur zehnmal schneller. Ihr Telefon klingelt, und dran ist zufällig jemand, der direkten Zugang zu genau dem hat, was sie brauchen.

Für die alten Griechen gab es zwei Arten von Zeit: *Chronos* und *Kairos*. Wobei Chronos linear und messbar ist, während Kairos für Menge, Träume, Grenzenlosigkeit steht und den Raum bezeichnet, in dem wir mit Göttern und Musen kommunizieren. Im Idealfall würden sich Innovatoren an die 80/20-Regel halten, also 80 Prozent ihrer Zeit im Reich von Kairos verbringen und sich in den übrigen Stunden »fokussieren«. Nach einem ausführlichen Bad in der göttlichen Energie können sie ihre inspirierten Erkenntnisse aus der Cloud über ihren Köpfen runterladen. (Vorschlag für einen T-Shirt-Spruch: »Ich prokrastiniere nicht, ich lade nur grad runter«.)

Und noch etwas: Innovatoren brauchen immer ein paar Minuten, bis sie von einem Zustand in den anderen gewechselt sind. In der Zeit müssen sie oft etwas für ihre körperlichen Bedürfnisse tun. Während sie das Reich der Inspiration (von *spiritus* = Geist, Atmung) verlassen und wieder in die Physis übertreten, haben sie häufig Hunger, sind leicht benebelt, steif und ein bisschen grantig. Kompensieren können das die Innovatoren, indem sie sicherstellen, dass sie alles haben, was sie brauchen, Wasser, Essen, frische Luft sowie die Annehmlichkeiten, die sie nach dem neuerlichen Übergang auf die weltliche Seite des Lebens unterstützen, wenn sie also ihre E-Mails checken, die Kinder abholen, einkaufen gehen. Und diese Passage aus den luftigen Höhen in die niederen Ebenen des Alltags ist mitunter ganz schön holprig. Musik oder Podcasts können dabei helfen. Und unterstützen Innovatoren auch dabei, ein gewisses Maß an Inspiration in den Alltagstrott hinüberzuretten.

DIE PRODUKTIVITÄT DES INNOVATORS

Wovon Innovatoren profitieren

- selbst gestalteten Terminplänen mit einem Minimum an Mikromanagement
- Autonomie und Entscheidungsbefugnis
- Projekten mit unbegrenzten Möglichkeiten und größtem Potenzial
- flexiblen Prioritäten, die sie nach Bedarf verändern können
- flachen Hierarchien mit projektbezogenen Funktionen und Verantwortlichkeiten
- Vier-Augen-Gesprächen mit einem Berater oder einer Beraterin in den verschiedenen Phasen des Projekts
- Ritualen, die die schwierigen oder auch »langweiligen« Aspekte eines Projekts (insbesondere die Planung) zu einer erfreulichen kreativen Erfahrung machen
- der Einteilung großer Aufgaben in kleine Schritte – sowie von kleinen Belohnungen zwischendurch
- dem Verzicht auf Mikromanagement und Kontrolle – die Muse des Innovators lässt sich nicht antreiben!

Mögliche Fallstricke für Innovatoren

- zu viel Freiheit und allzu wenig Struktur
- zu viel Improvisation und Versuche, Dinge selbst zu regeln, die in die Hände von Expert*innen gehören
- dass sie ihre Vision oder Innovation erst bekannt machen und dann nicht bereit sind, Anweisungen zu befolgen oder Unterstützung anzunehmen
- dass sie Dinge in letzter Minute und ohne Vorlage zu erledigen versuchen
- dass sie, statt sie zu delegieren, Projekte ganz aufgeben – besonders, wenn sich der Reiz des Neuen gelegt hat und sie sich zu langweilen beginnen
- zu vergessen, dass auch sie Menschen sind, die Bedürfnisse haben; dass sie sich zu wenig gute Nahrung, Bewegung oder Freizeit gönnen, weil sie sich zu viel Arbeit aufladen

WAS INNOVATOREN BRAUCHEN, UM ERFOLG ZU HABEN

Eine leere Leinwand. Innovatoren lieben die Energie des Neuanfangs – den damit einhergehenden Dopamin-Kick, die ersten Entwicklungsstadien, in denen die Leinwand noch größtenteils leer ist. In diesen Momenten, in denen sie die Weiträumigkeit des »Alles ist möglich« spüren, entfaltet sich ihre Fantasie wie ein herrlich anzusehender Seidenfächer. Du möchtest einen Innovator in Begeisterungsstürme versetzen? Dann weis ihm die Funktion des/der Verändernden zu. Ob er die Möbel im Wohnzimmer umräumt, deinem Geschäft ein neues Image verpasst oder die Firmencafeteria umstrukturiert: Der Innovator findet einen besseren, zukunftsorientierteren Weg, die Aufgabe zu erfüllen. »Wenn eine Idee nicht zunächst einmal absurd erscheint, taugt sie nichts«, sagte Albert Einstein einmal sinngemäß. Und diese Worte könnten dem Innovator ins Stammbuch geschrieben sein. Denn vieles von dem, was sich Innovatoren so einfallen lassen, kommt den Leuten, die davon hören, im ersten Moment absonderlich oder sinnlos vor.

Gelegenheiten zum Iterieren. Innovatoren lieben es, Prozesse immer wieder neu zu denken, und blühen besonders auf, wenn sie nach den Prinzipien des Design Thinkings arbeiten können. Was für Thomas Edison seine zigtausend zum Scheitern verurteilten Experimente waren, sind beim iterierenden Innovator die zigtausend Entwürfe seines Masterplans.

Reichlich Zeit zum Träumen. Der größte und liebste Luxus des Innovators besteht darin, nicht auf die Zeit achten zu müssen. Nur leider wird diese Neigung von unserer Kultur, die immer noch hartnäckig am strikten Achtstundentag des Industriezeitalters festhält, so gar nicht unterstützt. Und für diesen Archetyp stellt das ein echtes Dilemma dar, denn sie brauchen große, nicht zuletzt auch zeitliche Freiräume, um Bestleistungen erbringen zu können. Schließlich wissen sie ja nie, wann ihre Muse angedüst kommt, um 14 Uhr oder vielleicht auch erst nach Mitternacht.

Flexible Arbeitspläne. Ein selbst geschneiderter Arbeitsplan mit flexiblen Prioritäten und Abgabeterminen taugt dem Innovator am besten. Denn je nachdem, was er gerade tut, variiert sein Zeitempfinden: Hat er die Möglichkeit, ausgiebig zu träumen, neue Ideen runterzuladen und auszubrüten, dehnt sich die Zeit für ihn wie ein Gummiband und fühlt sich endlos an.

Oft trifft man auf Innovatoren mit einem ziemlich profanen Job – der nicht viel geistiges Engagement verlangt, jedoch die Rechnungen bezahlt – und einem hoch anspruchsvollen Nebengeschäft in der Selbstständigkeit. In einem solchen Arrangement sorgt das regelmäßige Einkommen durch den Brotjob für die zum Träumenkönnen erforderliche Seelenruhe.

Innovator Danielle hat einen Master auf dem Gebiet der frühkindlichen Entwicklung. Tagsüber fährt sie einen Schulbus, in ihrer Freizeit arbeitet sie an einem Fachbuch für Erzieher*innen über den Umgang mit hochsensiblen Kindern.

Der intuitiv begabte Innovator Monique ergänzt ihre freiberufliche Tätigkeit als Ghostwriterin durch regelmäßiges Dogwalking (mit Fünf-Sterne-Bewertung auf allen einschlägigen Apps). »Auf diesen langen Spaziergängen kommen mir mit die besten Ideen«, sagt sie oft.

Freie Bahn. Mikromanagement tabu! Die eigenständigen Innovatoren wollen die Kontrolle über ihre Produktivität selbst in der Hand haben. Die für diesen Archetyp wichtigsten Inspirationsquellen sind alles Neue und viel Abwechslung. Und damit sie in der Lage sind, ihr Bestes zu geben, brauchen sie genügend Freiraum, um ihre eigene Agenda aufstellen zu können. Halt dem Innovator alle Zweifler und Schwarzmalerinnen vom Hals, wenn er an seinem Meisterstück arbeitet. In dieser Phase braucht er keine Skepsis, sondern Ermutigung.

Projektmanagement-Tools. Delegieren, Um-Hilfe-Bitten und die Arbeit mit einem Team sind die Schwachpunkte dieses Archetyps. Umso wichtiger ist es für Innovatoren, sich in diesen Punkten weiterzubilden. Da viele von ihnen Autodidakt*innen sind, fehlen ihnen häufig einige Schlüsselqualifikationen, die sie brauchen, um den in ihrer Branche geltenden Standard erreichen zu können. Und schon einige Privatstunden bei einem geduldigen Profi können da Wunder wirken. Zumal die Aufmerksamkeitsspanne in solchen Vier-Augen-Begegnungen bedeutend größer ist als im Stress des Alltags.

Für Sandra änderte sich alles, nachdem eine ihr persönlich zugeteilte Anleiterin sie in dem Design-Tool Figma geschult hatte. »Bis dahin werkelte ich immer noch stundenlang an Produkten rum, die schon fast fertig waren, bevor ich sie dann dem Kunden präsentiert habe«, erinnert sich Sandra. »Und wenn es den Leuten dann nicht gefallen hat oder sie mit 1000 Änderungswünschen angekommen sind, war ich so frustriert, dass ich am liebsten *sie* gefeuert hätte. Heute dagegen mache ich nur eine grobe Skizze und hole dann sofort das Feedback des Kunden ein«, sagt sie. Und ergänzt: »Ich designe nix mehr und bringe auch keine größere kreative Energie mehr in irgendwas ein, bevor nicht Farben, Layout und Schriftarten abgenickt wurden.« Aus ihrer früher konfliktgeladenen Beziehung zu Vorgesetzten und Kund*innen war eine angenehme Partnerschaft geworden.

Was Sandra zuvor als überflüssigen Heckmeck empfunden hatte (»Sign-off-Dokumente und Seitenschemata? Hallo!?! Wir sind hier doch schließlich nicht in einer Behörde!«), ersparte ihr jetzt haufenweise nervtötende Überstunden. Sobald Innovatoren gelernt haben, nicht härter, sondern »smarter« zu arbeiten, können sie den ständigen Rausch der Gefühle genießen, statt sich von bedrohlich näher kommenden Terminen und zahllosen Korrekturwünschen hetzen zu lassen. Ein bisschen Projektmanagement am Anfang zahlt sich gegen Ende enorm aus, wenn der Innovator in den Genuss vieler unverhofft hinzugekommener Stunden freier Zeit kommt.

Mentoring. Da Innovatoren Vorreiter*innen sind, finden sie nicht unbedingt schnell jemanden, der schon vor ihnen einen ganz ähnlichen Weg gegangen ist. Des ungeachtet profitieren sie enorm von Menschen, die ihnen helfen, Strukturen und Fixpunkte zu erarbeiten, an denen sie sich orientieren können, um zu wachsen und sich weiterzuentwickeln. Vor allem aber werden Mentor*innen und Vorgesetzte die Innovatoren auch immer wieder auf den Boden der Tatsachen zurückbringen und ihre Ideen einem Realitätscheck unterziehen müssen.

Idealerweise haben Coaches eines Innovators ein Händchen dafür, Strukturen zu etwas Nettem, Kreativem zu machen. Das wohl berühmteste Beispiel eines weiblichen Innovators, die ihren Erfolg zu einem großen Teil ihrer Beraterin verdankte, ist das von Helen Keller, die sechs Innovator-Platzierungen in ihrem Profil hat. Keller, die im Alter von 19 Monaten infolge einer Erkrankung sowohl erblindete als auch ihr Gehör verlor, wurde zu einer der profiliertesten Vorkämpfer*innen für die Rechte von Menschen mit Behinderungen sowie für Inklusion. *Licht im Dunkel*, das berühmte Biopic über sie, zeigt die kleine Helen als wildes, undiszipliniertes Kind, das ausschließlich mit Gesten kommunizieren konnte.

Mit sieben begegnete sie ihrer Lehrerin Anne Sullivan (Innovator mit *sieben* Platzierungen), die Helen ihr Leben lang begleiten sollte und ihr das Braille-Schrift-Lesen, Schreiben und Sprechen beibrachte. Später studierte Keller in Harvard, wurde eine weltbekannte Autorin und Rednerin. Schließlich konnte sie sogar »hören«, und zwar indem sie der sprechenden Person die Finger auf die Lippen legte. Darüber hinaus setzte sich Keller auch für die Einführung des Frauenwahlrechts ein.

Sie ist eines der besten Beispiele für das unbegrenzte Potenzial, das Innovatoren auch angesichts sogenannter Widrigkeiten verwirklichen können, wenn ihnen nur die richtigen Tools zur Verfügung stehen und sie in den Genuss der geeigneten Ausbildung beziehungsweise Schulung kommen.

BERUFLICHE HERAUSFORDERUNGEN

Das Ticken der Uhr. Dass die meisten Innovatoren versuchen, die Gesamtarbeitsleistung von zehn Menschen an einem einzigen Tag zu erbringen, macht ihnen das Leben nicht gerade leichter. Deshalb sind sie auch so oft überbucht und überfordert. Was weder ihrer mentalen Verfassung guttut noch ihren Beziehungen. Trotzdem machen sie immer so weiter.

Doch Hilfe naht: Albert Einsteins Theorie von der Zeitdilatation durch Gravitation beinhaltet nämlich einen ganz einfachen Trick, von dem die Produktivität des Innovators unter Umständen profitieren kann. Er braucht – sowohl faktisch als auch im übertragenen Sinn – nur in einen Expresslift zu steigen und die oberste Etage anzusteuern. Nach der Beobachtung eines Zeitmessers auf einem Berg und eines anderen am Meer fand Einstein heraus, dass Uhren aufgrund der Gravitationskraft allem Anschein nach umso langsamer gehen, je näher sie dem Erdmittelpunkt sind. Wann immer sich Innovatoren also mit einer Kreativblockade herumschlagen, sollten sie sich einfach der Wirkung der Schwerkraft entziehen. Nähert sich ein Abgabetermin, können sie sich in größere Höhe begeben, also ein Rooftop-Café oder einen Arbeitsplatz im Dachgeschoss aufsuchen, wo die Zeit dasselbe Tempo an den Tag legt wie das Denken von Innovatoren.

Ungeduld. Sobald der Innovator bereit ist, seine Schöpfungen auf die Menschheit loszulassen, verdreifacht er sein Tempo. Mindestens. (Hat hier vielleicht schon irgendwer ein chronisches Schleudertrauma?) Von Small Talk und anderen Bedeutungslosigkeiten fühlt sich dieser Typ so genervt, dass nicht mehr viel fehlt und er explodiert. Denn für irgendwelches Geschwätz fehlt Innovatoren jegliche Geduld, insbesondere wenn sie unter Termindruck stehen.

Aufgrund dieser inneren Ruhelosigkeit bilden sie auch nicht alle Fähigkeiten aus, die sie haben könnten. Beliebige 08/15-Vorträge und ermüdende Anweisungen machen sie verrückt. Es sei denn, es geht um ein Thema, von dem sie geradezu besessen sind. Ansonsten interessieren sich Innovatoren nur für die wichtigsten Stichpunkte, den Lektüreschlüssel – quasi das Reel mit allen Highlights.

Da Innovatoren in der Zukunft leben, sind die Ideen, die sie haben, ihrer Zeit nicht selten voraus. Wie oft hört man einen Vertreter dieses Archetyps so etwas sagen wie »Mir ist das schon vor zehn Jahren eingefallen«, wenn jemand anders über Nacht mit genau dem Produkt Millionen verdient, das ihm bereits vor einem Jahrzehnt vorgeschwebt hat? Damals brachte ihm die inzwischen bei vielen beliebte Idee nur müdes Lächeln ein. Jetzt geht sie viral und ist ein Vermögen wert. Wie ungerecht ist das denn!

Projektplanung. Wenn Innovatoren unter dem Druck äußerer Anforderungen und Deadlines stehen, kann sich ihre

Nervosität so steigern, dass sie ihre sonst grenzenlose Kreativität beschneidet. Oft schieben sie die Arbeit bis zur letzten Minute raus und halten nur mit Mühe und Not und unter dem Einfluss eines ultimativen Adrenalinkicks ihren Abgabetermin ein. Gerade mal so. Nur wenige Menschen, wenn überhaupt jemand, bekommen etwas von dem inneren Chaos mit, das den Innovator in den letzten Stunden vor Erreichen der Deadline quält. Von dieser emotionalen Berg-und-Tal-Fahrt kann sich nur ein Bild machen, wer jemals live mit dabei war.

Stellt sich die Frage, wie Innovatoren von soliden Methoden des Projektmanagements profitieren können, ohne auf das wunderbare Gefühl der Freiheit verzichten zu müssen. Und die Antwort lautet: Hängt ganz vom Mindset der betreffenden Person ab. Will er nicht Gefahr laufen, in die Kampf- oder Flucht-Reaktion zu geraten, sollte sich der Innovator vor Beginn der eigentlichen Arbeit auf ein gewisses Maß an Projektplanung einlassen. Bindet er diese in eine Art Ritual ein, wird er den Planungsprozess bald zu schätzen wissen – und ihn angesichts seines technischen Verständnisses wahrscheinlich sogar bald umfassend beherrschen.

Olive, eine Mode-Merchandiserin Anfang 30, hat den Übergang geschafft, indem sie den Prozess in ein kreatives Ritual in schöner Atmosphäre verwandelte. »Zunächst habe ich mit kleinen Zeichnungen in meinem Kalender angefangen, was mir irgendwie Spaß gemacht hat«, berichtet sie. »Dann bereite ich mir einen ganz tollen Latte Macchiato zu, zünde eine Duftkerze an und spiele Musik. Und wenn mir so richtig vor dem Anfang graut, kaufe ich mir sogar noch Blumen. Was aber das Wichtigste ist: Ich lasse mir gaaanz viel Zeit. Dann schreibe ich vielleicht erst einmal ein bisschen vor mich hin, zeichne noch ein wenig oder ordne meine Gedanken in

Form einer Mindmap. In dieser Phase sind mir oft schon die kreativsten Ideen gekommen.«

Dadurch, dass sie sich den Luxus gönnt, mehr Zeit auf ihre Projekte zu verwenden, verschafft sich Olive etwas, was Innovatoren so dringend brauchen: das Gefühl von Freiheit und weiträumiger Offenheit.

Alles selbst machen wollen. Innovatoren, die unbedingt alles »auf ihre Art« machen wollen, berauben sich selbst oft wertvollen Mentorings. So landen sie womöglich sogar in der Rolle des ungezogenen, rebellischen Kindes und behandeln ihre besser organisierten Teamkolleg*innen, als wären sie hartleibige Diktatoren.

Das hört sich für dich wie ein völlig unnötiges Drama an? Stimmt. Besonders, weil ja eigentlich der Innovator der – passive – Diktator ist, weil er Termine versemmelt oder es seinen Teamkolleg*innen erschwert, ihren Teil der Arbeit zu planen. Diese wiederum erleben ihn dann meistens als schwierig, wenn nicht sogar irgendwie kindisch.

Dabei versuchen Innovatoren nur, ihre kostbarste Ressource zu schützen: ihre Fantasie – wenn auch auf ziemlich verdrehte Art und Weise. Doch solange sie die Zusammenarbeit mit den Mitgliedern ihres Teams nicht aktiv suchen, können Innovatoren ihre Idee nicht zur vollen Entfaltung bringen. Denn dieses »Das-mach-ich-alles-lieber-allein« kann auch destruktiv werden. Weil die Menschen dieses I*AM-Typs über kurz oder lang auf einen Aspekt des Projekts stoßen, den sie nicht in den Griff bekommen. Doch da sie ihre Kolleg*innen zuvor verprellt oder einfach nicht in den Prozess eingebunden haben, führt es zu nichts Gutem, wenn sie jetzt plötzlich um Hilfe und Unterstützung bitten.

PRODUKTIVITÄTSHACKS FÜR INNOVATOREN

- Organisier deine Projekte so gut wie möglich. Erstell dir am besten ein Schema, an dem du dich jederzeit und bei allen neuen Vorhaben orientieren kannst, bevor es richtig losgeht.

- Lass dir Zeit zum Träumen. Fass einen nicht-linearen Prozess mit genügend Zeit zum Imaginieren, Iterieren und Erkunden ins Auge. Und plan dann, wenn der Abgabetermin näher rückt, wie du deine Arbeit in verschiedenen praktischen Einzelschritten zu Ende bringen kannst.

- Boxenstopp oder Ablenkung? Wie Kraftfahrer*innen die verschiedenen Autobahnabfahrten sollten sich Innovatoren die wichtigsten Kontrollpunkte einprägen. Sich umschauen und die Gegend erkunden dürfen sie gern, sobald sie aber die Orientierung verlieren, sollten sie keinesfalls weiterfahren. Je weiter der Innovator vorankommt, desto mehr gerät er vom Kurs ab. Es sei denn, er hält oft genug inne, um gegebenenfalls eine Korrektur durchführen zu können. Allein aus diesem Grund schon wären sie gut beraten, würden sie sich auf die Macht des Innehaltens besinnen. Denn nach Innovator-Art voranzupreschen, ohne nach links und rechts zu gucken, ist alles andere als produktiv.

- Tu täglich was für deinen Körper. Innovatoren sollten spazieren gehen, Sport treiben, kochen, gut essen gehen oder sich Lebensmittel liefern lassen. Auch wäre es gut, wenn sie immer einen Vorrat von Lotionen, Duft- und Massageölen sowie Kerzen im Haus hätten. Denn solche Feste für die Sinne ziehen die Musen an und fördern die Kreativität des Innovators.

DER IDEALE ARBEITSPLATZ FÜR INNOVATOREN

Der Satellit

Grundriss des Arbeitsplatzes

Ein zentraler Abstellraum für Projektgedöns, oft ein hübscher oder gut ausgestatteter Schreibtisch, an dem Innovatoren jedoch nur selten arbeiten. Ansonsten kommen mit der Zeit immer mehr Orte,

Plätze und Stellen zusammen, die sie zur Inspiration gern aufsuchen: das Lieblingscafé, das eine Ende der Couch, ein Fleckchen im Freien, ein ganz bestimmter Stuhl, der große Esszimmertisch.

Die Gestaltung des Innovator-Arbeitsplatzes

Ein Kein-Büro. Oft ist das Büro von Innovatoren nicht mehr als eine Art Durchgangsstation, in der in Sachen Arbeit alles wohnt, was sie gerade nicht brauchen. Und was man am Schreibtisch höchstwahrscheinlich nie antrifft, ist ... der Innovator. Eine Möglichkeit, wie sich Vertreter*innen dieses Archetyps selbst austricksen und dafür sorgen können, dass sie dort doch mal längere Zeit am Stück sitzen bleiben, besteht darin, den Raum beziehungsweise Arbeitsplatz so wenig Büro-like zu gestalten, wie es nur geht. So sehr, wie sie auf alles Neue stehen, sollten sie den Raum (mithilfe von Kunstgegenständen, aktuell modernen Items sowie mit Büchern und Kristallen) ihrem Geschmack entsprechend gestalten – Grünpflanzen und andere Symbole für Wachstum nicht zu vergessen.

Großer Schreibtisch. Leistungsorientiert, wie die Innovatoren sind, lieben sie Herausforderungen, und alles dreht sich bei ihnen um Wachstum. Bei der Einrichtung des Arbeitsplatzes brauchen sie also vor allem viel Platz, auf dem sie sich ausbreiten und ihre Erkundungen aufnehmen können.

Ein mindestens 1,80 Meter breiter Schreibtisch – unter Umständen auch ein umgewidmeter Esszimmertisch – kann ihnen einen Anreiz bieten, sich auch einmal längere Zeit an ein und demselben Platz aufzuhalten. Denn weil Innovatoren dazu neigen, alle möglichen Unterlagen und Papiere rund um sich zu versammeln, wenn sie den nächsten Pitch vorbereiten oder ein Exposé verfassen, brauchen sie zu beiden Seiten sehr viel Platz auf dem Schreibtisch. Und auch was die Tiefe der Fläche angeht, sind sie am besten nicht knausrig. Denn wenn möglich, sollte auch noch etwas Platz für ein wenig hochwertige Deko und die wichtigsten Schätze der Innovatoren sein.

Ausgefallene Büromöbel. Mit der typischen Büroeinrichtung haben es Innovatoren so gar nicht. Weshalb man in ihrer Umgebung auch nur selten Aktenschränke oder dergleichen sieht. Stattdessen sind sie gut beraten, sich ihren Arbeitsplatz vorzustellen wie eine schicke Hotellobby mit einladenden Sesseln und womöglich überdimensionierter Deckenbeleuchtung (einem ausladenden Lampenensemble oder gar einem waschechten Kronleuchter). Das eine oder andere Vintage-Stück, etwa ein altmodischer Zettelkasten oder ein Garderobenständer aus den 50er Jahren, könnte den ästhetischen Gesamteindruck wirkungsvoll ergänzen.

Und was ist mit so Sachen wie Papieren und Ordnern? Innovatoren wollen die Arbeit zwar nicht ständig vor Augen, aber dennoch immer präsent haben. Deshalb sollten sie ihre Unterlagen in hübschen Ablagekörben oder anderen ansehnlichen Behältern aufbewahren, sodass sie jedes Mal, wenn sie zu einem Vorgang greifen, das Gefühl haben, eine Schatztruhe zu öffnen.

Sichtschutz. Innovatoren hassen es, wenn ihnen Leute über die Schultern sehen, vor allem in den Anfangsphasen eines Projekts. Denn das Letzte, was sie in solchen Zeiten brauchen, sind Skeptiker oder Schwarzseher, die ihren Ballon, der doch längst noch nicht seine volle Größe erreicht hat, mit einer Nadel anpieksen könnten. Sogar ein unschuldiges »Woran arbeitest du denn gerade?« kann einen Innovator dann schon frustrieren, weil er es in dem Moment ja selbst noch nicht so genau weiß. Dieser Archetyp zieht es bei Weitem vor, erst das fertige Konzept zu präsentieren – und dieses für sich sprechen zu lassen.

Satellitenstationen. Auf einen einzigen Arbeitsplatz beschränkt zu sein, kann einen Innovator völlig fertigmachen. Schließlich weiß er ja nie, wann ihn die Muse beim Schlafittchen packt und in eine andere Dimension verschleppt. Sollte das schließlich der Fall sein, ist es seine Pflicht, sich dem kreativen Flow anzuschließen – wohin auch immer dieser führen mag. Und das muss keineswegs immer der Schreibtisch sein.

Das Exposé des nächsten Pulitzerpreis-gekrönten Romans schreibt sich womöglich am besten in der Fensternische eines Asianudel-Lokals mit Blick auf den Garten. Und klar: Wichtige Nachrichten lassen sich *durchaus* von einer Liege am Pool aus verschicken, warum denn eigentlich auch nicht? Und Geschäfte bei einem gemeinsamen Frühstück anzubahnen oder abzuschließen macht doch – jedenfalls dem Innovator – auch sehr viel mehr Spaß als in einem stickigen Sitzungszimmer.

Da alle Ortswechsel dieser Art mit Veränderungen einhergehen, bergen sie jenen Reiz des Neuen, der Innovatoren in eine energetisch andere – höher inspirierte – Frequenz versetzt. Und ab da flutscht die Arbeit einfach. Die kurze Zeitreise in eine seiner »Satellitenstationen« verschafft dem Innovator einen Rahmen zur Verarbeitung des Rauschens in seinem Kopf. Innovator Ashley, Autorin einer beliebten wöchentlich erscheinenden Kolumne, behauptet steif und fest, die richtigen Worte finde sie immer, wenn sie »die Wohnung verlasse, um sich einen Kaffee zu holen«. Und dann frage sie sich stets: »Warum hab' ich vorher bloß so lang auf den Bildschirm gestarrt?« Jetzt stellt sich Ashley alle 90 Minuten einen Timer und geht, sobald das Signal ertönt, kurz spazieren oder macht ein paar Dehnübungen. Was ihr beim Schreiben enorm hilft, wie sie sagt.

Das Karriereprofil der Autorität

Was sie motiviert: große Ziele, die sie mit Bravour erreicht

Superkräfte: Bodenhaftung; verdient sich ihre Meriten durch harte Arbeit, Loyalität und Engagement

Weg zum Erfolg: Erschaffung eines Systems oder »herstellergebundenen Verfahrens«

Mögliche Gefahren: Verstrickung in Alltagstrott und Routinen, übertriebene Treue gegenüber Regeln und Systemen

Vor dem Schneiden lieber zweimal messen! Autoritäten stellen im Grunde ihres Herzens die Verkörperung von Strukturen und Strategien dar. Zugleich sind sie Vertreter*innen des Prinzips »lieber smarter arbeiten als schwerer« – wenn auch nur, weil sie nach Feierabend gern ein gutes Buch lesen und etwas Schönes trinken. Autoritäten sind oft die »gute Seele« einer Firma oder gehören zu den Beratenden, die die Abläufe im Unternehmen »revolutionieren« und dadurch allen die Arbeit erleichtern.

Als geborene Projektmanager*innen haben Autoritäten begriffen, dass Struktur und Sicherheit die Säulen jedes erfolgreichen Unterfangens sind. Wann immer sie einen festen Rahmen haben, innerhalb dessen sie operieren können, bewirken Autoritäten Wunder. Und sie haben Daten, Zahlen, Fakten, die das beweisen, ob es um Umsatzsteigerungen geht oder um Budgeterhöhungen. Alles Dinge, die aufgrund ihrer ruhigen, gelassenen Art wirken wie ein Kinderspiel.

In Wahrheit ist Autoritäten jede Art Verschwendung – von Zeit, Geld oder Kreativkapital – zuwider. Ihre Devise in puncto Arbeit lautet Effektivität. Und sie haben ein »Händchen für Hacks«, sodass sie eigentlich ihr Geld mit der Vermittlung der von ihnen praktizierten zeitsparenden, zielorientierten Methoden verdienen könnten. Aber täuschen wir uns nicht: Keine Autorität wird uns je beibringen, zu pfuschen oder das System auszutricksen. Schließlich legen sie größten Wert auf rechtschaffene Redlichkeit. Nein, sie vereinfachen lediglich Prozesse und machen sie durchschaubarer, um auch dir den Weg zum Erfolg zu ebnen.

DAS ZEITMANAGEMENT DER AUTORITÄT

Zeitzone der Autorität: die Vergangenheit

Den engsten Bezug hat die Autorität zur Vergangenheit. Dieser nach der Uhr lebende Archetyp empfindet die Zeit als eine flüchtige Ressource, die es einzufangen und zu kommerzialisieren gilt, indem man aus jeder Minute möglichst viel herausholt. Die Zeit ist für die Autorität deshalb so wertvoll (und hoch geschätzt), weil das Leben aus einer Reihe von Schritten besteht, die den Fortschritt bilden, der sie ihrem Bestimmungsort näher bringt.

Stellt sich die Frage: Wenn Autoritäten doch so zielorientiert sind – wie kommt es dann, dass im Leben dieses Archetyps die Vergangenheit eine so wichtige Rolle spielt? Nun, für die Autorität, deren Einsatz im Leben Charakterstärke und Durchhaltevermögen sind, stellt Zeit die Maßeinheit der Fleißarbeit und der Opfer dar, die sie bringt. Ob der Gedanke an die von ihr getroffenen Entscheidungen sie mit Stolz erfüllt? Ob sie auf nennenswerte Erfolge zurückblicken kann, auf ein gut gelebtes Leben? War sie womöglich ein inspirierendes Vorbild und hat zur Verbesserung der Welt beigetragen? Denn beim Charakter, auf den die Autorität so großen Wert legt, geht es nicht um Worte, sondern um Taten. Und so beurteilt sie ihr Leben anhand der von ihr erbrachten Leistungen.

Der größte Aktivposten der Vertreter*innen dieses Archetyps ist Erfahrung. Denn nach ihrer Auffassung braucht wahre Autorität Zeit, um sich entwickeln zu können. Sie verbringen Jahre damit, sich einen akademischen Titel oder die Zulassung zu einem bestimmten Beruf zu erarbeiten. Indem sie sich qualifizieren, Leistungen erbringen, auch mal versagen und trotzdem immer weitermachen. 2000 Stunden Ausbildung zum Yoga-Lehrer oder zur Yoga-Lehrerin. 10 000 Stunden, bis Malcolm Gladwells *Tipping Point* erreicht ist.

Die Autorität ist eine Art Bauherrin, und die Achtung, die sie der Vergangenheit entgegenbringt, dürfte insgeheim vielen zum Trost gereichen. Ihre spezielle Beziehung zur Zeit ermöglicht es ihr, Ferien und Partys zu planen, die später zu schönen Erinnerungen werden. Sie hält Gemeinschaften zusammen und macht Autoritäten oft zu stolzen Versorger*innen. Ihre durchgängige Loyalität und Dienstbereitschaft lassen Autoritäten zu »bewährten Größen« werden.

Aktuell hat dieser Archetyp den anderen gegenüber noch einige Vorteile – jedenfalls solange Robotik und künstliche Intelligenz den Planeten noch nicht vollends übernommen haben. Denn in der Typ-A-Welt, in der wir heute alle leben, wird die Zeit als lineare Größe aufgefasst und in messbare Abschnitte unterteilt: Minuten, Stunden, Tage, Jahre, Jahreszeiten. Geburtstage, Todesdaten, Hochzeiten, Examensprüfungen. Und die Autorität teilt das Zeitverständnis der westlichen Welt: Ihr Tag beginnt bei Sonnenaufund endet bei Sonnenuntergang.

DIE PRODUKTIVITÄT DER AUTORITÄT

Wovon Autoritäten profitieren

- Plänen und Routinen
- Struktur und Sicherheit
- klar definierten und streng voneinander abgegrenzten Arbeits- und Pausenzeiten
- Beständigkeit
- klaren Zielen und Prioritäten
- Hierarchien und eindeutig definierten Funktionen

Mögliche Fallstricke für Autoritäten

- sich allzu streng an Pläne zu halten und sich mit der Zeit auf mittlerem Leistungsniveau einzupendeln
- statt smarter schwerer zu arbeiten und nicht die Herausforderung zu suchen, sondern eher auf Bequemlichkeit aus zu sein
- dem »Lehrerliebling«-Syndrom anheimzufallen, sich also aus Sorge um den eigenen Status unter keinen Umständen mit Vorgesetzen anzulegen

- sich an vermeintliche Sicherheiten zu klammern – Verlustaversion (Verlustvermeidung mit der Folge sogar noch bedeutenderer Einbußen)
- unausgeglichene Work-Life-Balance, drohende Arbeitssucht und zunehmende Abhängigkeit von Lob und Bestätigung
- Angst, um Rat oder Hilfe zu bitten, um nicht den Eindruck von Inkompetenz zu erwecken
- Parentifizierung von Vorgesetzten und Angst, »in Schwierigkeiten« zu geraten
- die eigene Arbeit mit den Kolleg*innen zu vergleichen

WAS AUTORITÄTEN BRAUCHEN, UM ERFOLG ZU HABEN

Lineare Prozesse. Autoritäten geht es nie ausschließlich darum, das Ziel zu erreichen. Diese »Wandergesellen« möchten die Route immer vorab planen, jedes Risiko überflüssiger Ablenkungen und kostspieliger Umwege vermeiden. Wie man am cleversten von A nach Z kommt? Autoritäten fangen gern am Ende an und arbeiten sich von dort aus wieder nach vorn. (An dieser Stelle werden sie zu Zeitreisenden, die sich gedanklich schon in ihre bevorzugte Zeitzone, die Vergangenheit, begeben, bevor diese überhaupt nur eingetreten ist.)

Um den Bau von Luftschlössern zur Melodie von »Eines Tages komm ich ganz groß raus!« geht es dabei allerdings nicht. Nein, die Autorität möchte sich quantifizierbare Ergebnisse vorstellen können, bevor sie so richtig loslegt: »Mein Buch steigt ganz weit oben in die Bestsellerliste ein« oder

»Mein Restaurant gerät ganz schnell in die Gewinnzone, sodass die ganzen Schulden, die ich anfänglich aufgenommen habe, bald zurückgezahlt sind«. Weiß die Autorität erst einmal, wo genau die Reise hingeht, erkennt sie auch den Weg, den sie einschlagen muss, um ans Ziel zu kommen.

Schlüsselkennzeichen und Meilensteine. Autoritäten möchten greifbare Resultate erzielen, deshalb ist Erfolg für sie genauso messbar wie alles andere. Und auch wenn sie zwischen zwei Projekten hin und her switchen, ist ihnen immer bewusst: Wer zu viele Bälle in der Luft hat, verliert zwangsläufig den einen oder anderen. Weshalb es für sie von größter Bedeutung ist, Prioritäten zu setzen. Als geborene Projektmanager*innen lieben Autoritäten Zeitachsen, Termine sowie die Unterteilung von Projekten in einzelne Arbeitsschritte. Und irgendwann bringen sie es in einer der Produktivitätsmethoden wie etwa James Clears *7 Wege zur Effektivität* oder der Eisenhower-Matrix zur Unterscheidung zwischen Dringlichkeit und Wichtigkeit zur Meisterschaft.

Das alles Entscheidende ist Eindeutigkeit. Wann muss es fertig sein? Welche Erwartungen sind damit verbunden? Für die Autorität stellt jeder Meilenstein eine Leistung dar, die auf der vorherigen beruht und den Weg für die nächste frei macht. Deshalb arbeiten die Vertreter*innen dieses I*AM-Typs am besten, wenn sie sich auf Pläne, Prioritätenlisten und reproduzierbare Abläufe stützen können.

Hierarchien. »Wer hat hier das Sagen?« Auch das will die Autorität wissen. Denn ihre erste und wichtigste Erkenntnis lautet: Wenn man etwas erreichen will, muss man mit den Leuten sprechen, die Zugang zu den wichtigen Hebeln und Angelpunkten haben. Auf Mittler*innen verschwenden sie keinerlei Zeit, es sei denn natürlich, sie brauchen sie, um an die Obersten ranzukommen.

Solange es zu keinen Machtexzessen kommt, haben Autoritäten nichts gegen Hierarchien. Ihnen ist auch die Last der Verantwortung bewusst, die mit jeder Stufe der Karriereleiter schwerer wiegt. Solange allseits guter Wille besteht, arbeitet die Autorität gern mit Angehörigen der verschiedenen Hierarchieebenen zusammen. Von echten Profis auf eine spätere Führungsfunktion vorbereitet zu werden, genießen sie sogar.

Autoritäten erzählen für ihr Leben gern Anekdoten aus den Schützengräben ihrer Vergangenheit – als sie noch »einfacher Praktikant« oder Beiköchin in der wuseligen Küche eines Sterne-Restaurants waren. Mit ihren »Wie-ich-es-geschafft-habe«-Storys wollen sie offenbar den Beweis dafür antreten, dass es jede*r zu etwas bringen kann – harte Arbeit und entschiedene Einsatzbereitschaft vorausgesetzt. Die Autorität Amy Porterfield etwa verwandelte ihren Podcast *Online Marketing Made Easy* in ein Millionen-Unternehmen. Die einzelnen Folgen drehen sich um ihre persönlichen Erfahrungen mit Themen wie etwa die Einführung von Online-Kursen, erfolgreiche E-Mail-Kampagnen oder Personal Branding. Zusätzlich zu diesen Lektionen erzählt Porterfield von ihren eigenen früheren Fehlern. All das macht sie für ihr weltweites Netzwerk von Hörer*innen zu einer nahbaren, verlässlichen Informationsquelle. Also eine echte Autorität!

Return on Investment. Da Autoritäten investieren, rechnen sie natürlich damit, dass ihr Einsatz Profit abwirft. Und das ist auch der Grund, weshalb viele von ihnen eine stabile Festanstellung der Unsicherheit einer Existenz als Unternehmer*in vorziehen. Und wenn sie doch das Risiko der Selbstständigkeit eingehen, suchen sie sich Kunden oder Klientinnen, die sie für eine bestimmte (nicht allzu kurze) Zeit auf Honorarbasis verpflichten oder ein festes Stundenkontingent bei ihnen buchen.

Beschäftigungen auf Provisionsbasis sind für Autoritäten so lange reizvoll, wie sie mit einer für sie akzeptablen Grundvergütung einhergehen. Disziplinierte Vertreter*innen dieses Archetyps fangen schon früh an, sowohl zu sparen als auch Geld anzulegen. Sie investieren so clever, dass sie ihren Freundes- und Bekanntenkreis über kurz oder lang mit einer Eigentumswohnung oder einem sehr frühen Eintritt in den Ruhestand überraschen können.

Regelmäßige Pausen. Viele mögen es, wenn Arbeit und Vergnügen ineinander übergehen. Nicht so die Autorität. Sie zieht es vor, beides streng auseinanderzuhalten. Um optimal leistungsfähig zu sein, brauchen die Vertreter*innen dieses Typs arbeitsfreie Pausenzeiten und ungestörte Produktivphasen. Man stelle ihnen also unbedingt eine Tür und ein »Bitte-nicht-stören«-Schild zur Verfügung!

Am liebsten schaffen Autoritäten einen Haufen Arbeit konzentriert weg, um danach aufzustehen, mit dem Hund in den Park zu gehen, sich etwas Schönes zu kochen oder Bekannte zu treffen. Sie wissen immer gern genau, wann ihr Arbeitstag beginnt und wann er endet. Da Planung alles für sie ist, belohnen sie sich nach Büroschluss gern und freuen sich, wenn nach der Beendigung eines Projekts zur Feier des Tages etwas (und hoffentlich auch *jemand*) Nettes auf sie wartet.

Die kalifornische Kongressabgeordnete – und Autorität – Maxine Waters war es, die die Formulierung »die eigene Zeit für sich zu beanspruchen« in den USA populär gemacht hat. Und genau das praktiziert dieser Archetyp nach getaner Arbeit täglich.

Boni und Vergünstigungen. Her mit dem goldenen Stern für die Autorität, bitte schön! Dieser Archetyp liebt es, anderen zu gefallen. So bescheiden diese Menschen oberflächlich betrachtet auch wirken mögen, legen sie doch größten Wert darauf, dass ihre Anstrengungen wahrgenommen, vor allem aber *belohnt* werden. Sie arbeiten diszipliniert und liefern hervorragende Resultate. So richtig ins Zeug aber legen sie sich, wenn leistungsbezogene Boni im Spiel sind. Wobei Beiträge zur Gesundheitsförderung der Mitarbeitenden immer gern genommen werden, aber auch Dinge wie zusätzliche Urlaubstage oder eine kostenfreie Mitgliedschaft in einem Fitnesscenter sind sehr beliebt. Und während andere sich Gemälde und Fotos an die Wände hängen, legt die Autorität sich ihre eigene Wall of Fame an – ausgestattet mit Preisen, Zeugnissen und Danksagungen. Weil sie auf die harte Arbeit, die sie leistet, einfach stolz ist wie Bolle.

BERUFLICHE HERAUSFORDERUNGEN

Unbeweglichkeit. Ins Straucheln kommen kann die Autorität, wenn sie zu unflexibel wird und ohne Rücksicht auf Verluste an der Erfüllung von Plänen festhält. Diese Rigidität kann schließlich dazu führen, dass sie sich neuen, Wachstum und Innovation versprechenden Methoden entgegenstemmt. Manche Autoritäten gehen auch in die Falle und arbeiten härter statt smarter oder ziehen ihre Bequemlichkeit den kalkulierten Risiken vor, die sie ihren Zielen näherbringen könnten. Nicht selten geraten sie auch in Konflikte mit Kolleg*innen, die anderen Produktivitätsmodellen anhängen. Doch wenn die Autorität darauf besteht, dass alle Dinge dieser Art nach ihren Vorstellungen laufen, muss sie schließlich die ganze Arbeit alleine wuppen.

Abhängigkeit von Lob und Anerkennung. Für Autoritäten, die unbedingt als hoch kompetentes Rückgrat des Teams gelten wollen, ist ihr guter Ruf alles. Weshalb ihr Motto – ihr Leitmantra, wenn man so will – auch »Scheitern ist keine Option« lautet. Doch sollten sie über diesen Ansatz besser noch einmal gründlich nachdenken. Denn sobald sie irgendwie aus dem Gleichgewicht kommen, besteht die Gefahr, dass ihre Arbeit zu einer Art »Beschäftigungstherapie« wird und sie zwar jeden simplen Job übernehmen, nur weil er ihnen eventuell Lob und Anerkennung einbringt, aber allen etwas komplexeren Aufgaben eher ablehnend gegenüberstehen. Unter Umständen weigern sie sich aus Angst, für inkompetent gehalten zu werden, sogar, sich helfen zu lassen oder Rat zu suchen. Doch steht diese Angst leider ihrer persönlichen Entwicklung im Weg und verhindert, dass sie von Wissen und Erkenntnis ihrer Mitmenschen profitieren können.

Angst anzuecken. Eine andere mögliche Stolperfalle für Autoritäten ist die Furcht davor, sich mit Vorgesetzten anzulegen und so ihre Position zu riskieren. Mit der eventuellen Folge, sich das »Lehrerliebling«-Syndrom zuzuziehen. Auch besteht die Gefahr, dass sie in die Falle der Parentifizierung von Führungskräften gehen, sie also als einschüchternd empfinden statt als wertvolle Verbündete auf dem Berufsweg.

Nachdem Hashim, ein international tätiger Markenberater, beschloss, sich selbstständig zu machen, bestand seine Klientel aus »gefühlskalten, autoritären Männern, die davon überzeugt sind, dass sich die ganze Welt nur um ihre Launen dreht«. Er arbeitete regelmäßig länger als vertraglich vereinbart und ging mit seinen Auftraggebern geduldig immer wieder dieselben Schleifen des Erstellens, Testens und Überarbeitens durch. Wenn er in der heißen Phase der Produkteinführung das Ego seiner Kunden päppelte und überlange Telefonkonferenzen mit ihnen abhielt, verpasste er sogar oft das Abendessen mit der Familie.

Eines Tages ging Hashim gleich eine ganze Reihe von Lichtern auf: »Ich tue hier nichts anderes, als die Dynamik zwischen meinem Vater und mir früher weiter auszuspielen.« Und nachdem der Groschen einmal gefallen war, eröffnete sich ihm die Möglichkeit einer ganz neuen Kommunikation im beruflichen Bereich.

Hashims Klienten sind zwar immer noch die »echt vermögenden Typen«, wie er sie nennt, jedoch hat er mittlerweile seine Arbeitsabläufe verfeinert. Am Anfang steht jetzt immer ein Telefonat, in dem er seine Bedingungen darlegt, zu denen auch die finanzielle Regelung eventuell anfallender Mehrarbeit gehört sowie ein Plan der Zeiten, in denen er dem Kunden für Nachfragen et cetera zur Verfügung steht.

Zu geringe Risikobereitschaft. Die Abneigung der Autorität gegen Unsicherheit und Verluste kann sie von nötigen Entwicklungssprüngen abhalten und so ungewollt dazu führen, dass sie sich wichtige Chancen entgehen lässt, was weitere Verluste nach sich zieht. Mit dem Ergebnis, dass sie viel länger in einer beruflichen Sackgasse verharren, als ihnen guttut.

Unter bestimmten Bedingungen kann sich Beharrlichkeit zwar durchaus auszahlen, doch setzen sich Autoritäten, statt neue Chancen wahrzunehmen, oft auch der Gefahr aus, dass sie in Reue und Grübeleien versinken. Sie sollten sich deshalb darüber klar werden, dass auch Wachstum und persönliche Weiterentwicklung Zeichen für Fortschritt sind und mithin ebenfalls eine Leistung darstellen. Manchmal führt die Zeit, die wir in etwas Bestimmtes investieren, eben auch dazu, dass wir aus der jeweiligen Situation herauswachsen. Für Autoritäten kann es hilfreich sein, ein Ende nicht als Niederlage oder Verlust aufzufassen, sondern es als Erfolg zu reframen.

PRODUKTIVITÄTSHACKS FÜR AUTORITÄTEN

- Plan regelmäßige Meetings mit Projektverantwortlichen ein, um sicherzustellen, dass der Zeitplan eingehalten wird.

- Bedien dich einschlägiger Hilfsmittel (Goal-Tracker, Tabellen, Checklisten, Dashboards), die gewährleisten, dass die erwarteten Ergebnisse erzielt werden.

- Schul dich in Führungs- und Projektmanangement-Techniken, damit es nicht zu Stagnationen kommt.

- Frag dich immer wieder: Sind alle Lebensbereiche noch in Ordnung, oder wo bestehen eventuelle Ungleichgewichte?

- Sprich alle Sorgen aus (und friss nichts in dich hinein).

- Such dir einen Accountability Buddy oder eine Gruppe, in der ihr einander unterstützt und in der alle auf dasselbe Ziel hinarbeiten. Buch eine*n Coach, der/die euch dabei hilft, ruhig und wohlstrukturiert zu arbeiten.

DER IDEALE ARBEITSPLATZ FÜR AUTORITÄTEN

Die Festung

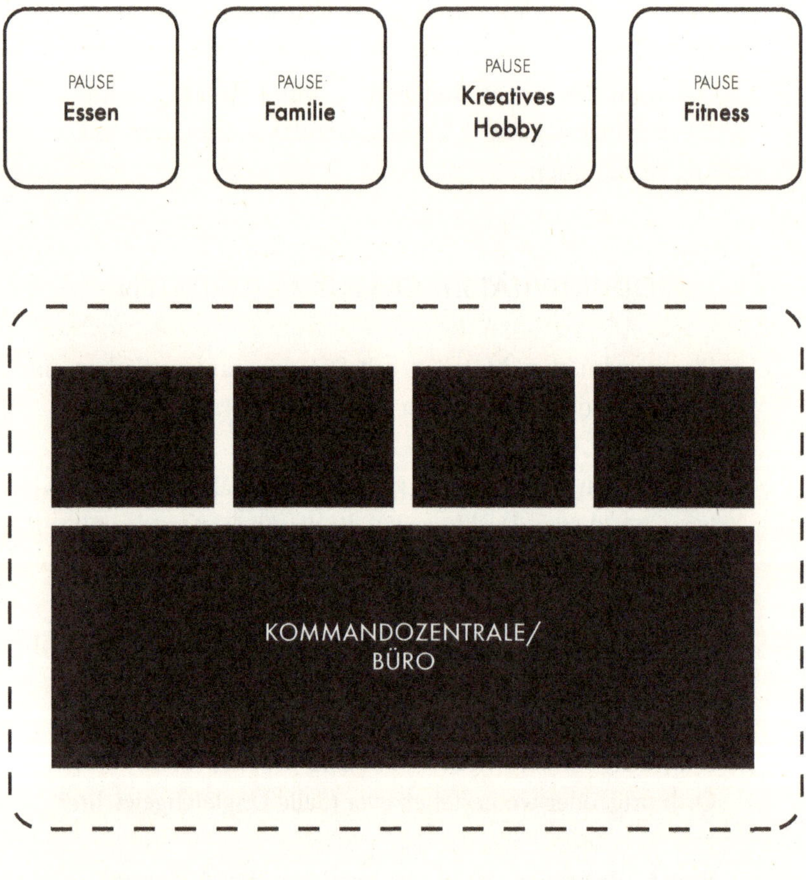

Grundriss des Arbeitsplatzes

Der Arbeitsplatz der Autorität ist eine Kommandozentrale. Ähnlich wie eine Pilotin an die Navigationsanzeigen geht die Autorität an jedem ihrer Arbeitstage an ihren angestammten Platz zurück, um eine ernste Mission zu erfüllen. Diesem sachlichen, nüchternen Archetyp ist sehr daran gelegen, alle seine Aufgaben termingerecht und mit gleich bleibender Qualität erfüllen zu können. Deshalb braucht die Autorität einen klar definierten, gut organisierten Arbeitsplatz, der es ihr ermöglicht, den jeweiligen Job Stück für Stück zu erledigen.

Die Gestaltung des Autoritäten-Arbeitsplatzes

Kernstück: ein stabiler Schreibtisch. Der Stil, in dem Autoritäten ihren Arbeitsbereich einrichten, lässt sich am besten mit den Worten »Weniger ist mehr« beschreiben. Im Mittelpunkt dürfte deshalb ein massiver Schreibtisch stehen, der von ihrer starken Energie zeugt. Bücherregale und Aktenschränke – wenige, ausgesuchte Stücke – sorgen dafür, dass sich die optischen Ablenkungen im Rahmen halten. Denn für Überflüssiges ist im Büro einer Autorität kein Platz.

Ein klar definierter Arbeitsplatz. Sobald sie ihren Laserfokus auf eine Aufgabe richtet, ist die Autorität in der Zone und lässt sich nur äußerst ungern unterbrechen. Im Großraumbüro muss sie eine Office-freundliche Version des »Bitte-nicht-stören«-Schilds für sich finden. Es genügt aber auch schon ein eiskalter Blick der Autorität, um die Quasselstrippen des Unternehmens auf der Stelle zum Verstummen zu bringen.

Die von Natur aus zuverlässigen Autoritäten brauchen eine eindeutige Trennung ihres beruflichen Ambientes von allem Privaten. À la: *Hier arbeite ich, dort entspanne ich mich.* Wann immer möglich, sollten sie deshalb eine Tür einbauen, um sich einen zerstreuungsarmen Workspace zu erschaffen, in dem sich alles um Produktivität dreht.

Autoritäten, die von zu Hause aus arbeiten und keine Tür haben, die sie schließen könnten, behelfen sich vielleicht am besten, indem sie nach der Arbeit alle Unterlagen in einen Schrank sperren und den Computer hinter einem Sichtschutz verbergen.

Aktenschränke und geschlossene Regale. Autoritäten neigen zu Grübeleien, insbesondere weil ihre Zeitzone ja die Vergangenheit ist. Deshalb sollten sie genau überlegen, welche Gegenstände sie bei der Arbeit in ihrem Sichtfeld haben wollen. Denn selbst bestimmte Fotos können sie hinab in ein emotionales Rabbit Hole führen und ihren Fokus von der Arbeit ablenken. Ähnliches gilt für den Papierkram. Arbeitet die Autorität parallel an mehreren Projekten, sollte sie trotzdem die Unterlagen nicht alle gleichzeitig auf dem Schreibtisch liegen haben. Weil die Angst, die anderen Jobs zu vernachlässigen, sie davon abhält, ihre gesamte Aufmerksamkeit auf einen Vorgang zu lenken. Und letztlich gilt ja doch immer: Aus den Augen, aus dem Sinn!

Für die Singletasking-affine Autorität sind Schränke oder geschlossene Regale im Büro eine gute Lösung. So könnte sie etwa jedem ihrer aktuellen Projekte ein Körbchen oder eine Kiste zuweisen, das oder die sie aus dem Möbel hervorholt, sobald sie an dem entsprechenden Vorhaben weiterwerkeln will.

Ein Muss für alle Autoritäten, die mit Dokumenten in Papierform arbeiten, ist ein Aktenschrank. Denn nichts empfinden sie als so frustrierend wie Zeitverschwendung, besonders wenn sie auf der Suche nach einem wichtigen Vertrag oder Behördenschreiben ihr ganzes Büro filzen müssen, bevor sie den entsprechenden Vorgang abschließen können. Genauso wichtig ist natürlich das digitale Datei-Management.

Schließlich muss die Autorität ja jedes PDF oder auch eine bestimmte archivierte E-Mail schnell finden können. Denn theoretisch sind die Vertreter*innen dieses Archetyps ideale Anwärter*innen auf das Prädikat »Posteingang: leer«.

Wenig, aber aussagekräftige Deko. Damit ihr Arbeitsbereich nicht allzu nackt wirkt, sollten Autoritäten ihn mit Pflanzen, Kunst und Sinnsprüchen ausstatten. Außerdem können sie einige Coffee Table Books auslegen oder den Wänden einen farbenfrohen Anstrich verpassen. Als Designstücke und treue Begleiter durch abendliche Überstunden tun schöne Lampen ihr Übriges. Eine Wand sollte angemessen gerahmten Diplom- oder sonstigen Urkunden gewidmet sein und auch Platz für die Präsentation der Auszeichnungen bieten, auf die die Autorität so hart hingearbeitet hat.

Whiteboards und Klebezettel für Notizen. Die stets auf Daten und Fakten bauenden Autoritäten wollen immer ganz genau wissen, wie nahe sie ihrem Ziel schon gekommen sind. Auf einem großen, übersichtlichen Jahreskalender (nach Möglichkeit mit abwischbarer Oberfläche) an der Wand können sie gut einen Zeitstrahl mit den bisherigen, gegenwärtigen und künftigen Arbeitsschritten an einem Projekt abbilden und vergrößern damit potenziell auch ihre Flexibilität.

Whiteboards und Klebezettel sind ästhetisch zwar nicht gerade der Hit, da sie jedoch beim Bemessen von Fortschritten helfen, sind diese Dinge für Autoritäten im Grunde unerlässlich. Im Wettbewerb um den überraschendsten Einsatz von Klebenotizen gebührt zweifelsfrei Autorität-Mentor Drew Barrymore der erste Platz. Denn mit unzähligen dieser Zettelchen hat sie in ihrer Wohnung in Manhattan eine zum Meditationsraum umgestaltete Abstellkammer tapeziert. Auf einer türkisfarbenen Tapete mit pinken Flamingos prangt dort das, was Barrymore ihr »Mosaik der Haftnotizen« nennt. Im Vergleich zu ihrem Altar nebst Kristallen und Kerzen wirken die handgeschriebenen Affirmationen wie zum Beispiel *Heute ist der Tag, an dem ich anfange, mir zu vertrauen* oder *Spirituelle Superheldin* merkwürdig schlicht. Für Drew Barrymore jedoch ist das Kämmerchen ihr »Raum der Offenbarungen«.

Ein paar schöne Artikel aus der Papeterie. Die altmodische Autorität liebt Papier (insbesondere hochwertige Jahresplaner) sowie Ringbücher und Spiralblöcke. Doch auch ein gutes digitales Dokumentenmanagement kann ihrer Produktivität auf die Sprünge helfen. Ein gelungener Mix aus physisch greifbaren und nicht-analogen Ordnungssystemen sorgt dafür, dass alles seinen Platz hat und im Bedarfsfall schnell auffindbar ist. Wichtig ist nur, dass es nicht zu kompliziert wird.

DAS KARRIEREPROFIL DES MENTORS

Was ihn motiviert: Zusammenführung von Menschen und Ressourcen, Aufbau von Communitys

Superkräfte: soziale Kompetenz, zu kuratieren und überarbeiten, Organisation von Teams, Recherche

Weg zum Erfolg: dafür zu sorgen, dass Ideen viral gehen; Menschen begeistern und motivieren

Mögliche Gefahren: beruflicher Übereifer, sich ablenken zu lassen oder in Details zu versinken

Vielseitig. Leidenschaftlich. Mehrfachbegabt. Der dynamische Mentor lässt sich nicht auf einen einzigen Begriff bringen. Aufgrund der flexiblen Zeichen in seinem Profil verfügt dieser »Hansdampf in allen Gassen« über eine verblüffende Bandbreite. Um aber nicht konturlos zu wirken, sollten sich Mentoren auf eine überschaubare Anzahl von Themen oder Fachgebieten spezialisieren. Eines ist sicher: Silodenken ist nicht ihr Ding. Doch wenn sie sich als Potpourri aus Singer-Songwriter*in, Erfinder*in und Software-Designer*in präsentieren, weiß man auch nicht so recht, was man damit anfangen soll. So schwer sie ihnen fallen mag, würde ihnen eine (wenigstens zeitweise) Fokussierung doch helfen, mit den richtigen Leuten zusammenzukommen. Was auch ihrem beruflichen Fortkommen dienlich sein kann. Hier noch ein Profitipp für Mentoren: Für sehr unterschiedliche Projekte auch verschiedene Visitenkarten beziehungsweise Social-Media-Accounts zu verwenden ist (in einem gewissen Rahmen) durchaus in Ordnung.

Da sie ausgesprochen sozial veranlagt sind, geht es Mentoren am besten, wenn sie im Team arbeiten – oder wenigstens regelmäßig mit einem Accountability Buddy Kontakt halten. Mehr als alle anderen Profile im I*AM-System verkörpert der Mentor den Typus des Menschenverbinders, dessen berufliche Interessen der Pflege und Hilfe, dem Zusammenhalt von Menschen und der Verbreitung von Ideen durch die Massenmedien gelten.

Den Mentoren fällt es leicht, sich in ganz unterschiedlichen Gruppen von Menschen zu bewegen und zwischen ihnen zu vermitteln. Diese Fähigkeit sowie der Umstand, dass sie nicht auf den Mund gefallen sind, macht sie zu hervorragenden Verkäufer*innen. Sind sie von einer Mission überzeugt, stehen sie mit ganzer Kraft hinter ihr, vertreten sie in der Öffentlichkeit und machen die beste Werbung für sie, die man sich nur vorstellen kann. Die Mentoren sind die geborenen Botschafter*innen dieser Welt. Die Arbeitsbereiche PR und Marketing sind ihnen wie auf den Leib geschneidert, weil sie genau wissen, wie sie die öffentliche Aufmerksamkeit wecken und aufrechterhalten können.

Als Kolleg*innen sorgen Mentoren für den Hype. Sie organisieren Abteilungsfeste und Betriebsausflüge, stellen die Playlist für den Casual Friday zusammen, bringen Kaffee und selbst gebackene Muffins mit und überzeugen die Personalabteilung, ein Budget für wöchentliche Massagen aller Teammitglieder zur Verfügung zu stellen. Gar kein Zweifel: Wenn es jemand schafft, dass sich die Arbeit wie ein Spiel anfühlt, dann ganz sicher ein Mentor.

DAS ZEITMANAGEMENT DES MENTORS

Zeitzone des Mentors: die Gegenwart

Für den leidenschaftlichen Mentor stellt die Zeit ein Mittel dar, Verbindungen herzustellen. Ein nicht mit anderen geteilter Augenblick ist ein vergeudeter Moment. Da die Zeitzone des Mentors die Gegenwart – das Hier und Jetzt – ist, investiert er in jede Nanosekunde ein Höchstmaß an Energie. Keine Ressourcen? Kein Problem! Mentoren beherrschen die Kunst der Improvisation und zaubern scheinbar aus dem Nichts noch etwas Schönes. Und genau diese ihre Superverankerung im Hier und Jetzt ist es auch, die es den Mentoren ermöglicht wahrzunehmen, was alle anderen übersehen: die Chance, die direkt vor ihren Füßen liegt.

Mentoren nehmen die Zeit als synchron wahr – so, als würde sich »überall alles auf einmal« abspielen. Denn warum sich mit weniger begnügen, wenn man auch mehr haben kann. Die Gesellschaft eines Mentors fühlt sich wie ein Musikfestival an, auf dem eine Vielzahl von Bands auf mehreren Bühnen gleichzeitig spielt. Vertreter*innen dieses Archetyps lieben spannende Unterhaltungen genauso wie anspruchsvolle – vorzugsweise praktisch-handwerkliche – Projekte. Und was sie alles hinkriegen, haben sie erst einmal mit dem Werkeln angefangen! Ob es sich bei ihnen nun um Amateure oder um begabte Künstlerinnen handelt: Mentoren sind Macher*innen, die oft so für ihre DIY-Projekte leben, dass sie sich sogar richtiggehend in ihnen verlieren können.

Das Zeitempfinden von Mentoren lässt sich gut mit einem Radioempfänger mit zahlreichen verschiedenen Frequenzen vergleichen, die sich nach Belieben einstellen lassen. Oder stell dir das Soundboard in einem Musikstudio vor, bei dem man Höhen, Bässe und Effekte einzeln regulieren kann. Und die Mentoren sind die Toningenieur*innen, die genau auf die Nuancen achten und die Kontrolle über die Regler brauchen, um perfekte Arbeit abliefern zu können.

DIE PRODUKTIVITÄT DES MENTORS

Wovon Mentoren profitieren

- menschlichen Beziehungen und Zusammenarbeit
- kreativen Problemlösungen
- praktischen, sinnlichen Arbeiten und DIY-Projekten, die beide Hirnhälften beanspruchen
- viel Feedback, Ermutigung und Input
- Spaß, Freundschaft und Kameraderie
- Funktionen in kleinen Teams und Arbeitsgruppen

Mögliche Fallstricke für Mentoren

- hohe Kompetenz, aber Schwierigkeiten mit Priorisierungen
- das gefürchtete »Mentor-Chaos« – wenn aus Kreativität das reinste Durcheinander wird
- zu viele Köche: von Haus aus demokratisch und auf Gemeinschaftlichkeit gepolt, brauchen Mentoren doch auch eine gewisse Hierarchie, damit nicht alles in sich zusammenfällt
- dass sie nicht um Hilfe oder Unterstützung bitten; der Versuch, alles allein zu machen
- die Faszination der Kaffeeküche – wenn das Soziale am Job zum Vorwand wird, Arbeiten auf die lange Bank zu schieben
- dass ihrem vielen Reden keine Taten folgen – wissen sie auf dem Gebiet, über das sie uns Predigten halten wollen, denn auch wirklich Bescheid?

WAS MENTOREN BRAUCHEN, UM ERFOLG ZU HABEN

Simultasking. Mentoren »simultasken« – darunter versteht man die Zusammenführung verschiedener Infofelder zu einer genialen Lösung. Mentoren sind Vektoren, bei denen mehrere Downloads gleichzeitig stattfinden. Für sie ist das Leben ein Ensemble ineinander übergehender Schichten und Erfahrungen. Ob sie einen Roman verfassen, die Grundlagen für ein neues Musikgenre legen oder ein solarbetriebenes Beleuchtungssystem entwickeln: Auf solche ebenso originellen wie perfekten Lösungen, die sich außer ihnen niemand hätte träumen lassen, kommen sie nicht trotz, sondern *wegen* ihrer kurzen Aufmerksamkeitsspanne. Denn ihre Arbeit ist beides: sowohl vernetzt als auch zusammenhanglos. Deshalb ist es sehr wichtig, dass Mentoren nie in eine einzige Spur gezwungen werden, sondern frei zwischen verschiedenen Projekten hin und her switchen dürfen. Alles andere macht sie über kurz oder lang todunglücklich.

Tabellen, Listen, Erinnerungsalarme. Mentoren lassen sich leicht hinreißen, vergessen sich schnell im Gespräch mit einer Kollegin, die »nur mal kurz vorbeischauen wollte«, oder fachsimpeln während der Mittagspause im Café nebenan gern mit dem Barista über die Vor- und Nachteile von Filter- vs. Kaffee aus der French Press. Kein Wunder also, dass ihre Verliebtheit in die »Kraft der Gegenwart« in vielen Fällen zu chronischen Konflikten mit Vorgesetzten führt. Mentoren haben in der Regel ein gutes Gedächtnis, lassen sich jedoch leicht ablenken. Deshalb sind die Vertreter*innen dieses Archetyps mehr als alle anderen darauf angewiesen, dass sie sich Termine im Kalender notieren und im Handy einen Erinnerungsalarm setzen. Weil sie sonst ständig ihren Kolleg*innen auf die Nerven fallen, Telefonkonferenzen verpassen, Essenseinladungen verpennen und insgesamt durchs Leben rennen wie aufgescheuchte Hühner.

Auch die Koordination ihrer Aufgaben kann Mentoren ins Chaos stürzen – jedenfalls solange sie kein System der Selbstkontrolle eingebaut haben. Eine entsprechende Software – unter Umständen sogar schon eine einfache Liste oder Tabelle –, die dafür sorgt, dass sie keinen Arbeitsschritt vergessen, wirkt meistens schnell Wunder. Und da Mentoren der Umgang mit Zahlen, Daten, Fakten glücklicherweise leichtfällt, gewöhnen sie sich schnell an solche Organisationssysteme und wissen bald auch ihren elektronischen Erinnerungsalarm zu schätzen.

Eine Plattform. Gesellig und kommunikativ, wie sie sind, haben Mentoren auch immer eine Botschaft, die sie loswerden müssen, und zwar sofort! Das ist vielleicht auch der Grund, warum viele dieser Plaudertaschen auf Social Media sehr beliebt sind. Mentoren können so versessen darauf sein, ihre Gedanken zu teilen, dass sie kaum einen Gedanken auf den Sitz ihrer Frisur oder das Make-up verschwenden. Sobald ihnen danach ist, schalten sie die Kamera ein und los geht's. (Manchmal gehen Mentoren allerdings auch perfekt geschminkt ins Fitnessstudio. Schließlich könnte sich ja an der Beinpresse spontan das Bedürfnis einstellen, ein kurzes Video zu shooten.)

Wir kennen aber auch eine Menge Mentoren, die zum Schutz ihrer Daten sowie ihrer Privatsphäre die sozialen Medien boykottieren. Viele von ihnen finden trotzdem einen Weg, ihr gewünschtes Publikum zu erreichen, sei es durch einen Podcast, eine E-Mail-Liste oder einen Gruppenchat auf WhatsApp. Sobald ein Mentor beschließt, sich mitzuteilen, merken die Leute auf und hören interessiert zu. Wir wurden einmal Zeuginnen, wie ein Mann, der von sich behauptet hatte, »kein Freund großer Worte« zu sein, mit der Trauerrede zu Ehren seines verstorbenen Vaters einen ganzen Saal voller Menschen zu Tränen rührte. Zuvor hätte ihm das niemand zugetraut, doch nach seiner Ansprache war er bis zum Ende der Zusammenkunft keinen Moment mehr allein, weil alle ein Wort mit ihm wechseln wollten.

Abwechslung. Fragt man einen Mentor nach seinem Lieblingsgewürz, antwortet er mit einer Aufzählung von mindestens fünf köstlichen Aromen. Genauso gut hätte er sagen können: »Kommt darauf an. Die Abwechslung macht's.« Experimentell veranlagt, wie er ist, möchte er vor seiner Präsentation auch erst alle möglichen Kombinationen von Schriftarten und Hintergrundmotiven ausprobiert haben. Das ist zwar alles schön und gut, aber man kann es – selbst als Mentor – auch übertreiben ... insbesondere, wenn man eine in sich stimmige Marke aufbauen ... oder auch nur *irgendetwas* fertigstellen und abschließen will.

In unseren frühen Tagen als freiberufliche Webdesignerinnen hatten wir es einmal mit dem Relaunch der Homepage eines Diners zu tun, der seit 120 Jahren in Familienbesitz war. Auf der Speisekarte des Lokals gab es praktisch nichts, was es nicht gab – so groß war die Auswahl. Neben all den Diner-typischen Klassikern für Frühstück, Mittag- und Abendessen standen griechische, asiatische, amerikanische und italienische Speisen zur Wahl.

Total verblüfft fragten wir die Besitzerin, wie die Küchencrew denn mit so vielen Rezepten klarkam, ohne die Übersicht zu verlieren. Ihre Antwort? »Fast alle Gerichte auf der Karte bestehen aus denselben Zutaten. Unterschiedlich sind nur Fleischsorte und Gewürze.«

Dieses Aha-Erlebnis möchten wir allen Mentoren mit auf den Weg geben. Das Angebot auf der Speisekarte mag noch so riesig sein, stemmen lässt es sich trotzdem. Denn wer seine fünf Hauptgewürze beziehungsweise -zutaten kennt, kann mit allem klarkommen.

Tüftelzeit. Ob wir nun von Ablenkung, Zerstreuung oder der guten alten Aufschieberitis sprechen wollen – wann immer sie sich in das nächste Rabbit Hole fallen lassen, empfinden Mentoren tiefe Zufriedenheit (und bauen gleichzeitig Stress ab). Manchmal schlagen sie sich mit einem Problem herum, dessen Lösung sich erst einstellt, wenn sie an etwas anderes denken. Wie sie allerdings erklären wollen, dass sie – ups – statt, wie angekündigt, zum Einkaufen zu gehen oder den Marketingbericht fertigzustellen, stundenlang abgetaucht sind ... na, viel Spaß dabei!

Übrigens waren Albert Einstein und Thomas A. Edison Mentoren, und das verwundert uns kein bisschen. Die Figur des verrückten Wissenschaftlers und Erfinders ist nämlich insofern typisch Mentor, als beide von ihren Erkenntnissen überrascht werden. Im Zuge ihrer Projekte brauchen sie stets etwas – wie wir sagen – »Tüftelzeit«, in der sie ihren Ideen freien Lauf lassen und beliebig mit ihnen experimentieren können. (Wobei unser Mitgefühl dem bedauernswerten Assistenten Edisons gilt, der nach dessen »10 000 missglückten Experimenten« immer wieder Ordnung im Labor schaffen musste, bis schließlich die erste Glühbirne Licht gab.)

Teams. Die Vertreter*innen dieses praktisch veranlagten Archetyps sind begeisterte DIY-ler. Lass einen von ihnen eine Zeit lang allein in einem Raum und sei überrascht, womit er ihn wieder verlässt. Doch wenn seine Projekte anfangen, sich scheinbar unkontrolliert zu vermehren – sobald er also in einen Oktopus-Modus kommt, den wir so nennen, weil er dann mindestens acht Arme hat, die alle gleichzeitig mit ganz unterschiedlichen Dingen beschäftigt sind –, sollten alle Alarmsignale schrillen: *SOS! Mentor überlastet! Notstromaggregate starten!*

Genau das ist auch der Grund, weshalb Mentoren aufblühen, sobald sie mit einem Partner, einer Partnerin oder im Team arbeiten. Denn dass jemand alle Instrumente beherrscht, bedeutet ja noch lange nicht, dass er oder sie zum

Ein-Personen-Symphonieorchester mutieren müsste. Deshalb sollten Mentoren das Delegieren erlernen, *bevor* sie im Krisenfall um Hilfe bitten müssen.

Gleich bei Beginn eines neuen Projekts sollten sich Mentoren darüber klar werden, welchen Teil sie selbst übernehmen und womit sie ihre Co-Pilot*innen betrauen wollen. Kleine Warnung: Mentoren sind hervorragend als Talentscouts und im Schließen von Freundschaften, sollten aber unbedingt darauf achten, dass sie keine bedürftigen oder narzisstischen Leute engagieren, von denen sie zum Resonanzboden oder niedergemacht werden. Mentoren, die ein Team aufbauen oder eine Gruppe gründen wollen, ist dringend zu empfehlen, dass sie selbst die Regeln festlegen und allen Beteiligten ihre Rolle zuweisen.

Noch besser wäre es, sie die ganzen Produktionsprozesse sozial und interaktiv gestalten zu lassen. Denn je mehr es sich wie eine Party anfühlt, desto härter und schneller arbeitet der Mentor.

Regelmäßiger Austausch. Dass Mentoren Leute engagieren oder anstellen, genügt nicht. Sie müssen sich auch regelmäßig davon überzeugen, dass alle noch an einem Strang ziehen und dieselben Ziele verfolgen. Der enge Kontakt zu den Mitgliedern seines Teams unterstützt den Mentor auch bei seinen eigenen Projekten. Denn obwohl er vollkommen selbstständig arbeitet, hat er doch gern das Gefühl, nicht allein zu sein.

BERUFLICHE HERAUSFORDERUNGEN

Soziale Ablenkungen. Weil gerade Mentoren besonders davon profitieren können, sollten sie sich eingehend über die

Stressreaktion informieren, die als »Tend-and-Befriend-Reaktion« bezeichnet wird und im Jahr 2000 von Shelley E. Taylor, einer Forscherin der *University of California* (UCLA), entdeckt wurde. Wie sie und ihr Team herausfanden, legen in einer beängstigenden Situation nicht alle Menschen die »Kampf-oder-Flucht-Reaktion« an den Tag. Das Team hatte nämlich beobachtet, dass manche Tiere und Menschen die Nähe einer passenden sozialen Gruppe suchen oder einander pflegen und nähren, wenn sie sich bedroht fühlen. Daraufhin schüttet ihr Gehirn den Neurotransmitter Oxytocin aus, der auch als Bindungs- beziehungsweise Kuschelhormon bekannt ist und beruhigende Wirkung hat.

Sobald Mentoren anfangen, ihre Zeit in der Kaffeeküche zu verplempern, alles stehen und liegen lassen, um eine*n Freund*in zu treffen, oder einem Menschen helfen, der in Not ist, können das Zeichen dafür sein, dass sie in Bedrängnis sind oder sich in einer Notlage befinden. Statt sich also in belanglosen Small Talk zu stürzen, sollten Mentoren ihre Pausen lieber aktiv nutzen, um sich an wirklich hilfreiche Freund*innen zu wenden, oder sich bei der Lösung ihrer Probleme anderweitig Unterstützung holen.

Unordnung am Arbeitsplatz. Sobald sie in ihrer Zone sind, können Mentoren unglaublich schlampig werden. Dann reißen sie auf der Suche nach irgendwas alle Schubladen auf – oder auch nur, um ihr ganzes Material im Blick zu haben. Sie breiten ihr komplettes Zeug auf dem Fußboden aus, bloß um irgendwann aufzustehen und mit einem neuen Projekt das ganze Nebenzimmer in Beschlag zu nehmen. Bevor sie auch nur die Zeit zum Aufräumen finden – Himmel! –, schrillt ihr Benachrichtigungsalarm: In fünf Minuten müssen sie zu einer Telefonkonferenz, auf die sie vergessen haben sich vorzubereiten. Also wuseln sie an den Computer, um das schleunigst nachzuholen, und lassen das ganze Chaos Chaos sein – mitunter tagelang.

Sollte der Mentor mit eigenem Büro selbstständig sein, mag dieses Verrückter-Wissenschaftler-Verhalten vielleicht gerade noch angehen. Aber selbst dann ... wenn unverhofft jemand vorbeikommt ... unschön! Außerdem verliert er viel kostbare Zeit, wenn er ständig was am Suchen ist: »Verdammt, vor zwei Minuten lag das doch noch in dem Stapel unter meinem Schreibtisch.«

Regelmäßiges Saubermachen ist für Mentoren von grundlegender Bedeutung, genau wie eine verlässliche Ausmist-Routine. Ihnen fällt vielleicht gar nicht auf, wie viel Kram sie im Lauf der Zeit ansammeln, ganz abgesehen von der ganzen ungeöffneten Post und den Papieren, die in den Schredder müssen. Jedem Entrümpeln haftet ein ganz besonderer Zauber an, es setzt Energie frei und macht den Mentor auch wieder zum Chancen-Magnet.

Es gilt die Devise: alles, was zusammengehört, auch zusammen aufbewahren, seien es Projekte oder Werkzeuge. Und dafür sucht man dann den jeweils optimal geeigneten Platz, eventuell mit Stromversorgung und bestens ausgeleuchtet zum Filmen und Content-Kreieren. Und tatta-ta-taaa: Bald ist ein brandneues Multiversum entstanden – Vergnügungspark und Kreativpool in einem –, das die wunderbaren Ideen des Mentors zur vollen Blüte bringt.

Unentschlossenheit. Wenn sie sich für eine Sache entscheiden, fürchten die vielseitigen, leidenschaftlichen Mentoren leicht, in eine Schublade geschoben oder in ihrem Spielraum beschnitten zu werden. Mit der möglichen Folge, dass sie Mist bauen oder gar kurz vor einer Beförderung kündigen und sich auf diese Weise selbst sabotieren. Mentoren mögen den Dopamin-Kick der Vorfreude sehr viel mehr als den siegreichen Moment des Überquerens der Ziellinie (der wiederum für die leistungsorientierten Autoritäten der Hit schlechthin ist). Was vermutlich auch erklärt, warum Mentoren immer ein paar Projekte gleichzeitig am Laufen haben müssen: weil sie den Prozess lieben, jedes Ende aber verabscheuen.

Diana, eine begabte Heilerin, absolvierte alle Kurse, die nötig sind, um sich zur Akupunkteurin zu qualifizieren. Doch als das Examen näher rückte und sie sich hätte auf die Prüfung vorbereiten müssen, stellte sie plötzlich ihre Entscheidung, sich auf diese Therapiemethode zu spezialisieren, infrage. Sie nahm sich eine Auszeit und fing in der Leitung einer Kooperative für organische Landwirtschaftsprodukte an. Das Arbeitsklima, in dem der Mensch im Mittelpunkt steht, tut Diana, die den Kontakt mit Kolleg*innen und Kund*innen gleichermaßen genießt, ausgesprochen gut. Obwohl ihr momentanes Gehalt zu wünschen übrig lässt. Jetzt ist sie schon fast ein Jahr dort und weiß immer noch nicht, ob sie ihre Akupunktur-Ausbildung fortsetzen wird. Hat aber inzwischen noch einen Zweitjob als Dog Walker angenommen und sich wieder auf eine ebenfalls unabgeschlossene Qualifizierungsmaßnahme besonnen, das Life Coaching. »Meine Freundinnen können meinen beruflichen Aktivitäten kaum mehr folgen«, sagt Diana lachend und gibt zu, ein »Jahreszeitenmensch« zu sein, der seine Angelegenheiten phasenweise und mit langen Pausen dazwischen erledigt.

Diese Tendenz zum Richtungswechsel bietet zwar ständig Neues, kann für Mentoren wie Diana aber auch einen enormen Nachteil haben, weil für sie die Gefahr besteht,

»fünf Minuten vor Beginn der Vorstellung die Flinte ins Korn zu werfen« beziehungsweise, kurz bevor die Ziellinie in Sichtweite kommt. Und warum dann nicht gleich an den Ausgangspunkt zurückkehren? Wenn sie sich fest auf etwas einlassen, fühlen sich Mentoren womöglich in die Enge getrieben, doch in Wahrheit legen sie sich selbst erhebliche Beschränkungen auf, wenn sie keinen Abschluss machen, Meetings verpassen oder alles Mögliche unabgeschlossen liegen lassen.

Der eigentliche Haken aber: Ihre Angst, in die Falle zu geraten oder zu scheitern, ist nichts gegen die Schuld- und Schamgefühle, mit denen es Mentoren zu tun bekommen, wann immer sie vor Beendigung der letzten fünf Prozent aussteigen. Der Abschluss von Angefangenem gibt dem Mentor ein Riesenselbstvertrauen. Sie brauchen nur einen kleinen Stups.

Mangelnde Konzentration. Weil sie stets ihrer Neugier folgen, haben Mentoren ständig Mengen halb fertiger Projekte im Köcher. Da stellt sich jedoch die Frage: Worauf unter diesen Umständen die Energie lenken? Worauf sich konzentrieren? Innerhalb von Millisekunden kann sich der Ansatz einer Idee zu einem ganzen Traumimperium mit Marketingplan, Logo und passenden Vertriebskanälen auswachsen. Selbst wenn der Mentor gar nicht die Absicht hat, tatsächlich ins Geschäft mit den Spezial-Lkw zum Transport von Cannabis-Cookies einzusteigen oder Land fürs umweltbewusste Mikrofarming zu erwerben, befasst er sich doch mit jeder Idee bestimmt zwei, drei Stunden lang.

PRODUKTIVITÄTSHACKS FÜR MENTOREN

- Mach es sozial und interaktiv. Je mehr es sich nach Party anfühlt, desto besser ist es.

- Setz große Ideen in die Wirklichkeit um: Die beste Freundin des Mentors ist die Projektmanagement-Software (versuch also, eine Liebe zu Tabellen zu entwickeln).

- Erschaffe für jedes Quartal Fokusprojekte: Mentoren haben nie nur »ein Ding am Laufen«, könnten aber bereit sein, sich ein Vierteljahr lang auf eine ihrer Leidenschaften zu fokussieren, dieser in der genannten Zeit 80 Prozent ihrer Energie zu widmen und die anderen 20 Prozent auf die verbleibenden Projekte zu verteilen.

- Ordnung, Ordnung: Liebe sie. Mentoren müssen ihre Projekte so organisieren, dass sie nach Bedarf (oder Lust und Laune) jederzeit Zugriff auf sie haben – vergleichbar der *Mise en place* in der Profiküche.

- Für die Dinge, die sie nicht selbst machen wollen, müssen Mentoren zu delegieren lernen oder sich Co-Pilot*innen suchen. Outsourcing sollte für sie keinesfalls ein Fremdwort sein.

- Nicht vergessen: hinreichend »Tüftelzeit« einplanen, bei der es ruhig auch mal chaotisch zugehen kann.

DER IDEALE ARBEITSPLATZ FÜR MENTOREN

Das Labor

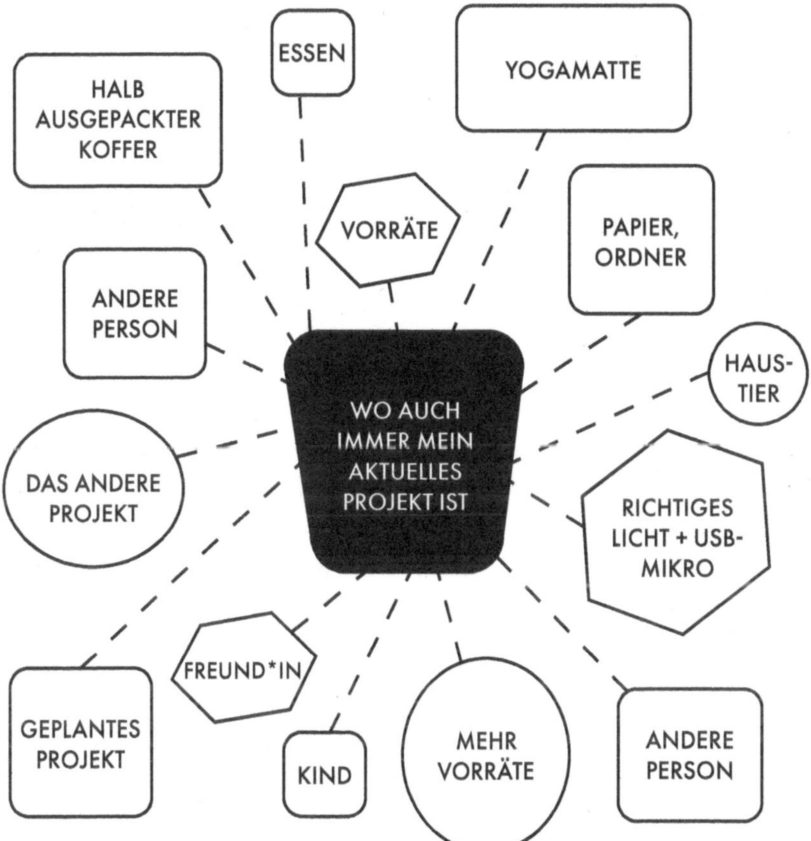

Grundriss des Arbeitsplatzes

Der sich immer weiter ausbreitende Arbeitsplatz des vielseitigen Mentors ist mit einer Krake oder einem Atom vergleichbar. Mit einer Krake insofern, als das Tier, wo immer es sich auch gerade befinden mag, seine Arme ausstreckt. Und aufgrund der in seiner äußersten Schale umherwirbelnden Elektronen ähnelt dieser Arbeitsplatz einem Atom. Die Schaffung einzelner »Stationen« für die verschiedenen Projekte und die Zusammenfassung mehrerer unter einem »Dach« können verhindern, dass der geniale Mentor im Chaos versinkt.

Die Gestaltung des Mentor-Arbeitsplatzes

Shelfies. Mentoren sind Sammler*innen, deren Schätze ihre Lebensgeschichte erzählen und die sie auch gern zur Arbeit mitnehmen. Zunächst einmal, weil sich der typische Mentor gern mit Dingen umgibt, die ihm lieb und teuer sind. Aber auch, weil ihm daran gelegen ist, eine persönliche Beziehung zu seinen Kolleg*innen aufzubauen. Und so eignen sich seine »Schätzchen« perfekt als Eisbrecher oder Gesprächsaufhänger vor dem »eigentlichen« beruflichen Austausch.

Bei Zoom-Konferenzen sieht man im Hintergrund von Mentoren oft sogenannte Shelfies – schicke kleine Hängeregale – mit einigen ihrer Lieblingsobjekte: alte Kameras, Neonschilder, Topfpflanzen, Urlaubssouvenirs. Mentor und Aufräumcoach Jill ist unter Kund*innen und auf Social Media für ihr Regenbogen-Regal mit den nach Farben geordneten Büchern bekannt – den quietschbunten Hintergrund, vor dem sie ihre Online-Sitzungen abhält.

Stationen für jedes Projekt. Da ihr Arbeitsplatz vom jeweiligen »Projekt der Stunde« diktiert wird, neigen Mentoren dazu, zwischen verschiedenen »Zonen« hin und her zu wechseln. Besonders wohl fühlen sie sich in einem großen offenen Arbeitsbereich mit verschiedenen »Abteilungen«. Und denken sollten die Vertreter*innen dieses Archetyps wie Profiköch*innen oder auf Naturmedizin spezialisierte Apotheker*innen: Wo wird geschnitten, gemixt, gebacken, gekühlt? So ähnlich können auch Mentoren ihren jeweiligen Arbeitsschritten eigene Stationen zuweisen.

Mentor Angelina ist IT-Beraterin, Romanautorin, Veganismus-Bloggerin sowie Marathonläuferin und lebt in Südkalifornien. Nachdem sie vom Konzept der verschiedenen Zonen erfahren hatte, verwandelte sie ihre Garage in einen perfekt ausgestatteten Mentor-Arbeitsplatz. Jetzt befinden sich in diesem großflächigen Raum ein Schreibtisch mit zwei Monitoren, eine kleine Küche mit Kamera- und Beleuchtungsequipment sowie ein Workout-Bereich mit Gewichten und Laufband. Tagsüber pendelt Angelina so lange zwischen den einzelnen Bereichen hin und her, bis es Zeit wird, ihren Kindern bei den Hausarbeiten zu helfen oder das Essen vorzubereiten.

Leicht zugänglicher Stauraum. Mentoren finden an den verblüffendsten Orten Platz, also tut's oft auch ein Kämmerchen (im offiziellen Mentor-Sprachgebrauch nur unter der Bezeichnung »Bürobereich« bekannt). Vitrinen, Schubladeneinsätze und Schränke sorgen auch optisch für Ordnung. Für diesen Archetyp stellt ein Etikettiergerät ein gutes Investment dar. Schildchen drauf – und ab geht die wilde Fahrt. So können sich Mentoren schnell Übersicht über all die schönen Kleinigkeiten verschaffen, die sich in ihren zahlreichen Behältern befinden. Und so finden sie auch schnell zu einem bestimmten Projekt Zugang, ohne ständig alle vor Augen haben zu müssen.

Auch von vertikalem Stauraum können Mentoren profitieren. Viele bewahren, wie wir wissen, Dinge, die sie nicht ständig brauchen, in über den Türen angebrachten Regalen auf oder verwenden zu diesem Zweck Lochbretter beziehungsweise Werkzeugwände sowie allerlei Schachteln und Kisten. Sie müssen halt alles nur so kennzeichnen, dass sie jederzeit schnell sehen, was wo ist, und im Bedarfsfall fix zugreifen können.

Ruhe- und Begegnungszonen. Mentoren neigen dazu, ihre Arbeit in mehrere Sprints zu unterteilen. Und sie sorgen dafür, dass sich Aufgaben, die ruhige Konzentration erfordern, mit interaktiven Tätigkeiten wie etwa Telefonieren, Teilnahme an Videokonferenzen oder Teambesprechungen abwechseln. Müssen sie sich ihren Arbeitsbereich mit Kolleg*innen teilen, stehen ihre Chancen, »den *einen* Ort für all ihre Jobs« zu finden, nicht gerade gut.

Mentoren ist oft gar nicht bewusst, dass sie allein mit ihrer Energie ganze Räume füllen. Troy, der für den Kundendienst eines Grüne-Energie-Start-ups verantwortlich ist, läuft beim Telefonieren gern im Büro umher. (Stillsitzen ist für ihn die Hölle!) Und auch wenn er meistens gar nicht so viel sagt, sondern eher zuhört, fühlen sich die Kolleg*innen von seinem ständigen Hin-und-her-Tigern total gestresst. Und Troy daraufhin so: »Die sagen immer, ich würde sie stören. Dabei gebe ich doch kaum einen Mucks von mir.«

Das ist eben der »Nachteil« einer derart magnetischen Aura. Bei jeder ihrer Interaktionen ziehen Mentoren Menschen an. Und indem sie ihre Kolleg*innen animieren, im Gespräch über das neuste Trendthema auf Social Media ihren Senf hinzuzugeben, verwandeln sie die Kaffeeküche schnell in eine lebhafte Partyzone. Was auch völlig in Ordnung ist – solange es sich um Räumlichkeiten handelt, die dem kollegialen Miteinander gewidmet sind. Doch in den ruhigen Büroarbeitsbereichen sollte der Mentor schon gut aufpassen, dass er das Bedürfnis der anderen, ungestört zu sein, respektiert.

DER ASTROLOGIE-CODE BEIM AUFBAU VON TEAMS

DIE I*AM-GRUPPENDYNAMIK: DER AUFBAU FUNKTIONIERENDER TEAMS

Ob bei der Arbeit, in persönlichen Beziehungen oder in der Gemeinschaft: Wir müssen alle eine Rolle spielen. Doch woher wissen wir eigentlich, welche Eigenschaften wir bei welcher Gelegenheit in den Vordergrund rücken und wann wir unsere besonders ausdrucksstarken Charakterzüge zum Ausdruck bringen sollen?

Ein Großteil unserer Ängste rührt schlichtweg daher, dass wir nicht wissen, wie wir uns in einer ungewohnten Situation am besten präsentieren. Doch die gute Nachricht lautet: Dein I*AM-Profil ermöglicht es dir, Menschen kennenzulernen, ohne dass du dich verstellen musst. Auf der Basis deines Profils kannst du dich »sozial angemessen« verhalten und zugleich stets authentisch bleiben. Und deine Beziehungen können sich weiterentwickeln, statt zu stagnieren.

Sobald wir die verschiedenen Persönlichkeitstypen kennen und verstehen, können wir uns in Gruppen bewegen, gemeinsam Ziele erreichen. Und das Schöne daran: Alle dürfen sich von ihrer stärksten Seite zeigen.

In diesem Abschnitt gehen wir der Frage nach, wie die I*AM-Archetypen zusammenwirken, und geben praktische Tipps für den Aufbau harmonischer, effektiv arbeitender Organisationen.

Astro-Ayurveda: Balance in der Gruppendynamik

Beim »Astro-Ayurveda«, wie wir es nennen, geht es nicht zuletzt um den bewussten Ausgleich von Defiziten beziehungsweise Überschüssigem. Was passiert, wenn in deiner Familie, Gruppe oder Organisation ein bestimmter I*AM-Typ sehr stark (oder schwach) vertreten ist? Dann wird sich die Gruppendynamik in ebendiese Richtung entwickeln. Ganz so, als würde man verzweifelt versuchen, gegen den Wind und die Gezeiten anzusegeln, die dem Schiff eine ganz andere Richtung geben wollen. Und das kann ziemlich frustrierend sein!

Ausgleich von Team-Dynamiken mithilfe des I*AM-Systems

Gruppen mit vielen	**Brauchen Ausgleich zu**
INNOVATOREN	Diktatur: zu viele Kapitäne, nicht genügend Teamwork
AUTORITÄTEN	Sturheit: zu viele Regeln und festgelegte Abläufe, zu wenig Flexibilität
MENTOREN	Überlastung: zu viele Ideen, zu wenig Disziplin in der Umsetzung
Gruppen mit wenigen	**Brauchen Ausgleich zu**
INNOVATOREN	Stagnation: zu geringe Risikobereitschaft, zu wenig Visionen und Eigeninitiative
AUTORITÄTEN	Chaos: Mangel an Struktur, System und Bereitschaft zur Übernahme von Verantwortung
MENTOREN	Bedeutungslosigkeit: Mangel an Kommunikation, Kreativität und Experimentierfreude

Doch lässt sich dagegen glücklicherweise etwas unternehmen. Das wissen wir, weil wir mit Firmen und Teams jeder beliebigen Größenordnung zusammenarbeiten und ihnen helfen, die Energien von Innovator, Autorität und Mentor auszubalancieren.

AUSGLEICH VON INNOVATOR-ENERGIE IN DER GRUPPE

Überwiegend Innovator: Pfauengehege

Hast du manchmal das Gefühl, einer Führungsperson zu folgen, obwohl offiziell überhaupt niemand den Hut aufhat? Dann sind in der Gruppe, in der du dich bewegst, wahrscheinlich viele konkurrenzbetonte, visionäre Innovatoren. Ist das der Fall, fühlt es sich mitunter so an, als würden alle um Aufmerksamkeit buhlen oder ihren Willen durchsetzen wollen. Unter diesen Umständen können sich Pläne in Windeseile ändern. Doch obwohl es in der Welt von heute durchaus angebracht ist, schnell und flexibel zu sein, kommst du nicht weit, wenn du Projekte allzu schnell aufgibst. Und in Innovator-betonten Teams ist diese Versuchung besonders groß. Denn da kann die Orientierung leicht verloren gehen. In Diskussionen tut sich oft eine Person dadurch hervor, dass sie die anderen ständig unterbricht, das Thema wechselt und die Richtung bestimmen will, die die Unterhaltung nimmt. Du bist selbst Innovator? Dann solltest du dir klarmachen, dass du womöglich zu dieser Dynamik beiträgst, und anfangen, aktiv zuzuhören. Das ist eine Art des Zuhörens, die Verbundenheit erzeugt. Und zwar mithilfe von »Techniken« wie Blickkontakt, zustimmendem Nicken und empathischen Fragen, die dazu dienen, die Perspektive der anderen Personen zu begreifen – vor allem auch, wenn du sie nicht teilst. Trag Sorge dafür, dass nicht du allein im Scheinwerferlicht stehst, und verhindere so, dass sich eure Gemeinschaft in eine Diktatur verwandelt. Du bist kein Innovator? Dann trau dich: Ergreif das Wort und vertritt deine Meinung. Schließlich haben alle das Recht, dass ihre Stimme gehört wird. Vergiss das nicht!

Innovator-betonte Gruppen: was sie ausmacht und woran man sie erkennt

- Alle führen, aber niemand folgt.
- Einige »Alphas« verfügen über alle Informationen, außer ihnen weiß niemand Bescheid.
- Burnouts aufgrund permanenter Veränderungen, Mitglieder des Teams fühlen sich überfordert.
- nicht genügend Zeit, Geld und Ressourcen, um eine Idee durchsetzen zu können.
- Entscheidungen beruhen großenteils statt auf Zahlen, Daten, Fakten und logischem Denken auf persönlichen Gefühlen und Meinungen.
- Nicht Substanz und Ergebnisse stehen im Vordergrund, sondern Image und äußeres Erscheinungsbild.
- Konzentrationsschwierigkeiten, unzureichende Bereitschaft zur Fokussierung auf langfristige Ziele.

- mangelndes Interesse an Detailfragen
- geringe Bereitschaft, Feedback und andere Perspektiven zuzulassen

Vorschläge zum Ausgleich der Energien

- **Fördert das aktive Zuhören.** In Innovator-betonten Gruppen stehen Meinungen hoch im Kurs. Das kann zu einer chaotischen, konkurrenzbetonten Atmosphäre führen. Versucht eine Struktur aufzubauen, in der alle respektvoll sprechen und zuhören, auch wenn sie unterschiedliche Auffassungen vertreten. Legt eine bestimmte Redezeit fest, nutzt einen Redestab, bemüht euch um einen lockeren Umgang miteinander. Auf diese Weise stellt ihr sicher, dass alle Ideen gehört werden und nicht nur die von den Lautesten, Überzeugendsten geäußerten. Haltet (vorzugsweise außerhalb des Büros) regelmäßig alle paar Monate Brainstorming-Sitzungen ab, um von der Innovator-Kreativität zu profitieren und allen die Möglichkeit zu geben, sich frei von der Leber weg zu äußern.
- **Schafft Strukturen.** Zwar lieben Innovatoren die Improvisation, trotzdem gilt: Tagesordnungen, tägliche Feedbackrunden sowie ein übergreifender (dennoch flexibler) Plan sparen enorm viel Zeit. Klare Strukturen beziehungsweise Rahmenbedingungen zur Entscheidungsfindung und Zielsetzung können die Gruppe zusammenhalten und dafür sorgen, dass die Leute bei der Sache und voll fokussiert bleiben.
- **Legt Wert auf Zusammenarbeit.** Verabschiedet euch vom »Lone-Ranger«-Syndrom und arbeitet in zwei- oder drei-

köpfigen Kleingruppen an euren Projekten. Optimal setzen sich diese Gruppen aus Kolleg*innen mit unterschiedlichen Stärken und Talenten zusammen. Auf diese Weise verringert sich die Wahrscheinlichkeit, dass eine Person die Diskussion dominiert. Und es entsteht ein Gefühl der Kameradschaft, das sonst so oft fehlt. Denn hey: Innovatoren müssen oft erst noch lernen, den Ball abzuspielen.

- **Entwickelt klare Maßstäbe.** Aber wo verläuft eigentlich die Grenze, hinter der Machtkämpfe und Rivalitäten drohen? Stark Innovator-betonte Gruppen sollten sich auf klare Regeln in Sachen Verhalten und Teilnahme verständigen. Das kann auch Leitlinien in puncto Feedback, Konfliktbereinigung und Maßnahmen beinhalten, die gewährleisten, dass alle Stimmen gehört werden.

- **Kultiviert die Diversität der Blickwinkel.** Versucht gezielt, alle Meinungen herauszukitzeln und alle Überlegungen anzuhören, auch die, die nicht mit den in der Gruppe vorherrschenden Ideen oder Werten übereinstimmen. So »verbreitert« sich euer Gedankengut und ihr entwickelt kein Inselbewusstsein.

Nicht genügend Innovator: zu wenig Leidenschaft

Hör nicht auf zu glauben. Warst du je in einer Gruppe, in der niemand richtig passioniert oder begeistert war? Sollte sich dein Team aus zu wenigen Innovatoren zusammensetzen, könnte es leicht zu einem Mangel an Visionen kommen. Schließlich muss ja irgendjemand den Funken entzünden – und dazu sind die Vertreter*innen dieses Typs gewöhnlich gern als Erste bereit. Und ohne hinreichend

Innovator-Energie, die die Begeisterung angesichts des gemeinsamen »unmöglichen Traums« aufrechterhält, besteht die Gefahr, dass zwar alle weiterhin tun, was ihr eben tut, aber ohne wirkliches Interesse am Ergebnis.

Falls du in der Gruppe den Hut aufhast, solltest du versuchen, eine Person für euch zu gewinnen, die euch ein bisschen Feuer unterm Hintern macht, also zum Beispiel eine*n Motivationscoach. Was dein Privatleben angeht, könntest du versuchen, etwas Abwechslung ins Spiel zu bringen, statt also immer wieder dieselben Lokale zu besuchen, auch mal woandershin zu gehen. Vollkommen unabhängig von deinem eventuellen Titel oder Status versuch bitte ganz bewusst, mit gutem Beispiel voranzugehen und deine Leidenschaft, deine Energie einzubringen. Denn du darfst ja nie vergessen: Begeisterung ist ansteckend.

Innovator-arme Gruppen: was sie ausmacht und woran man sie erkennt

- Die Tendenz zur stillen Kündigung nimmt überhand: Weil es weder eine Vision noch eine höhere Aufgabe gibt, die die Gruppe zusammenhält, machen die Leute zwar der Form nach irgendwie weiter mit, bringen aber kaum mehr Engagement oder Eigeninitiative auf.

- Ihr seid nicht mehr auf dem neusten Stand der Technik, Trends gehen an euch vorbei.

- Den Mitgliedern der Gruppe fehlt es an Spaß und Motivation.

- Die Leute sind risikoscheu und nicht offen für Neues.

- Es fehlt an Innovationsbereitschaft und Kreativität in Sachen Problemlösung.
- Es findet nur wenig Gedankenaustausch statt.
- Die Gruppe verzettelt sich in Einzelheiten und verliert das große Ganze aus dem Blick.

Vorschläge zum Ausgleich der Energien

- **Geht an eure Grenzen.** Versucht, die Angst der Leute vor Experimenten zu beschwichtigen beziehungsweise ihren Widerstand dagegen zu brechen. Initiiert Brainstormings, bei denen alle Beteiligten ihre Ideen und Meinungen freiweg äußern können. So fördert ihr die Kreativität und Innovationsbereitschaft der Gruppe.
- **Ladet Gäste ein.** Die Sicht von Außenstehenden bringt frischen Wind ins Team und kann zu neuem, zukunftsorientiertem Denken anregen. Ladet deshalb Fachleute auf eurem Arbeitsgebiet ein, Gastredner*innen oder Berater*innen. Vielleicht aber auch mal Expert*innen aus einer vollkommen anderen Branche, einen Kunsttherapeuten oder eine Lachyoga-Lehrerin (ja, das gibt's tatsächlich), die die Stimmung eurer Gruppe heben und deren Mitglieder aus ihrer Komfortzone herauskatapultieren.
- **Entwickelt Führungsqualitäten.** Menschenführung ist auch eine Art Muskel. Gebt Mitgliedern eurer Gruppe die Möglichkeit, eine Führungsrolle zu übernehmen oder Pilotprojekte zu leiten, und unterstützt sie dabei. Sorgt aber auch dafür, dass

das Ganze nicht zu bierernst wird, zum Beispiel, indem ihr kleine Wettbewerbe (mit Preisen für die Gewinner*innen!) organisiert. So helft ihr das Selbstbewusstsein der Betreffenden zu steigern und gebt den Mitgliedern eures Teams zugleich die Chance, ihr Talent unter Beweis zu stellen. Persönlichkeitstests wie Myers-Briggs, das Enneagramm oder auch dieser hier (!) können bewirken, dass schüchterne Menschen souveräner werden und ihren eigenen Stil entwickeln.

- **Schnuppert mal in aktuelle Trends rein**. Was trendet gerade unter den Kids? Was gucken sie, was beschäftigt sie? Erstellt ein gemeinsames Dokument, startet einen digitalen Kanal oder richtet ein gemeinsames Moodboard für aktuelle Trends und Möglichkeiten ein, sie für eure Arbeit zu nutzen. Folgt Social-Media- und anderen Kommunikationskanälen, um thematisch up to date zu bleiben. Das fördert die Entstehung neuer Ideen und hält die Gruppe auf Trab.

- **Belohnt Risikobereitschaft**. Betont, wie wichtig es ist, Risiken einzugehen und Neues auszuprobieren. Ermutigt die Mitglieder eures Teams dazu, ihre Komfortzone zu verlassen und mit verschiedenen Ansätzen der Problemlösung zu experimentieren. Schafft Anreize dafür, dass die Leute ihre kreativen Muskeln ordentlich spielen lassen!

A

AUSGLEICH VON AUTORITÄT-ENERGIE IN DER GRUPPE

Überwiegend Autorität: Grabenkämpfe

Solche Situationen kennst du doch bestimmt auch: wenn alle eine feste Meinung – und gute Argumente – haben und niemand bereit ist nachzugeben? In Gruppen mit vielen Vertreter*innen des Archetyps Autorität trägt mitunter die Sturheit den Sieg davon, und das geht häufig mit einer geringen Risikobereitschaft einher. Gehören in einem Team zu viele Mitglieder dem Typ Autorität an, gewinnt man schnell den Eindruck, alle wollten die Führungsrolle für sich beanspruchen. Zudem kann eine kritische Masse regeltreuer Autoritäten dazu führen, dass die Gruppe allzu konservativ – im Sinne von »auf dem Status quo beharrend« – wird und jede Initiative vermissen lässt. Möglicherweise kommt es zum Streit über die beste Vorgehensweise, zu verbohrter Unnachgiebigkeit oder dazu, dass alle die Lorbeeren für eventuelle Erfolge der Gruppe für sich beanspruchen. Zudem können Titel, Hierarchien und Allianzen die Team-internen Rivalitäten so anheizen, dass die britischen Royals, was das angeht, wie Waisenkinder wirken. Du bist eine Autorität? Dann nimm dir unbedingt Zeit für die Beschäftigung mit neuen Ideen. Trainieren könntest du das im Privaten: indem du dir vornimmst, jeden Monat irgendetwas Neues auszuprobieren. Und wenn du keine Autorität bist, dann lass dir bitte eine Lösung einfallen, die für alle zufriedenstellend ist.

Autorität-betonte Gruppen: was sie ausmacht und woran man sie erkennt

- Widerstand gegen Veränderungen und neue Ideen
- Mangel an Diversität und Kreativität
- blindes Vertrauen in Regeln und Verfahrensweisen
- Fehlen von gegenseitigem Vertrauen und Kooperationsbereitschaft
- Mikromanagement und übermäßige Kontrolle
- mangelndes Anpassungsvermögen in Bezug auf unbekannte Situationen und Herausforderungen
- erhebliche Personalfluktuation oder geringe Arbeitszufriedenheit der Beschäftigten

Vorschläge zum Ausgleich der Energien

- **Flacht toxische Hierarchien ab.** Eifersucht und Machtfantasien vergiften euren Teamgeist? Entwickelt gemeinsame Vorgehensweisen, an die sich alle halten. Holt die Führungsriege aus ihrer Bubble und lasst euch Möglichkeiten einfallen, wie sie von Leuten lernen kann, die auf den unteren Stufen der Hierarchie stehen. Etwa, indem ihr Manager*innen mit neu in die Firma gekommenen Arbeitskräften in einem Team zusammenfasst. Wenn sich solche Strukturen unternehmensweit durchsetzen, fördern sie das Prinzip von Gegenseitigkeit und gutem Willen.

- **Aber vergebt gern auch Titel oder dergleichen**. Die Autorität liebt Referenzen und möchte für ihre Leistungen belohnt werden. Um aber die Gefahr des Entstehens einer Ellenbogenkultur zu minimieren, sollte das Verfahren innerbetrieblicher Boni, Anerkennung und Beförderungen demokratischer gestaltet werden. Dabei könnten die Empfänger*innen einer allmonatlich ausgelobten einmaligen Prämie für hervorragende Leistungen von allen Beschäftigten vorgeschlagen und per E-Mail übermittelt oder an bestimmten Stellen im Betrieb eingereicht werden.

- **Fördert Transparenz**. Sorgt dafür, dass alle Mitglieder eures Teams ihre Ideen und Meinungen gern äußern, unabhängig von ihrer Position oder Stellung im Unternehmen.

- **Sprecht euch für Kooperation und gemeinsame Erfolge aus**. Pflegt eine Atmosphäre, in der die Menschen zusammenarbeiten, um ihre Ziele zu erreichen, statt gegeneinander anzutreten. Da jedoch Autoritäten die Anerkennung lieben (und auch gern einiges dafür tun, dass sie sie erhalten), kann das durchaus zu einem Balanceakt werden. Sprecht alle, die etwas zu einem Sieg beigetragen haben, einzeln an und bedankt euch bei ihnen. (Auch Geschenke werden von Autoritäten immer gern genommen!)

- **Delegiert Aufgaben und Verantwortlichkeiten**. Weist den Leuten klar umrissene Funktionen und Verantwortungsbereiche zu und lasst sie in diesem Rahmen selbstständig Entscheidungen treffen. Die Autorität braucht das Gefühl, auf ihre Leistungen stolz sein zu können (und ja, auch gelobt wird sie dafür liebend gern), also sollten selbst jüngst ins Unternehmen gekommene Mitarbeitende erwähnt oder anerkennend angesprochen werden, wenn sie ihren Job von Anfang bis Ende gut gemacht haben.

- **Gebt regelmäßig Feedback.** Gebt sowohl den Einzelnen als auch Gruppen oder Abteilungen von Mitarbeitenden konstruktive Rückmeldung und spart zur Förderung ihres persönlichen Wachstums und ihrer Entwicklung nicht mit Anerkennung. Die Autorität liebt es, sich ihre Meriten zu verdienen, hört aber auch gern, wie sehr sie sich weiterentwickelt und verbessert hat. Vierteljährliche Einzelgespräche mit den Mitarbeitenden können das Selbstbewusstsein aller stärken, gegebenenfalls aber auch vorsichtig Kurskorrekturen anregen.

- **Macht euch für eine Lernkultur im Team beziehungsweise Unternehmen stark.** Ermutigt die Mitglieder eures Teams, sich kontinuierlich fort- und weiterzubilden, und unterstützt sie dabei durch praktische Angebote. Bietet Trainings- und Qualifizierungsmaßnahmen außerhalb des Unternehmens an. Teams mit einem hohen Anteil an Autoritäten wissen gerade auch die Finanzierung solcher Initiativen zu schätzen.

Nicht genügend Autorität: das reine Chaos

Warst du je in einer Gruppe, in der allem Anschein nach niemand die Verantwortung hatte oder gesagt hat, wo's langgeht? Bei zu wenigen Autoritäten im Team fühlt es sich oft so an, als gäbe es keinerlei Strukturen und nichts wäre organisiert. Dann könnten die Leute in verschiedene Richtungen abdriften oder Fokus und Klarheit vermissen lassen. Falls du also in einer solchen Gruppe den Hut aufhast, solltest du versuchen, klare Ziele und Vorgaben zu formulieren, zugleich aber auch Aufgaben zu delegieren, damit alles in der Spur bleibt. Das ist so ähnlich wie in einer Familie, bei der die Eltern verschwunden sind und die Kinder nun deren Platz einnehmen müssen. Und was passiert, sobald die Kleinen merken, dass sie ohne Aufsicht und in jeder Hinsicht sich selbst überlassen sind? Na ja, Verantwortung werden sie dann wohl nicht unbedingt übernehmen wollen. Und warum sollten sie auch Gemüse essen, wenn doch den ganzen Tag über Süßigkeiten und Limo *en masse* zur Verfügung stehen. An einer Arbeitsstelle mit allzu wenigen Vertreter*innen des Archetyps Autorität können alle wahnsinnig gute Ideen haben, woran es aber fehlen wird, sind Leute mit genügend Willenskraft und Mut, konsequent die Ärmel hochzukrempeln, das Budget nicht zu überschreiten und Termine einzuhalten. Da wimmelt's dann vor Sprinter*innen, allein ... niemand bringt die für die Langstrecke nötige Disziplin auf. Jedenfalls nicht ohne ein Meer von Beschwerden und Wehklagen.

Autorität-arme Gruppen: was sie ausmacht und woran man sie erkennt

- fehlende Leitung beziehungsweise unklare Führungsverhältnisse
- Probleme mit Entscheidungsfindung, geringe Aktionsbereitschaft
- Tendenz zur Vermeidung von Konflikten oder schwierigen Gesprächen
- Scheu, Rechenschaft abzulegen beziehungsweise Verantwortung zu übernehmen
- chaotische Verhältnisse, Fehlen von Strukturen

- niemand, der sich »autorisiert« fühlt, Entscheidungen zu treffen

- Verwirrung im Team, keine klaren Regeln und Richtlinien

Vorschläge zum Ausgleich der Energien

- **Delegiert!** Weist den Mitarbeitenden Verantwortung zu, um Struktur und Organisation zu verbessern. Führt regelmäßig detaillierte Erfolgskontrollen durch, um euch davon zu überzeugen, dass alles in der richtigen Reihenfolge abgearbeitet und termingerecht fertiggestellt wird. Eine wichtige Initiative, die ihr ergreifen könntet, wäre der Kampf gegen die Überforderung der Arbeitnehmenden. Verhelft ihnen durch kleine Erfolge zur Steigerung ihres Selbstbewusstseins.

- **Legt klare Ziele und Funktionen fest**. Definiert eindeutig, worauf die Gruppe hinarbeitet, und verständigt euch auf klare Erfolgsmaßstäbe. Trefft euch regelmäßig, gegebenenfalls sogar täglich, um den Stand der Arbeiten durchzugehen und zu schauen, wer Unterstützung braucht oder an welcher Stelle das Projekt droht die falsche Richtung einzuschlagen. Entscheidend ist dabei, dass eventuelle Korrekturmaßnahmen *rechtzeitig* ergriffen werden. Am besten, ihr bedient euch eines geeigneten Projektmanagement-Tools, das euch hilft, eure Projekte in kleine Schritte und Zwischenziele zu untergliedern.

- **Bietet die nötigen Orientierungshilfen an**. Gebt ebenso mitfühlend wie unzweideutig Feedback – benennt aber auch die Ziele, die ihr erreicht haben wollt. Bleibt dabei jedoch stets positiv und im Ton aufmunternd. (»Ich weiß, dass ihr das könnt!«, »Wenn ihr mich braucht – ich bin immer da für euch.«)

- **Fördert die Teilhabe.** Regt alle an, ihre Ideen und Meinungen zu äußern, um so eine Unternehmenskultur der Zusammenarbeit und Inklusivität zu erschaffen. Ein gemeinschaftliches Moodboard oder auch ein Open-Mic-Kanal im Intranet der Firma kann dazu beitragen, diese Initiative lustig und locker zu gestalten.

- **Feiert Erfolge.** Lobt alle Errungenschaften, die großen wie die kleinen, um die Entstehung eines positiven, motivierenden Arbeitsklimas zu fördern. Organisiert zum Spaß vierteljährliche »Preisverleihungen«, bei denen ihr herausragende und besonders kreative Leistungen prämiiert.

AUSGLEICH VON MENTOR-ENERGIE IN DER GRUPPE

Überwiegend Mentor: nur Spiel, keine Arbeit

Ablenkung erwünscht! Das kennst du vielleicht auch: wenn alle nur auf Spaß aus sind – und man so gut wie nichts geregelt kriegt. Sind in einer Gruppe allzu viele Mentoren vertreten, gerät die Arbeit leicht ins Hintertreffen. Denn dann ist jede Art der Ablenkung oft herzlich willkommen und die Leute sind mehr an Geselligkeit interessiert als an allem anderen. Du bist selbst Mentor? Dann solltest du unbedingt herausfinden, welchen Anteil du an der Dynamik hast, und wirst künftig wahrscheinlich etwas strenger zu dir sein müssen, was Zeitmanagement und Prioritäten angeht. Du selbst bist kein Mentor? Dann versuch doch bitte Möglichkeiten zu finden, die Arbeit für die Gruppe erfreulicher und interessanter zu gestalten. Zum Beispiel durch gezieltes Teambuilding oder gemeinsame Freizeitaktivitäten.

Mentor-betonte Gruppen: was sie ausmacht und woran man sie erkennt

- blindes Vertrauen in Gerüchte und Hörensagen
- Paralyse durch Analyse: Entscheidungslähmung
- fehlende Konzentration und Fokussierung, alle tun zu viel auf einmal
- mangelnde Konsequenz in der Durchführung von Ideen und Plänen
- »Massenablenkung«: allgemein mangelnde Bereitschaft, sich auf den Hosenboden zu setzen und anzupacken

Vorschläge zum Ausgleich der Energien

- **Setzt Prioritäten.** In Gruppen mit hohem Mentor-Anteil ist es des Guten oft zu viel. Seht also zu, dass ihr die anstehenden Aufgaben und Projekte nach Wichtigkeit ordnet, sodass ihr sie in einem bestimmten Zeitraum (Monat, Quartal, Jahr) nach und nach abarbeiten könnt. Ihr habt aber doch so viele andere tolle Ideen? Super, dann schreibt sie auf, damit sie nicht vergessen werden, und schaut euch diese Liste einmal im Vierteljahr an.

- **Delegiert**. Mentoren sind dafür bekannt, dass sie sich zu viel vornehmen – doch von all den Bällen, die dann in der Luft sind, fällt auch unversehens der eine oder andere schnell wieder zu Boden. Außerdem geraten Mentoren unter diesen Umständen leicht in Gefahr, einen Burnout zu erleiden. Versucht deshalb, Aufgaben innerhalb des Teams zu delegieren, und achtet darauf, dass niemand mehr übernimmt, als er oder sie schultern kann. Was das betrifft, lasst ihr euch vielleicht am besten von einer I*AM-Autorität in euren Reihen unterstützen.

- **Setzt Grenzen**. Achtet darauf, dass ihr eindeutige Grenzen und Projekt-Parameter festlegt, damit niemand überfordert wird. Regelmäßige Besprechungen geben jedem Mitglied Mentor-betonter Gruppen die Möglichkeit, um Unterstützung zu bitten oder Teilaufgaben zu delegieren.

- **Minimiert Ablenkungen**. Bittet eure Kolleg*innen, Ablenkungen während der Arbeit oder in Sitzungen bestmöglich zu reduzieren, etwa durch Stummschaltung des Handys oder Schließen unnötiger Browser-Tabs. Unterteilt eure Arbeitsstätte in verschiedene »Zonen«; denkbar wären zum Beispiel: eine Ruhezone, eine Gemeinschaftsbibliothek, ein Bereich zum Entwerfen oder Skizzieren sowie eine Kreativ-Ecke. Die Ausgestaltung dieser Zonen liegt in der Hand des gesamten Teams.

- **Zeitmanagement**. Wir schlagen vor, dass ihr euch alle in Strategien des Zeitmanagements schulen lasst, sodass die Beschäftigten ihren Arbeitstag effektiv nutzen können, ohne sich zu überfordern. Setzt einen Pomodoro Timer, tanzt in den Pausen gemeinsam oder organisiert witzige Wettbewerbe – in Mentor-betonten Gruppen kann es gar nicht spielerisch genug zugehen.

- **Microdosing – wenn auch ohne Drogen, bitte!** Unterteilt große Projekte in kleine Arbeitsschritte, winzige Häppchen. Auf diese Weise können sich alle immer auf den Moment freuen, in dem sie etwas Bestimmtes als erledigt abhaken können. So summieren sich kleine Erfolge zu großen Siegen – und umso schöner ist es, wenn am Ende des Projekts ein kleines Get-together oder gar eine Party winken.

Nicht genügend Mentor: Betriebsblindheit

Gibt's bei euch viele, die täglich Murmeltiertag haben und wieder und wieder exakt das Gleiche tun – ohne irgendwelche neuen Ideen oder frische Ansätze? In Gruppen, in denen es nicht genügend Mentoren gibt, ist das leicht der Fall. Denn die Vertreter*innen dieses Archetyps sind die Agent*innen des Wandels. Sie sind es, die immer mit originellen Anregungen, Trends und dem letzten heißen Scheiß... aufwarten. Wenn sich euer ganzes Team bei der Arbeit schwer ins Zeug legt, ihr aber trotzdem nicht wirklich was reißt, oder wenn ihr schon seit zig Jahren immer dasselbe tut (also zum Beispiel Flyer verteilt, statt euer Glück auf Social Media zu versuchen), würde euch eine ordentliche Portion Mentor gut zu Gesicht stehen. Zum Glück handelt es sich bei den Vertretern dieses Typs oft um ausgesprochen vielseitige Freiberufler*innen, die ihr für einen bestimmten Zeitraum engagieren und von deren sprudelnder Energie sowie innovativen Ideen ihr profitieren könnt. Mentoren wissen, was die Kids gerade spielen, gucken und abfeiern. Ihr braucht nur auf sie zu hören.

Mentor-arme Gruppen: was sie ausmacht und woran man sie erkennt

- mangelnde Kreativität und Originalität bei der Lösung von Problemen
- Widerstände Veränderungen oder neuen Ideen gegenüber, mangelnde Risikobereitschaft
- geringe Offenheit für Trends und neue Technologien
- fehlende Wissbegier, wenig Lernbereitschaft
- Engstirnigkeit beziehungsweise Unfähigkeit, Dinge auch einmal aus einem anderen Blickwinkel heraus zu betrachten
- fehlende Verbundenheit, Empathie oder auch emotionale Intelligenz in der Gruppe
- nicht auf dem neusten Stand – unter anderem in puncto Kultur, Marktbedingungen und neue Verfahrensweisen, hinkt also eher hinterher, als dass ihr Trends setzen würdet

Vorschläge zum Ausgleich der Energien

- **Fördert die Lust am Experimentieren.** In Mentor-armen Gruppen steht das Experimentieren nicht gerade an vorderster Stelle. Also bringt ihr am besten etwas Bewegung in die stagnierende Energie. Belohnt alle Teammitglieder, die sich an neue – gern auch scheinbar unkonventionelle – Ideen und Ansätze herantrauen. Positive Bestärkung wie Boni (Gutscheine sind immer gern gesehen), öffentliche Belobigungen und andere Anreize sind zur Steigerung der Risikobereitschaft in der Gruppe besonders gut geeignet.

- **Stärkt die Kreativität.** Haltet regelmäßig Brainstormings und sonstige Sitzungen zur Ideenfindung ab. Snacks, kleine Preise, eventuell sogar auch alkoholische Getränke lockern die Atmosphäre und laden zum schöpferischen Spielen ein. Sind die Mitglieder eures Teams nicht vor Ort, sondern nur virtuell anwesend, schickt ihnen vorab Gutscheine für einen Lieferdienst und nehmt euer Essen dann alle gemeinsam ein.

- **Nehmt unterschiedliche Perspektiven ein.** Für Mentor-arme Gruppen sind Cliquenbildung und Konkurrenz das reinste Gift. Ermuntert eure Leute deshalb, verschiedene Perspektiven einzunehmen und auch fremde Ideen aufzugreifen, damit sich ihre Sicht auf die Welt erweitert und sie zu neuen Ideen inspiriert werden. Bildet Teams aus zwei oder drei Persönlichkeiten, die auf den ersten Blick überhaupt nicht zusammenzupassen scheinen, und setzt sie gemeinsam auf eine – am besten kommunale oder wohltätige – Initiative an, bei der sich die Leute außerhalb der gewohnten Arbeitsatmosphäre besser kennenlernen können.

- **Stellt Material zur Verfügung.** Bastelutensilien gefällig? Aber klar doch! Gebt den Leuten Tools zur Aktivierung ihrer rechten Hirnhälfte (Zeichenblöcke, Marker, farbige Kreiden und Buntstifte). Damit können sie ihre Ideen auf nichtlineare Weise erkunden und umsetzen. Bietet einen Journaling-Workshop an oder gern auch ein »Lunch & Learn«, bei dem über Mittag jemand aus der Firma von seinen beziehungsweise ihren Erfahrungen berichtet.

- **Begrüßt den Wandel.** Seid offen für neue Ideen sowie Perspektiven und bereit, eure Pläne und Strategie zu modifizieren, wenn nötig. Schafft eine Atmosphäre, in der alle das Gefühl haben, sich frei von der Leber weg äußern zu können, sobald sie glauben, bestimmte Abläufe würden so nicht funktionieren oder könnten jedenfalls verbessert werden. Macht daraus einfach so etwas wie »Zuhörpartys«. Wobei auch hier die Devise gilt: Snacks nicht vergessen.

- **Fördert Kooperation und Knowledge Sharing.** Der Mentor als solcher ist von Natur aus gesellig, und wenn ihr nicht genügend Mentoren im Team habt, müsst ihr euch gezielt darum bemühen, ein kameradschaftliches Klima zu erzeugen. Ermuntert alle zur Zusammenarbeit sowie dazu, ihr Wissen mit den anderen zu teilen und voneinander zu lernen.

- **Bleibt auf dem Laufenden.** Informiert euch über die neusten Trends und Entwicklungen in eurer Branche und fordert eure Kolleg*innen auf, es euch gleichzutun. Sprecht auch über die Trends und nehmt euch Zeit, über sie zu diskutieren.

DER ASTROLOGIE-CODE IN BEZIEHUNGEN

Lasst uns nun Magie wirken, indem wir die I*AM-Archetypen zusammenbringen.

Als Astrologinnen beschäftigen wir uns seit Jahrzehnten mit Beziehungsfragen. Und wie sich zeigt, stellen die Menschen einander, was das betrifft, vor echte Rätsel, insbesondere am Anfang. Sie wollen alles Mögliche über die künftige oder auch aktuelle bessere Hälfte wissen: Warum spricht, denkt und handelt die Person so, wie sie es tut? Was begeistert sie (oder stößt sie ab?), was treibt sie an? Und dann natürlich – zwangsläufig, unvermeidlich – die ganz große Frage: Passen wir auch zusammen?

Wir glauben: Klar können einige astrologische Matches geschmeidiger sein als andere, aber »leichter« oder »einfacher« heißt noch lange nicht *besser*. Denn gerade der Mensch, der uns in Liebesdingen vor die größten Herausforderungen stellt, kann unser persönliches Wachstum besonders befördern. Unserer Meinung nach inkarnieren wir nicht, um einfach nur zu stagnieren oder völlig unreflektiert vor uns her zu leben. Aber wir sind auch nicht auf der Welt, um zu leiden. Woraus sich eine andere Beziehungsfrage ergibt, in die wir mit diesem Buch hoffentlich ein wenig Klarheit bringen können: Worin besteht eigentlich der Sinn von Beziehungen?

Wie du gleich sehen wirst, gibt jeder I*AM-Typ darauf eine andere Antwort. Manchmal kann man ganz klar sagen: »Ich möchte drei Kinder bekommen, sie zu Hause unterrichten und in der Nähe meiner Eltern wohnen.« Mitunter sind wir aber auch auf eine bestimmte Gefühlswelt aus: »Ich will einfach mit jemandem zusammen sein, der mich immer zum Lachen bringt und auch stark genug ist, mich mal auf den Pott zu setzen, wenn ich Mist baue.«

Wen du liebst und wie, ist natürlich einzig und allein *deine* Sache. Da wollen und können wir dir überhaupt nicht reinreden. Unser Job als Astrologinnen besteht lediglich darin, dich darüber zu informieren, wie die drei I*AM-Typen ticken, und dich mit genügend Hintergrundwissen auszustatten, damit du dich fragen kannst: »Ist es genau das, was ich in einer Partnerschaft suche? Und wird es mir auch reichen?«

Oft machen Leute das Falsche mit der richtigen Person ... oder das Richtige mit der falschen. Aber eines muss man ja auch sagen: Die Liebe verlangt von uns, dass wir die Kontrolle abgeben – und das ist für die meisten das Schwierigste überhaupt.

Wir hoffen, dir mit diesem Kapitel (na ja, im Grunde natürlich mit dem ganzen Buch) eine kosmische Hege-und-Pflege-Anleitung an die Hand geben zu können, die dir hilft, dich selbst und deine*n Partner*in besser zu verstehen. Denn wenn es einen Bereich gibt, in dem der Astrologie-Code besonders hilfreich ist, dann auf diesem Gebiet.

DIE ARCHETYPEN IN BEZIEHUNGEN

I Der Innovator wird zum **IDEALISTEN** mit dem Hauptbedürfnis, Teil eines Power Couples zu sein.

A Die Autorität wird zum **BINDUNGSFAN** mit dem Hauptbedürfnis, ein gemeinsames Leben aufzubauen.

M Der Mentor wird zum **SPIEGEL** mit dem Hauptbedürfnis, einen Gespielen, eine Gespielin fürs Leben zu finden.

DER VERLIEBTE INNOVATOR: IDEALIST

Hauptbedürfnis: Teil eines Power Couples zu sein

*Stärke in Beziehungen: inspirierende Partner*innen*

Wenn sie sich verlieben, werden Innovatoren zu Idealist*innen, die große Visionen für ihre Beziehung haben – und alles dafür tun, dass sie sich erfüllen. Ihre ewige Suche nach allem Neuen macht sie zu ausgesprochen spannenden Partner*innen. Sie haben immerzu witzige Ideen, sind zu jedem Abenteuer bereit und führen die Beziehung in eine inspirierende Zukunft. In dem Maße, in dem es die Vertreter*innen dieses Typs im Leben zu etwas bringen, ermutigen sie ihre Partner*innen, es ihnen gleichzutun (und stärken ihnen den Rücken, was das betrifft). Ihre ultimative Vision besteht darin, Teil eines zielorientierten Power Couples zu sein. Und warum denn auch nicht? Der Innovator gibt sich jedenfalls alle Mühe, eine dynamische, glücksverheißende Partnerschaft aufzubauen.

Schwierigkeiten in der Beziehung: schwer festzunageln

Was Beziehungen angeht, legen Innovatoren die Latte ziemlich hoch. Über kurz oder lang aber kann ihr Idealismus anstrengend werden, insbesondere, wenn ihr Lieblingsmensch einfach nur entspannen und den Moment genießen will. Der temporeiche Lebensstil des Innovators spielt sich zu einem Großteil außer Haus ab – was tendenziell zur Vernachlässigung der Intimität oder zu Problemen in der Beziehung führt. So autonom veranlagt, wie dieser Typ ist, tut er sich mit Verbindlichkeit schwer und zieht es vor, sich alle Optionen offenzuhalten, weil er die Verantwortung, die mit einer festen Bindung einhergeht, nicht übernehmen will. Oder auch einfach, weil ja »noch jemand Besseres kommen« könnte. Trennungen aber fallen ihm genauso schwer. Denn sobald er einmal ins Potenzial einer geliebten Person investiert hat, kann er kaum mehr loslassen. Das eigene persönliche Wachstum mit dem Festhalten an einer ernsthaften Bindung in Balance zu bringen kann für Innovatoren also eine echte Herausforderung darstellen.

Was du von einem Innovator erwarten kannst

- **Entwicklung**. Die Beziehung mit einem Innovator verspricht auf Wachstum zu beruhen und keine Stagnation zuzulassen.

- **Viel Neues**. In Sachen Dating und Bonding wird dir der Innovator ganz neue, vorwärtsgewandte Varianten präsentieren und dich aus deiner Komfortzone herauslocken.

- **Empowerment**. Der Innovator erkennt dein gesamtes Potenzial und treibt dich an, in einem Maße über dich hinauszuwachsen, das du nie für möglich gehalten hättest.

- **Unterstützung**. Als dein*e Partner*in wird der Innovator die Ärmel hochkrempeln und den »Imagineur« für dich spielen, jeden deiner Pläne erahnen und versuchen, deine Träume zu erfüllen, bevor sie dir bewusst sind (halbe Sachen macht er nie).

- **Dass er sich reinkniet**. Auch wenn das heißt, monatelange Therapien, viele Pärchen-Seminare und die eine oder andere Trennung in Kauf zu nehmen.

Was du von einem Innovator nicht erwarten kannst

- **Hundertprozentige Beständigkeit**. Dass er bei jedem Event anwesend ist, dir permanente Aufmerksamkeit schenkt und dich pausenlos umschwärmt, kann dir der Innovator nicht versprechen. Eines aber ist sicher: Er wird dich jederzeit anfeuern, wo immer er auch gerade sein mag.

- **Traditionen**. Mit ständigen Wiederholungen hat es der Innovator gar nicht. Dafür spielen für ihn Wachstum und Neuerung eine umso größere Rolle. Erwarte also nicht, dass bei und mit ihm »alles so bleibt, wie es ist«. Und auch mit Jahr für Jahr gleichen Routinen darfst du im Umgang mit einem Innovator nicht rechnen.

- **Unhinterfragte Akzeptanz**. Dinge, die seinem Wertesystem nicht entsprechen, lässt dieser Typ nicht einfach so durchgehen. Innovatoren sind Problemlöser*innen und stecken den Kopf nicht ewig in den Sand.

- **Verhätschelt und begluckt zu werden**. Der Innovator erwartet von dir, dass du auf eigenen Füßen stehst. Rechne also nicht damit, dass er dich rund um die Uhr bei sich haben will. Verbringt ihr jedoch Zeit miteinander, dann rück ihm nicht auf die Pelle und rechne auch nicht damit, dass er sich alle paar Minuten nach deinem Befinden erkundigt. Manchmal müssen Innovatoren einfach ganz für sich sein – ohne Rücksicht auf die Bedürfnisse anderer nehmen zu müssen.

Der Innovator in der Datingphase

Anziehung: wie du seine Aufmerksamkeit erregst

Alle Innovatoren sind kleine Stars und werden rasend gern bewundert; was sie aber gar nicht brauchen können, sind devote Fans. In Beziehungen werden die Vertreter*innen dieses Archetyps idealistisch und wünschen sich an ihrer Seite eine Person, die genauso aus der Menge heraussticht wie sie selbst. Blick also ruhig ein-, zweimal in ihre Richtung – was sie auch gern bemerken dürfen –, starr sie aber bloß nicht an. Sorg einfach dafür, dass sich »dein« Innovator fragt: »Bilde ich mir das jetzt ein, oder interessiert sich die Person da wirklich für mich?«

Gerate jetzt aber bloß nicht in Versuchung, den Pfau zu geben. Zu viel Getue stößt Innovatoren ab, und fürs Posen und für Angebereien haben sie wirklich ein Näschen. Präsentier dich stattdessen lieber als starke, selbstbeherrschte Persönlichkeit mit dem gewissen Etwas. Ob du dabei eine stille Intensität ausstrahlst oder Leute in hoch spannende Gespräche verwickelst – Hauptsache, du kannst die Neugier des Innovators erregen. Über kurz oder lang wird er (oder sie) einen Grund finden, sich zu dir zu gesellen, dir eine Frage zu stellen und sich davon zu überzeugen, dass du tatsächlich über die sprichwörtlichen »Eier« verfügst, die es braucht, um sein Interesse wachzuhalten.

Du kannst ruhig auch auf den Innovator zugehen und dich ihm oder ihr selbstbewusst vorstellen. Nur musst du dann wirklich etwas Besonderes mitzuteilen haben, denn die Aufmerksamkeitsspanne dieses Archetyps ähnelt der einer Fruchtfliege. Sei also auch nicht überrascht, wenn der Blick deines Gegenübers an dir vorbei durch den ganzen Saal irrt. Das findest du ein bisschen unhöflich? Ja, schon, aber lass dich davon nicht entmutigen! Vielleicht ist er ja noch in Plauderlaune. Was für dich das Zeichen sein sollte, einstweilen Geduld walten zu lassen. Pass ihn nach dem Event ab, wenn schon alle den Raum verlassen ... und lade ihn (oder sie) auf die Aftershowparty ein.

Der Flirt mit einem Innovator

Für die meisten Innovatoren gilt: Clever ist sexy, und sie lieben eine faszinierende Unterhaltung. Ohne dass du ihre Aufmerksamkeit länger fesseln kannst, geht bei ihnen gar nichts. Verstand aber ist für sie auch nicht alles. Innovatoren brauchen den Thrill, vollkommen elektrisiert zu sein, auch körperlich, wenn eure Energiefelder aufeinandertreffen. Irgendetwas an dir muss sie fesseln – da muss ein bestimmtes »Feeling« im Spiel sein, ein tiefes, zeitloses Wiedererkennen.

Trotz all dieser metaphysischen Vibes möchte der Innovator aber auch umworben werden. Sein bevorzugter Kommunikationsstil lässt sich am besten als Wellenmuster beschreiben – oszillierend zwischen »gut informiert« und »klug und witzig«. Denn Innovatoren rühmen sich, ihrer Zeit voraus und immer auf dem Laufenden zu sein. Weis ihn auf irgendwas Komisches im Raum hin, und ihr werdet miteinander lachen können wie über einen Insiderwitz, den nur ihr beide versteht.

Sieh jedoch unbedingt zu, dass dein Humor nicht billig wird. Denn für dumme Scherze sind Innovatoren viel zu clever. Albernheit ist für sie noch okay, Unreife aber turnt sie total ab. In diesem Zusammenhang ein wichtiger Warnhinweis: Mach nie Witze auf Kosten eines Innovators. Denn was ihr Auftreten angeht, sind die Vertreter*innen dieses Archetyps superempfindlich, und aufgezogen zu werden können sie überhaupt nicht leiden, am wenigsten mit einer eventuellen Unsicherheit.

Halt deinen Blick auf den Innovator gerichtet, egal, wie viele attraktive Menschen sonst noch in der Location umherschwirren mögen. Frag ihn, was er beruflich macht, und zeig ihm dein Interesse, indem du ihm mit kleinen wertschätzenden Bemerkungen versetzte kluge, interessierte Fragen stellst. »Dein Parfum – ist das Portrait of a Lady? So ein wunderbar komplexer Duft!« Erkundige dich nach der Bedeutung der Tattoos, die er oder sie hat, oder nach der Geschichte eines besonders ins Auge fallenden Schmuckstücks. Innovatoren legen großen Wert auf ihren ureigenen Signature-Style und sind vollkommen hingerissen, wann immer sich jemand die Zeit für eine anerkennende Bemerkung nimmt.

Flicht durchaus auch bescheiden prahlend ein paar interessante Facts über deine Berufstätigkeit ins Gespräch ein. So ganz nebenbei, im Rahmen einer Reaktion auf die schlauen Kommentare des Innovators nach dem Motto »Das erinnert mich an die Zeit in Afrika, als ich auf der Weltkonferenz war ...« oder »Ich hab' auch mal einen Literaturpreis gewonnen«. Lös bei deinem Innovator-Gegenüber die Assoziation »Power Couple« aus, und schon hat sich deine Chance, seine oder ihre Nummer zu bekommen, verzehnfacht.

Wie dir der Innovator sein Interesse zeigt

Ein Innovator macht in aller Regel aus seinem Herzen keine Mördergrube. Womöglich kommt er direkt auf dich zu und sagt so etwas wie »Ich find' dich faszinierend und würde dich gern besser kennenlernen«. Solltet ihr euch bei einem gesellschaftlichen Ereignis treffen, hält er sich wahrscheinlich ganz in deiner Nähe auf oder kommt immer mal wieder bei dir vorbei. Und am Ende der Veranstaltung fühlt ihr euch irgendwie verbunden und habt etwas, was niemand sonst mit euch teilt – einen Spaß, eine Beobachtung, einen Gesprächsfaden.

Weil die Horoskope von Innovatoren hauptsächlich aus kardinalen Zeichen bestehen, liegt ihnen Führungsstärke quasi in der astrologischen DNA. Und deshalb dürfte sich auch »deiner« weder in der Liebe noch auf irgendeinem anderen Gebiet scheuen, Verantwortung zu übernehmen. Bald kommt er mit den ersten Einladungen um die Ecke: »Lust, zu der Record Release Party mitzukommen?« Oder: »Hey, ich wollt' mir grad einen Kaffee holen. Gehen wir ein paar Schritte?«

Stellen sich diese eher beliebigen Treffen als locker und angenehm heraus, setzt der Innovator noch einen drauf und bittet dich, ihn bei für ihn wichtigeren Gelegenheiten zu begleiten, etwa, wenn er mit seinen engsten Freund*innen abhängt. Vielleicht lädt er dich auch zu einem Event ein, in dessen Mittelpunkt er selbst steht. Sei dann bereit zu strahlen und seine Crew für dich zu gewinnen – aber natürlich nicht, ohne dem Innovator die ihm gebührende (bewundernde) Aufmerksamkeit zu zollen.

Erste Schritte: umgarnen

Einen Innovator zu umgarnen ist eine heikle Angelegenheit. Du musst ihm genügend Wertschätzung entgegenbringen, damit er sich bewundert und gesehen fühlt – aber nicht so viel, dass bei ihm die »Mist, ich verliere meine Autonomie«-Alarmglocken läuten.

Scarlet, Innovator und Innenarchitektin, unterhielt mit Micah, seines Zeichens Fachmann für Digitalmarketing, einen regen Austausch von DMs über ihre jeweiligen Farbvorlieben. Als sie nach einiger Zeit beschlossen, sich persönlich zu treffen, verabredeten sie sich in einem Café. Und Micah brachte Scarlet einen großen Strauß Tulpen in ihren Lieblingsfarben mit. Von dieser aufmerksamen Geste war Scarlet einerseits berührt, andererseits aber auch ein wenig verstört. »Ich fühle mich schrecklich, das so sagen zu müssen«, gesteht sie ein, »aber mein Bindungsvermeidungsalarm hat in den höchsten Tönen geschrillt. Ich fühlte mich total unter Druck und konnte mich auch beim besten Willen nicht mehr entspannen. Wir haben uns nie wieder getroffen.«

Unsere Empfehlung? Bleib locker, aber doch auch innovativ. Trefft euch in einem ungezwungenen Rahmen, der es dir ermöglicht, dem Innovator einen Eindruck von deinem außergewöhnlichen Geschmack zu vermitteln. Hat ein Craft-Eissalon kürzlich eine neue Sorte rausgebracht? Vielleicht weißt du auch von einer absoluten must-see Pop-up-Ausstellung, die nur am Wochenende zu sehen ist. Bring keine Geschenke mit, aber bezahl Rechnung oder Eintrittsgeld, einfach so. Innovatoren sind geboren, um zu versorgen, und verabscheuen Geiz in jeder Form. Werden also zur Abwechslung einmal sie verwöhnt, beeindruckt dieser Beweis von Großzügigkeit sie ganz besonders.

Profitipp: Setz dir ein zeitliches Limit für das Treffen, auch wenn der Innovator noch einen Kinobesuch oder einen kleinen Spaziergang im Park vorschlägt. Denn für ihn ist es wichtig zu wissen, dass dein Leben sehr erfüllt ist. »Ich hab' morgen ziemlich früh ein Shooting« oder »Muss, bevor die Arbeitswoche wieder losgeht, unbedingt noch die Wäsche machen«.

Der Innovator mag daraufhin enttäuscht oder vielleicht sogar niedergeschlagen sein, aber auch dagegen wissen wir was: Schreib ihm, zu Hause angekommen, eine Nachricht, um ihm mitzuteilen, wie gut dir euer Treffen gefallen hat. Und füg ruhig ein »Das sollten wir bald wiederholen« hinzu. In den folgenden Tagen kannst du ihm Links zu ein, zwei faszinierenden Artikeln zu Themen schicken, über die ihr bei eurer Zusammenkunft gesprochen habt.

Vor dem nächsten Wochenende kannst du den Innovator dann bitten, sich mit dir zu treffen, weil du gern eine berufliche Frage mit ihm erörtern möchtest. Biet ihm deine zweite Karte für ein VIP-Event an. (Du wolltest da sowieso hingehen, für den Fall aber, dass er nichts anderes vorhat, würdest du dich freuen, wenn er mitkäme.) Und so wird der Innovator vielleicht schon bald zu deinem ständigen »Plus eins«.

Die besten Schauplätze für Dates mit einem Innovator

- Hipster-Hangouts und In-Spots, an denen sich die coolen Leute treffen
- Flohmärkte oder Secondhandshops: Innovatoren lieben es, auf Schatzsuche zu gehen
- Food-Events, Gartenschauen, Messen: alles, wo man vieles probieren und sich darüber unterhalten kann
- Spaziergänge durch interessante Viertel, in denen es alles Mögliche zu entdecken gibt
- Workshops zur Persönlichkeitsentwicklung oder auch spirituelle Veranstaltungen wie Neumond-Meditationszirkel oder Atem-Seminare
- exklusive Vorträge interessanter Redner*innen und Town Hall Meetings
- Roadtrips, abendliche Fahrradtouren und Stadtspaziergänge – jedenfalls wenn sie zu einem bestimmten Ziel führen, zum Beispiel einer Stelle, an der sich herrlich der Sonnenuntergang beobachten lässt, oder einer Fußgängerbrücke, die eine wunderbare Aussicht über den Fluss bietet

- Live-Shows, die ein paar Stunden gute Unterhaltung garantieren: Konzerte, Comedy oder Theatervorstellungen

Der Innovator in der Beziehung

Warum solltest du dich mit einer normalen Beziehung zufriedengeben, wenn du auch Teil eines Power Couples werden kannst? In Herzensdingen wird der Innovator nämlich zum Idealisten. Und wie alles in seinem Leben betrachtet er auch Beziehungen als großes, imposantes Werk – beeindruckende Schöpfungen, denen er ins Leben hilft. Denn er braucht das Gefühl der Begeisterung angesichts der Möglichkeiten, die Beziehungen bieten, und ihres gesamten Potenzials.

Innovatoren sind nicht direkt darauf aus, sich zu binden. Jedenfalls würden sie es nie offen zugeben. Dafür haben sie viel zu viele Interessen, denen sie auch gut allein nachgehen können. Insgeheim aber sehnen sie sich schon nach einem Menschen, der mit ihrem gigantischen Wissensdurst und all ihren kreativen Projekten klarkommt. Im Leben vieler Innovatoren gibt es ausgedehnte Phasen des Singleseins, die von langfristigen Beziehungen unterbrochen werden, welche auch noch weiterexistieren, nachdem sie ihren amourösen Höhepunkt längst überschritten haben. Mit der Herausbildung eines gesunden Urteilsvermögens tun sich die idealistischen Innovatoren nämlich oft sehr schwer, weil sie dazu neigen, das »Im Zweifel immer für die Angeklagten« lange allzu großzügig auszulegen.

»Ich bin lieber allein als mit der Falschen zusammen«, betont Innovator Franc seinen Freund*innen gegenüber gern. Nach drei Scheidungen zweifelt keiner von ihnen mehr daran, aber alle bewundern Franc dafür, dass er mit allen seinen Ex-Frauen noch befreundet ist.

Mara, ebenfalls Innovator, besitzt zahllose Bücher über Selbstoptimierung und persönliche Entwicklung, von denen viele beziehungspsychologische oder -philosophische Fragen behandeln. Außerdem hat sie eine Menge entsprechender Kurse und Workshops besucht. Sie ist fasziniert von den modernen, auf Gleichberechtigung beruhenden Beziehungsmustern und wünscht sich eine solche Liebe auch für sich. Diese hat Mara zwar bislang noch nicht gefunden, dafür verfügt sie in Sachen Beziehung aber inzwischen über einen reichen praktischen Erfahrungsschatz, den sie ihren vielen Partnerschaften mit sehr unterschiedlichen Männern verdankt, die sie in den letzten Jahren geführt hat. Und der einzige gemeinsame Nenner dabei ist der Sockel, auf den sie jeden der hoffnungsvollen Kandidaten gestellt hat, die bei ihr für die Rolle des Lebensgefährten vorsprachen.

Hat der Innovator das fehlende Puzzlestückchen einmal entdeckt, fängt er auch schon mit den Aufbauarbeiten an. Innovatoren lieben es, mit ihren Partner*innen zusammen etwas zu erschaffen, ein greifbares Etwas, das sie beide gut dastehen lässt. Und auch wenn sie auf das »Glücklich-bis-an-ihr-Lebensende« hoffen mögen, wissen sie doch auch, dass jede Beziehung ihre Zeit hat und dass sie ihren Sinn verfehlt hat, sobald der/die Einzelne nicht mehr auch als Individuum wachsen kann.

Das Innovator-Horoskop besteht hauptsächlich aus Status-bewussten kardinalen Zeichen. Und deshalb kommt es den Vertreter*innen dieses Typs auch sehr darauf an, wie ihre Beziehung *nach außen hin* wirkt. Nicht unbedingt, weil sie sich für was Besonderes halten würden, sondern weil sich der Innovator als solcher nach einer Beziehung mit viel »Geschichte« sehnt. À la: »Wir waren drei Jahre in Peru, haben dort mit den Einheimischen zusammengewohnt und bei den Wiederaufforstungsarbeiten geholfen« oder »Wir haben einen Laden für nachhaltige Möbel aufgemacht, in dem wir die Arbeiten von Handwerkskünstlern aus der ganzen Welt verkaufen«.

Innovatoren sind, wie gesagt, die geborenen Versorger*innen, und daher lieben sie es auch, diejenigen zu sein, die alle substanziellen Mittel in ihre Beziehung einbringen. Das mag großherzig wirken, kann aber auch problematisch werden. Und zwar, sobald die Beziehung dadurch Schlagseite bekommt. Innovatoren lassen andere gern an ihrem Wohlstand teilhaben, lösen damit aber unbeabsichtigt nicht selten eine Dynamik des Wettbewerbs aus, die dem Gegenüber das Gefühl vermittelt, etwas zurückgeben zu müssen, es einschüchtert oder überfordert. Zudem sollten Innovatoren unbedingt auch auf alles achten, was sie selbst von ihren Liebsten bekommen – was etwas ganz anderes sein und einer ihnen vielleicht sogar völlig fremden »Sprache der Liebe« entstammen kann.

Von den Schwierigkeiten einer Beziehung lässt sich der Innovator nicht abschrecken; im Gegenteil: Eher sind sie für seine Begriffe geeignet, sein Interesse aufrechtzuerhalten – weil sie eine Herausforderung darstellen! Tritt ein Problem auf, ist es für den Innovator das Signal, sich »an die Arbeit« zu machen. Und in Windeseile stellt er eine Liste praktischer Lösungsansätze zusammen, angefangen bei den Adressen erfahrener Paartherapeut*innen hin zu einem Intensivworkshop zum Thema Beziehung, der sich gleichzeitig als idealer Wochenendtrip anbietet. Egal, was – der Innovator wird alles zusammentragen, was geeignet sein kann, die Liebe neu zu beleben.

Und der Haken daran? Für den Innovator kennt Hoffnung kein natürliches Ende. (»Dafür muss es doch auch noch eine andere Möglichkeit geben!«) Er kann sich so verbissen reinhängen und so intensiv versuchen, die Beziehung zu retten, dass er bis weit über ihr Verfallsdatum hinaus an ihr festhält. Denn so schwer es Innovatoren auch anfänglich fällt, sich zu binden: Die Beziehung aufzugeben fällt ihnen noch hundertmal schwerer, vor allem, solange sie noch »Potenzial« in ihr sehen.

Liebeskummer lässt sich nicht immer vermeiden. Aber genau hier bewährt sich das zukunftsorientierte Mindset des Innovators: Denn für ihn stellt jede Beziehung eine Lektion dar. Und die Trennung? So schmerzhaft sie auch sein mag, er deutet sie in eine Wachstumschance um. Dann steigt er wieder aufs Pferd und reitet weiter. Mit all den »In der nächsten Beziehung mache ich aber das und das besser«-Schwüren aus seiner Regenerationszeit nach der Trennung im Gepäck. Und aus dem Himmel lässt Amor goldene Sternchen regnen ...

Was sich der Innovator von seiner Partnerschaft erhofft

Der Innovator ist zwar sehr daran interessiert, Teil eines Power Couples zu werden, die Vorstellung aber, bis zur Unkenntlichkeit mit seinem Gegenüber verschmolzen zu sein, schreckt ihn total ab. Denn seine größte Angst besteht darin, sich in einer Beziehung zu verlieren. Deshalb steht er voll auf Autonomie und wünscht sich dasselbe auch von seinem Lieblingsmenschen. »Du bist toll, ich bin toll, und zusammen werden wir strahlen wie 1000 Sonnen!«

Mit ihrem randvoll ausgefüllten Leben und den Unmengen von Interessen, die sie haben, brauchen Innovatoren eine Partnerschaft, die ihren grenzenlosen Entfaltungsdrang fördert. Nichts weniger bieten sie auch ihren Partner*innen: Sie feuern sie unter allen Umständen an, sie bleiben bis tief in die Nacht auf, um ihnen bei der Erstellung einer Präsentation zu helfen oder auf der Suche nach Lösungsmöglichkeiten für ein heikles berufliches Problem beizustehen.

Des ungeachtet werden die Partner*innen von Innovatoren oft zu einer ergebenen Kraft im Reiche dieses Archetyps. Da sich deren Leben in aller Regel hauptsächlich um die Arbeit dreht, blühen sie an der Seite eines Menschen, der etwas zum späteren Vermächtnis beiträgt, regelrecht auf. Ein Mensch, der ihre Mission auf eine höhere Ebene hebt und sie zugleich auf sicherere Füße stellt, öffnet eine Tür, die groß genug ist, dass zwei hindurchgehen können.

Der Innovator braucht keine strikte Trennung zwischen Arbeits- und Privatleben, ja mehr noch: Eine Partnerschaft, in der beide für ihre jeweilige Karriere brennen, macht ihn total an. Und tendenziell lieben es Innovatoren auch, wenn sich ihre Lieben all jener Pflichten annehmen, auf die sie keine Lust haben.

Aidan, seines Zeichens Innovator mit einer Leidenschaft für nostalgische Inneneinrichtung, verliebte sich Hals über Kopf in die Bauunternehmerin Sam. Was sich als ausgesprochen geschickter Schachzug erwies: Zusammen entkernten und sanierten sie Sams Haus, das aus den frühen Jahren des 20. Jahrhunderts stammte, dann wandelten sie ein unbebautes Stadtgrundstück in eine Art urbane Farm um, auf der sie Unmengen von Blumen und Tomaten anbauten, die sie an einen Obststand auf dem Markt verkauften. »Sam hat meinen Immobilienträumen buchstäblich Leben eingehaucht«, schwärmte Aidan.

Seltsames-Pärchen-Alarm! In Bezug auf die Dinge und Menschen, von denen sie sich angezogen fühlen, können Innovatoren durchaus eigen sein, manche haben auch einen so komplizierten Terminplan (wenn sie zum Beispiel mit einer jener topmodernen Zirkusunternehmungen unterwegs sind), dass eine »normale« Beziehung mit ihnen kaum möglich ist. Mit dem Ergebnis, dass sie ihren Dating-Pool extrem einschränken und womöglich mit einer Person zusammenkommen, die das genaue Gegenteil von ihnen ist. Oder auch mit jemandem, von dem sich kein Mensch hätte vorstellen können, dass er oder sie zu ihnen passen würde. Zudem interessieren sich Innovatoren oft für Menschen, von denen sie annehmen, dass sie von ihnen nicht gelangweilt werden. Deshalb fühlen sie sich oft zu Partner*innen mit einem ganz anderen Hintergrund hingezogen – oder auch zu extremen Persönlichkeiten, mit denen das Zusammensein bald nur noch schwierig ist und kein bisschen mehr erfreulich.

Das kann gut gehen, wie zum Beispiel bei diesen zwei berühmten Vertreterinnen des I*AM-Typs Innovator: der zweitklassigen Schauspielerin Meghan Markle, die den Prince of Wales geheiratet, oder der erstklassigen Julia Roberts, die sich ihren Kameramann Danny Moder geschnappt hat. In anderen Fällen kommt es zu Spannungen, wenn der/die Liebste nicht so recht in den Freundeskreis des Innovators passt.

Die Wahrheit? Innovatoren lieben Menschen mit Geist und Charakter. Du haderst immer noch so mit der Scheidung, dass du bis heute die Papiere nicht unterzeichnet hast? Deine Kindheit war mit so vielen Traumata verbunden, dass du auch aktuell noch mit Bindungsproblemen zu kämpfen hast? Für viele wären das Dealbreaker, nicht so aber für den Innovator.

Denn dieser Archetyp lebt nicht in der Vergangenheit, sondern in der Zukunft. »Nicht darauf, wo du warst, kommt es an, sondern darauf, wo du hingehst«, könnte sein Mantra lauten. Solange dein Herz offen ist und du dich um ein besseres Leben bemühst, verfügst du genau über das Potenzial, in das sich Innovatoren echt, volle Kanne, so richtig und bis über beide Ohren verlieben können.

Der Haken? Du kannst dich auf den Innovator verlassen. Solltest aber auch unbedingt bereit sein, dieselbe Rolle für ihn zu spielen. Denn das Leben von Innovatoren ähnelt oft einer Achterbahnfahrt und sie brauchen strapazierfähige Partner*innen, die nicht gleich schreiend davonrennen, sobald eines ihrer vielversprechenden Projekte krachend zu scheitern droht.

Sollte dir an einer längerfristigen Beziehung mit dem Innovator gelegen sein, darfst du keinerlei Böcke schießen. Dann dreht er nämlich so richtig auf und tut alles, was er kann, um dir wieder auf die Beine zu helfen oder dir zu zeigen, dass dein Problem, welcher Art es auch sein mag, in Wirklichkeit »gar nicht so schlimm«

ist. Bleibst du jedoch zu lange von ihm abhängig oder – schlimmer noch: kostest ihn sein hart verdientes Geld –, dann verliert er seinen Respekt vor dir. Wenn er sich nicht gleich vollends von dir trennt.

Ob die Trennung von einem Innovator auch ihre guten Seiten hat? Da dieser Typ so auf die Zukunft fixiert ist, wird er kaum längeren Groll auf dich hegen. Hat er das Aus erst mal verkraftet, will er einfach nur sein Leben weiterführen. Vielleicht bedankt er sich sogar noch für eine wertvolle Lektion, die du ihm erteilt hast und die ihm nunmehr hilft, das Spiel der Liebe künftig besser und klüger zu spielen.

Beziehungsprobleme, denen sich Innovatoren häufig gegenübersehen

- Sie verlieben sich in das Potenzial eines Menschen, statt in der Person das zu sehen, was sie in Wirklichkeit ist.

- Sie sind so übertrieben stolz auf ihre Autonomie, dass sie die Unterstützung ihres Lieblingsmenschen abblocken – nur um verbittert zu werden und sich einsam zu fühlen.

- Statt für solidarische Zusammenarbeit entscheiden sie sich dafür, das Ruder zu übernehmen (»Ich mach' das mal schnell!«), mit der Folge, dass sich der/die Partner*in bevormundet fühlt und jede Motivation verliert, noch einmal Unterstützung anzubieten.

- Sie erzeugen ein Ungleichgewicht der Macht, indem sie ihren Liebling zum persönlichen Sekretär oder zur Assistentin degradieren.

- Sie legen ihrer Partnerwahl eher Flexibilität als Kompatibilität zugrunde (»Ich kann tun und lassen, was ich will, ohne dass sie sich beschwert.«).

- Sie werden schnell unruhig und entwickeln FOMO, wenn ihnen die Beziehung »zu sicher« vorkommt, was bei ihnen zu beziehungstechnischen Sabotageakten führen kann (indem sie sich etwa Seitensprünge erlauben oder Streitigkeiten vom Zaun brechen).

- Bei der großen Vielfalt ihrer Interessensgebiete bleibt ihnen oft entschieden zu wenig Zeit für ihren Lieblingsmenschen, der sich daraufhin allein gelassen oder vernachlässigt fühlt.

- Sie sind so sehr auf ihr Narrativ der Beziehung fokussiert und auf Außenwirkung bedacht, dass kaum Raum für eine authentische Kommunikation bleibt.

Was du tun kannst, damit die Beziehung mit einem Innovator von Dauer ist

- Bleib bei der Stange; halt dich auf dem Laufenden, was Leidenschaften und Karriere des Innovators betrifft; unterstütz seine Entwicklung und seinen Erfolg.

- Entwickle auch du dich weiter und baue dein eigenes Erfolgsprofil aus.

- Lade den Innovator ein, auch Teil *deines* Erfolges zu sein – nicht als Fan, sondern als unersetzliche*r Ratgeber*in.

- Informier ihn regelmäßig! Geh als Erstes zu ihm, wenn du irgendetwas brauchst, auch wenn es scheinbar nur um Kleinigkeiten geht. Vertrau dich hinter seinem Rücken nie jemand anderem an.

- Engagier dich für Aufbau und Wachstum eures gemeinsamen »Reiches«.

- Geh auf Abenteuerreisen mit ihm – sei es geschäftlich oder zu euren Traumzielen. Hilf dem Innovator bei der Planung oder, besser noch: Schlag von dir aus Reiseziele vor und begeistere ihn für sie.

- Bemüh dich mit ihm gemeinsam um spirituelles und persönliches Wachstum: metaphysisch, mithilfe von medizinpflanzlich gestützten Zeremonien oder durch die Erkundung antiker Ruinen.

- Zeig dich in der Öffentlichkeit so, dass du Bewunderung erregst. Denn das Licht, das auf dich fällt, strahlt auch auf den Innovator ab.

- Netzwerkt zusammen und unterstütz du ihn dabei, das Eis zu brechen (Mit Small Talk tun sich Innovatoren schwer). Stell ihn Leuten vor, von denen du meinst, dass er sie kennenlernen sollte.

A

DIE VERLIEBTE AUTORITÄT: BINDUNGSFAN

Hauptbedürfnis: Aufbau eines stabilen Zusammenlebens

Stärken in Beziehungen: Loyalität und Beständigkeit

In der Liebe sind Autoritäten die Bindungsfähigen – beharrliche, treue Partner*innen, die sich alle Mühe geben, eine dauerhafte Beziehung aufzubauen. Ihr Geheimnis sind tägliche Rituale – sie sich einfallen zu lassen ihr Handwerk. Um ihrem Lieblingsmenschen ein Gefühl von Sicherheit zu vermitteln, scheuen sie keine Mühe. Und den traditionellen Vorstellungen, die sie mit Romantik verbinden, ist es zu verdanken, dass kein Mangel an gemeinsamen Erinnerungen entstehen kann. Denn für diese nostalgischen Seelen vertiefen sich Beziehungen im Laufe der Zeit und werden immer intensiver.

Schwierigkeiten in der Beziehung: Nichts geht über Sicherheit

Autoritäten sind treu und verlässlich. Doch was passiert, wenn ihre Liebsten aus dem Ruder laufen? Für die Status-quo-fixierte Autorität stellen die natürlichen Veränderungen, die in Beziehungen unweigerlich auftreten, eine echte Herausforderung dar und können dazu führen, dass sie Konflikte anzettelt und ihre*n Partner*in damit vielleicht sogar vergrault oder zur »Rebellion« provoziert. Mitunter hat die starke Fokussierung der Autorität auf Struktur und Verantwortlichkeit auch zur Folge, dass sich die Beziehung mehr nach Arbeit anfühlt als nach einem freudvollen Spiel. Als Perfektionist*innen, die besonders mit sich selbst hart ins Gericht gehen, sind sie zugleich sehr empfindlich. Und der gemäßigte Ausdruck ihrer Emotionalität trägt auch nicht unbedingt zu mehr Intimität bei.

Was du von einer Autorität erwarten kannst

- **Routine**. Die Autorität gibt den Rhythmus vor, der euch durch den Alltag begleitet.

- **Tradition**. Sie erzählt dir ausführlich von ihrer Familiengeschichte, schließt mit deinen Eltern Freundschaft und regt dich dazu an, dich intensiver mit deinen persönlichen Wurzeln zu befassen. Festlichkeiten sind nie netter als in ihrer Gesellschaft.

- **Fürsorglichkeit**. Die aufmerksame Autorität studiert deine Rhythmen und macht sich sowohl mit deinem Zeitempfinden vertraut als auch mit deinen geschmacklichen Vorstellungen. Sie wählt ihre Kleidung in deinen Lieblingsfarben, legt beruhigende Musik auf, wenn du gestresst bist, und wenn du nach einem anstrengenden Arbeitstag nach Hause kommst, steht ein deinem Gaumen schmeichelndes Essen schon auf dem Tisch.

- **Strategie**. Autoritäten leben in der Vergangenheit und in der Partnerschaft merken sie sich ganz genau, was bei ihren Liebsten »zieht« und was nicht. Sie sind allzeit bereit, einen Schlachtplan zur Verbesserung der Beziehung – oder des Lebens ihres Lieblingsmenschen – auszuhecken.

- **Präsenz**. Euch steht ein wichtiges Ereignis bevor? Ihr habt familiäre Verpflichtungen? Die Autorität wird da sein – gestiefelt und gespornt.

Was du von einer Autorität nicht erwarten kannst

- **Spontaneität.** Die Autorität liebt Pläne und verabscheut es, nicht genügend vorbereitet (zum Beispiel nicht anlassgemäß gekleidet oder im Ungewissen über die Begleitumstände eines bestimmten Anlasses gelassen worden) zu sein. Ein in letzter Minute angekündigtes »Abenteuer« kann leicht zu einem größeren Beziehungskonflikt werden.

- **Unbeschwertheit.** Autoritäten zeichnen sich zwar durch einen gewissen schwarzen Humor aus, sie machen sich aber immer große Sorgen und nehmen das Leben in aller Regel sehr ernst.

- **Das freimütige Eingeständnis von Schwächen.** Sie sind eher von der steifen Sorte und vermeiden es nach Kräften, sich eine Blöße zu geben. Auch wenn es unter der Oberfläche ihres perfekten Äußeren längst angefangen hat zu brodeln.

- **Tempo.** In der Welt der vorsichtigen, methodisch vorgehenden Autorität ist alles, was sich zu sein oder zu haben lohnt, die Mühe wert, erarbeitet zu werden. Und braucht seine Zeit.

- **Nachsicht.** Autoritäten haben ein paar No-Gos, die sie gleich am Anfang einer Beziehung kundtun. Verstoß dagegen und du bist weg vom Fenster – egal, wie lieb sie dich haben. Sorry!

Die Autorität in der Datingphase

Anziehung: wie du ihre Aufmerksamkeit erregst

Der Aufmerksamkeit »deiner« Autorität kannst du dir sicher sein, wenn du der Preis bist, auf den sie aus ist: die Person, mit der »alle« (oder jedenfalls alle, die für die Autorität zählen) zusammen sein wollen. Zugegeben, das ist 'ne Nummer. Aber du wirst gern auf einen Sockel gestellt? Gut, dann ab die Post und lass dich auf die Autorität ein.

Vertreter*innen dieses Archetyps betrachten ihren Lieblingsmenschen als einen kostbaren Besitz. Ja, wir schreiben »Besitz«, obwohl sich die gewissenhafte, verantwortungsbewusste Autorität allergrößte Mühe gibt, gerade *nicht* besitzergreifend zu sein. Doch wann immer sie dich erwähnt, setzt sie ein »Mein« davor. *Mein* Mann. *Meine* Partnerin. *Meine* verwandte Seele. Und wenn sie ihren Namen dem deinen hinzufügen kann (oder umgekehrt), scheint sie vor lauter Stolz kurz vor dem Platzen zu stehen.

Jennifer, eine musikverrückte Autorität, musste ganze zwei Jahrzehnte warten, bevor sie »*ihren* Traumboy« Shane heiraten konnte. In ihren Zwanzigern arbeitete Jennifer in einem Plattenladen und wäre immer fast in Ohnmacht gefallen vor Begeisterung, wenn Shane mit seinem Skateboard unter dem Arm den Laden betrat und sich die Neuerscheinungen ansah. Als beide in den Vierzigern waren, eine Scheidung hinter sich und Kinder hatten, trafen sie sich wieder. Und leben heute glücklich bis an ihr Lebensende. Wann immer Jennifer über Shane spricht, den sie auch »meinen Silberfuchs« nennt, hat sie Sternchen der Bewunderung in den Augen.

Wohlbemerkt: Die Autorität fühlt sich zwar von Trophäen angezogen, möchte aber keinesfalls nur schmückendes Beiwerk. Diesen traditionell veranlagten Menschen sind Werte überaus wichtig;

willst du einen von ihnen für dich gewinnen, musst du also schon für etwas Substanzielles stehen. Vielleicht spürt sie dich sogar auf Social Media auf, weil sie deine Gedichte dort gelesen hat oder sich für die spezielle Coaching-Methode interessiert, die du anbietest. Eine Autorität, die wir kennen, überwies als »ersten Schritt« auf seine heutige Ehefrau zu deren wohltätiger Stiftung eine Spende in Höhe von 25 000 Dollar. In der Nähe von Vertreter*innen dieses Typs darf man sich gern ein bisschen als Diva aufführen, aber auf die angenehme Tour. Wenn du dir deines Wertes bewusst bist, wird ihn die Autorität über kurz oder lang vermutlich auch wahrnehmen.

Der Flirt mit einer Autorität

Beim Flirt mit einer Autorität empfiehlt sich unbedingt ein angemessenes Maß an Förmlichkeit. Diese »Geh's-mal-lieber-langsam-an«-Typen fühlen sich von jeder Geste abgestoßen, die auch nur im Entferntesten unangebracht und/oder grob ist. (Hinweis: Schick einer Autorität keinesfalls Nacktbilder, es sei denn, sie hat ausdrücklich darum gebeten.)

Subtile Signale dagegen heizen der altmodischen Autorität so ein, dass ihr bald schon ganz heiß wird unter dem Kragen. Welcher übrigens durchaus aus feinster viktorianischer Spitze bestehen darf. Dem Flirtverhalten dieses Typs ist eine Art frecher, koketter Bescheidenheit eigen, die dir leicht den Eindruck vermitteln kann, in eine prüde, längst vergangene Epoche versetzt worden zu sein, in der jede direkte Erwähnung sexueller Anziehung strikt verboten, verpönt und tabu war.

Trau dich. Bring sie ruhig an, die Anspielungen und anzüglichen Bemerkungen, die den Fächer der Angebeteten zum Erzittern bringen könnten. (»Verehrter Herr, ich wüsste nicht, was Sie mir damit sagen wollen!«) Schenk der Autorität ein kleines Lächeln, berühr in aller Unschuld ihre Hand. Beug dich zu ihr vor und lehn dich dann gleich wieder zurück, damit sie sich permanent fragen muss, ob sie nun wohl Schlag hat bei dir oder eher doch nicht. Dieser ehrgeizige Menschentyp möchte sich deine Zuneigung und Hingabe verdienen. Machst du es einer Autorität in dieser Phase allzu leicht oder versuchst diese zu übergehen, besteht die Gefahr, dass sie sich zurückzieht. Sie braucht eine lange Zeit der Werbung, in der sie dein Potenzial für eine Partnerschaft abschätzt. Bau also die Spannung zwischen euch langsam auf und überlass es ihr, das Tempo vorzugeben.

Wie dir die Autorität ihr Interesse zeigt

Autoritäten demonstrieren ihr Interesse, indem sie ein prahlerisches, konkurrenzbetontes und an Arroganz grenzendes Verhalten an den Tag legen. Womöglich vermittelt dir »deine« den Eindruck, sie wolle dich übertrumpfen, doch könnte nichts weiter von der Wahrheit entfernt sein als das. Autoritäten stehen nur auf Leute, die sie auch respektieren können. Deshalb verfolgen sie mit ihrem Auftreten lediglich das Ziel, dir zu beweisen, dass sie in derselben Liga spielen wie du und bereit sind, den Job der Nummer eins in deinem Leben zu übernehmen.

Autoritäten suchen nach Gemeinsamkeiten. Haben sie diese dann gefunden, trumpfen sie in der Hoffnung, dich von sich überzeugen zu können, mit ihrem Fachwissen auf diesen Gebieten auf. Plötzlich werfen sie mit Ausdrücken wie »der Beste«, »das Authentischste« um sich, die sie auf alles Mögliche anwenden, von den aktuellen Reality-Shows bis hin zu besonderen Cocktailbars, um dir ihren überlegenen Geschmack zu demonstrieren. Und dich im besten Fall damit zu beeindrucken.

Du hast musikalisch dieselben Vorlieben wie die Autorität? Dann erwähnt sie bestimmt bald die Namen eher unbekannter Vertreter*innen dieses Genres, schickt dir Links zu einer Studioaufnahme, die zwar nie als Album veröffentlicht wurde, aber selbstverständlich die *definitiv beste* Version eures gemeinsamen Lieblingssongs enthält.

Sobald du positiv auf die Flut an Daten reagierst, die dir die Autorität schickt, wird die nächste Phase des Liebeswerbens eingeläutet. Dieser Typ liebt es, unglaubliche Dates zu orchestrieren. Denk dir nichts dabei, wenn »deine« Autorität das erste Date ein, zwei Wochen im Voraus ankündigt. Sie legt einfach Wert darauf, sich in jeder Hinsicht optimal vorbereiten zu können, sowohl in puncto Outfit und Körperpflege als auch im Hinblick aufs Timing, auf eventuelle Tischreservierungen, den Erwerb von Tickets und die rechtzeitige Übermittlung der GPS-Daten.

Auch wenn ihr euch nur zum Tee treffen solltet (in klarer Abgrenzung von der simplen Verabredung zum Kaffeetrinken): Was diese Einladung betrifft, überlässt die Autorität absolut nichts dem Zufall. Und wenn sie erst einmal einen Plan macht, ist eines vollkommen klar: Das, worauf sie sich am allermeisten freut, bist du.

Was das Körperliche betrifft, sind Autoritäten ausgesprochen sinnlich und touchy. Aber bestimmt keine Grapscher. Nie und nimmer. Vielleicht legt sie dir die Hand auf den Rücken, wenn sie dich an den von ihr reservierten VIP-Tisch führt, den mit dem perfekten Blick auf den Sonnenuntergang. Oder sie berührt während des Adagios eines Symphoniekonzerts, dem ihr beiwohnt, sanft mit ihrem Bein das deine. (Nur ganz kurz.) Im Balztanz der Autorität markiert der Aufbau von Spannung à la »Will sie (beziehungsweise er), oder will sie (er) nicht?« gewöhnlich die erste Phase.

Erste Schritte: locken

Du solltest keinesfalls allzu bemüht versuchen, die Autorität zu beeindrucken. Stell aber gern deinen unfehlbaren Geschmack unter Beweis. Kleide dich perfekt, wenn du zu einem Date mit ihr gehst, sei top gepflegt und ström nach Möglichkeit eine Aura der kultivierten Raffinesse aus. Die Autorität liebt es nämlich, wenn dich die Leute bewundernd und mit einem Hauch von Neid anschauen, sobald du einen Raum betrittst. Sie jedenfalls wird dein Entree nie vergessen und möglicherweise noch Jahrzehnte später davon schwärmen.

Aber *no worry*! Das Ganze ist keine Einbahnstraße. Auch die so sinnlich veranlagte Autorität gibt sich Mühe, Eindruck zu machen – sei es durch den perfekten Schnitt ihrer Garderobe oder den eigens für sie komponierten Duft, den sie aufträgt. Autoritäten bringen ihrem Date auch gern etwas mit, zum Beispiel eine spezielle Karte oder (in der entsprechenden Jahreszeit) einen Strauß Pfingstrosen. Für diese Gesten solltest du dich am besten wortreich bedanken. Das genügt schon, um die Autorität in Entzücken zu versetzen ... jedenfalls für den Anfang. Zeigt sie sich besonders großzügig, lässt etwa ein luxuriöses Dinner oder Theatertickets springen, kannst du ihr hinterher ein Dankesbriefchen – eine hübsche Karte, handbeschrieben – schicken. Vielleicht sogar auch ein kleines Präsent. Das mag sich übertrieben anhören, doch die Autorität weiß derartige Mühewaltung wirklich zu schätzen.

Autoritäten sprechen gern – vielleicht nicht so sehr über Menschen, dafür aber umso mehr über Geschichte, Kunst, Kultur, oft auch über Politik. Deshalb suchen sie nach Partner*innen, die dieselben Werte haben wie sie selbst und Intelligentes über interessante Themen zu sagen haben. Stell das unter Beweis und zeige »deiner« Autorität, dass du die Person bist, die sie zu finden hofft.

Die besten Schauplätze für Dates mit einer Autorität

- Auf Architektur spezialisierte Führungen oder Spaziergänge in Stadtvierteln mit vielen historischen Gebäuden. Lass der Autorität aber genügend Zeit zum Lesen der Gedenktafeln.

- Ein netter Laden mit angeschlossenem Ausschank, der auf besondere Tee-Mischungen spezialisiert ist, die in hübschen Porzellantässchen serviert werden, oder eine französische Bäckerei, die Mandelcroissants von Weltrang anbietet – Autoritäten lieben schickere Upgrades von Kaffee und Muffins.

- Shopping-Dates! Schlendert durch ein schickes Kaufhaus oder eine Straße mit zahlreichen Vintage-Boutiquen. Vielleicht nimmt die Autorität ja sogar die Gelegenheit wahr, dir etwas Hübsches zu kaufen und dich damit zu überraschen.

- Anspruchsvolle kulturelle Aktivitäten – etwa eine Theater- oder Opernaufführung –, für die sich die Autorität richtig aufhübschen kann. Rock- oder Popkonzerte sowie Musikfestivals kommen genauso infrage, jedenfalls wenn die Autorität Fan der auftretenden Bands oder Künstler*innen ist. (In dem Fall findet sich bei ihr zu Hause bestimmt auch schon entsprechendes Merch.)

- Benefizveranstaltungen zu Gunsten eines Anliegens, das der Autorität am Herzen liegt, wie zum Beispiel die Brustkrebsforschung oder der Aufbau einer Freizeiteinrichtung für Jugendliche

- Ein Spa-Date! Autoritäten lieben es, sich zu verwöhnen. Also lade »deine« zur Mani- und/oder Pediküre ein oder nehmt eure Badesachen mit und geht in die Sauna beziehungsweise zum Schwimmen.

- traditionelle zeremonielle Treffen – Trommelzirkel, Klangbäder, vielleicht sogar der Besuch eines Gottesdienstes, sofern ihr derselben Religionsgemeinschaft angehört
- Ein Picknick im Park: Füll einen Korb mit kulinarischen Spezialitäten und nimm einen Gedichtband mit, aus dem du der Autorität etwas vorlesen kannst.

Die Autorität in der Beziehung

In Herzensdingen wird die Autorität zum Bindungsfan. Diese Traditionalist*innen suchen nach BINDUNG (ja, großgeschrieben) und haben eine lange Liste von Kriterien im Kopf, die ihr zukünftiger »Mensch fürs Leben« erfüllen sollte. Diesen ernsthaften, seriösen Seelen, denen es vor allem auf Sicherheit ankommt, kann die Datingphase richtiggehend Angst einjagen. Und sie stoßen einen tiefen Seufzer der Erleichterung aus, sobald sie endlich den Status einer »echten Beziehung« erreicht haben.

Da wird es dich kaum überraschen zu erfahren, dass viele Autoritäten Jahre brauchen, um ihr fehlendes Puzzlestückchen zu finden. Aber sie warten eben lieber, als dass sie sich mit dem Zweitbesten zufriedengeben würden. Wie alles andere in ihrem Leben betrachtet die Autorität auch ihre Beziehungen als unschätzbare Investitionen. Und sie ist einfach nicht bereit, dem Portfolio ihres Lebens etwas anderes hinzuzufügen als ein erstklassiges, hochpotentes Asset.

Das hört sich krass an? Ist es auch. Absolut. Denn selbst wenn es nur um ein paar »gelegentliche« Treffen geht, durchleuchtet die

Autorität jeden Kandidaten oder jede Kandidatin, als führe sie ein Einstellungsgespräch mit einer künftigen Führungskraft. Denn sie wünscht sich einen hundert Prozent verlässlichen Menschen an ihrer Seite, mit dem sie sich ein langfristiges Liebesleben aufbauen kann. In der Datingphase braucht sie durchaus abenteuerliche Momente, die ihr Herz in Wallungen bringen, ist aber doch mehr an einem »Läuferhoch« interessiert als an einem romantischen Liebesrausch. Nach einer Zeit großer Anstrengungen (in der sie dich kennenlernt und es allmählich zum Entstehen einer Bindung kommt) gerät sie in Euphorie – Läufern ähnlich, bei denen es nach 30, 40 Minuten zur bekannten Ausschüttung von Endorphinen kommt.

Als Partner*innen sind Autoritäten entschieden loyal und engagiert – sowie, ja: auch ein bisschen besitzergreifend. Autoritäten stellen ihre Liebsten gern auf einen Sockel und singen jedem, der es hören will oder auch nicht, ein Loblied auf sie. Ganz so, als wären sie ihre PR-Agentin*innen. Für sie ist die Beziehung ihr Bollwerk gegen die brutale Außenwelt vor ihrer Haustür. »Du und ich, Babe«, haben wir eine uns bekannte männliche Autorität mehr als einmal zu ihrer Frau sagen hören, »wir zwei gegen den Rest der Welt«. Und tatsächlich sind die beiden ein engagiertes Paar, sowohl beim Tennis-Doppel als auch im Immobilien-Imperium, das sie sich in ihrer 20-jährigen Ehe aufgebaut haben.

Zu Hause finden Autoritäten Trost und Wohlbehagen in der Routine. Sie lieben ihre exklusiven, allein sich und ihren Liebsten vorbehaltenen Rituale. Und da kommt dann auch ihre romantische Seite zum Tragen: Eine Autorität ist imstande, die Gewohnheiten und Verhaltensweisen ihrer Partner*innen intensiv zu studieren und alles, aber auch wirklich alles zu beobachten, was sie tagsüber so treiben und wie. Und dann versucht sie herauszufinden, wie sie ihnen diese Routinen noch etwas angenehmer, effizienter und wohltuender gestalten kann.

Andrew, Autorität und Physiotherapeut, fiel auf, dass es seinem heißblütigen Gatten Simon, seines Zeichens Mentor, sehr viel besser ging, seit sie sich angewöhnt hatten, allmorgendlich gemeinsam auf der hinteren Veranda in den Tag zu starten. In den folgenden Wochen machte er sich daran, dieses Ritual mehr und mehr aufzupäppeln. Als Erstes ersetzte er ihre alten Plastikstühle durch eine Art Polstergarnitur und stellte einen Lautsprecher raus, aus dem sie meditative Musik tröpfeln ließen. Und nachdem er einige Monate später gelesen hatte, dass die Energie, die grüner Tee liefert, nachhaltiger ist als die der schwarzen Koffeinbrühe, schlug Andrew Simon vor, den gemeinsamen Morgenkaffee durch Matcha-Grüntee zu ersetzen. Jetzt haben sie in ihrem hochgeschätzten Außenbereich spezielle Becher, Playlists, aber auch Pflanzen und Heilsteine. Und wie Andrew berichtet, ist das Zusammenleben der beiden Männer seither »tausendmal friedlicher als je zuvor«. Womit die Mission der Autorität mehr als erfüllt wäre.

Und der Nachteil dieser speziellen Form der Zuneigung? Beziehungen können stagnieren, wenn sie nicht hin und wieder ordentlich aufgemischt werden. Und sosehr Autoritäten Vorhersehbarkeit zu schätzen wissen – auch damit kann man's übertreiben. Und so werden sie oft unflexibel, gar unbeweglich und unbeugsam. Das macht gemeinsame Reisen mit ihnen schwierig, und was spontane Abenteuer angeht, können sie regelrechte Spaßbremsen sein. Weil sie vorher immer genau planen wollen, was besichtigt, welches Restaurant aufgesucht werden soll. Sie bestehen darauf, vorab Tickets zu besorgen, und kümmern sich um Reservierungen, damit auch ja alles perfekt läuft. Am schönsten aber ist es doch oft, wenn wir uns einfach dem Flow hingeben können.

Autoritäten stehen total auf Miteinander, sei es beim Vorbereiten des Abendessens oder auch beim »parallelen Spielen«, wenn sie selbst ein Buch lesen, während sich der/die Partner*in im selben Raum handwerklich betätigt. Die Zeit, in der dieser nostalgisch veranlagte Menschentyp »eigentlich« lebt, ist die Vergangenheit. Autoritäten wollen ganze Alben mit sentimentalen Erinnerungen und schönen Momenten. Sie sprechen gern über ihr Leben, interessieren sich aber genauso sehr für die Bräuche und Gepflogenheiten ihres Lieblingsmenschen.

Obwohl in der Regel jede Autorität ihr Spezialgebiet hat – à la »Ich übernehm' die Finanzen, du kümmerst dich um unser Social Life« –, steht sie total auf Gleichberechtigung und Augenhöhe. Die Country-Music-Stars Garth Brooks und Trisha Yearwood waren schon seit 17 Jahren verheiratet, als Trisha ihren Mann, eine Wassermann-Autorität, mit der Idee überraschen wollte, offiziell seinen Nachnamen anzunehmen. Garth weigerte sich jedoch, die entsprechenden Papiere zu unterzeichnen, und zwar mit der Begründung »Hier geht's nicht um Tradition. Sondern einfach darum, dass von zwei Promis nicht einer die Oberhand bekommen sollte«.

In Ordnung. Doch ganz so, als wollte er die Tendenz der Autorität illustrieren, ihre Partner*innen auf einen Sockel zu stellen, fügte Brooks hinzu: »Ich wäre aber durchaus bereit, Trishas Namen anzunehmen und künftig Yearwood zu heißen.«

Und während Autoritäten sehr wohl bereit sind, dir ihr komplettes Familienalbum zu zeigen, denken sie gar nicht daran, sich in allen Lebensbereichen vollends in die Karten gucken zu lassen. »Das eine oder andere Geheimnis hält die Beziehung lebendig«, weiß Autorität Sheryl, die sich in ihren ganzen 14 Ehejahren nie ein Badezimmer mit ihrer Frau geteilt hat.

Viele Autoritäten aus unserem Bekanntenkreis besprechen Gefühlsdinge lieber mit ihren besten Freund*innen oder in der Therapie, als ihre bessere Hälfte damit zu »belasten«. Weil sie sich auf diese Weise – so jedenfalls ihr Argument – in der Liebesbeziehung stets von ihrer besten Seite zeigen können.

An dieser Stelle möchten wir ein Wort der Warnung an unsere lieben Autoritäten richten, was eure Zugeknöpftheit betrifft:

Übertreibt's damit nicht. Denn der ständige Versuch, die Fassade aufrechtzuerhalten, ist ein definitiver Intimitätskiller. Weil eure Liebsten diese Energiebremse nämlich nach einiger Zeit intuitiv wahrnehmen dürften. Und daraufhin womöglich unsicher werden oder sogar Angst bekommen, etwas »falsch« zu machen und euch damit zu verletzen. Und wenn besagte Lieblingsmenschen im Grunde ganz froh sind, so auf Distanz gehalten zu werden? Dann stellt auch das wahrscheinlich schon ein Alarmsignal dar. Und irgendwann werdet ihr anfangen, euch eurerseits zu fragen, welches Geheimnis wohl eure Liebsten vor euch haben mögen.

Was aber letztlich das Schädlichste an diesen ganzen Manövern ist: Sie haben unweigerlich zur Folge, dass der/die Partner*in nichts mehr tun kann, um die Autorität glücklich zu machen. Die Achillesferse dieses I*AM-Typs ist nämlich ihr Perfektionismus, der dazu führt, dass Autoritäten mit sich selbst strenger ins Gericht gehen als alle anderen. Doch sobald sie gelernt haben zu entspannen und sich auch einmal verletzlich zeigen können, spüren sie, dass ein fürsorglicher Mensch an ihrer Seite ein sicherer Hafen sein kann und ihnen einen Ort bietet, an dem sie einfach ... sein können.

Eine Trennung kann gerade für Autoritäten besonders katastrophal sein. Denn schließlich sind *sie* ja die echten Bindungsfreaks, für die jede Beziehung, die sie aufnehmen, anfänglich »lebenslänglich« bedeutet. Deshalb neigen sie auch dazu, sich an die traurigen Reste einer Bindung zu klammern und sich damit, was die Zukunft betrifft, selbst im Weg zu stehen.

Autorität Dev, der mit 26 geheiratet hatte und mit 29 geschieden worden war, musste fast 40 werden, bevor ihm klar wurde, dass er das Gefühl, seiner Ex bis ans Lebensende verpflichtet zu sein, einfach nicht abschütteln konnte. Der Feng-Shui-Beraterin, mit der er zusammenarbeitete, fiel schnell der Ehering auf, der auf dem Nachttisch lag und beredtes Zeugnis davon war, dass sich Dev scheinbar innerlich nicht von seinem einmal gegebenen Treueversprechen lösen konnte.

Auf Anraten der Beraterin – und mit freundlicher Unterstützung seiner Freund*innen – führte Dev schließlich eine Art Abschiedszeremonie für seinen Ehering durch und verkaufte ihn danach an einen Juwelier. Und bereits nach wenigen Monaten traf er auf Shani, die sympathische Besitzerin des örtlichen Geschenkeshops (an dem Dev seit Jahren vorbeigegangen war, ohne ihn je zu betreten). Schließlich gab er sich einen Ruck und lud Shani zum Essen ein. Seither sind die beiden ein glückliches Paar.

Was sich die Autorität von ihrer Partnerschaft erhofft

Du möchtest den Rest deines Lebens mit einer Autorität verbringen? Dann solltest du wissen, dass am Anfang eine ganze Reihe von Prüfungen steht. Denn Autoritäten vertrauen nur Menschen, die sich über einen gewissen Zeitraum und bei vielen verschiedenen Gelegenheiten bewährt haben (etwa im Kontakt mit der Familie und dem Freundeskreis, im Urlaub, beim Zusammenwohnen und so weiter).

Denn da darfst du dich nicht täuschen lassen: Autoritäten haben sehr wohl ihre Checklisten. Und wenn es um langfristiges »Engagement« geht, führen sie auch Bewerbungsgespräche. Denn die Kandidat*innen müssen ihre unverhandelbaren Wertvorstellungen teilen, sonst wird das nichts. Du bist die Art Mensch, die ihre Miete mit Verspätung zahlt, um sich das neue Make-up irgendeiner Celebrity leisten zu können? Dann mach dich schon mal mit dem Gedanken vertraut, dass dich die Autorität recht bald in die Friendzone abschieben könnte. Die Vertreter*innen dieses Typs zeichnen sich nämlich durch eine sehr niedrige Risikotoleranz aus und lassen sich auf niemanden ein, der unzuverlässig, wankelmütig oder auf irgendeine andere Art und Weise nicht ganz koscher ist.

Diese Kriterien kannst du nicht alle erfüllen? Dann wird dir die Autorität schweren Herzens – und solltet ihr euch bereits einige Male getroffen haben, vielleicht auch mit einem stilvollen Abschiedsgeschenk – irgendwann mitteilen, dass sie es sich doch anders überlegt hat.

Das findest du allzu brutal? Andererseits winkt aber auch ein schöner Preis, wenn du allen Erwartungen der Autorität entsprichst: ein loyaler, großzügiger und hingebungsvoller Mensch, dessen Interesse an dir mit jedem Tag steigt, den ihr zusammen seid.

Da die Autorität so viel Wert auf Verlässlichkeit und Stabilität legt, wird sich ihr Vertrauen dir gegenüber in dem Maße vergrößern, in dem du genau diese Eigenschaften an den Tag legst – sowohl in Bezug auf dein eigenes Leben als auch im Umgang mit der Autorität.

Geschichte ist für Autoritäten ebenfalls wichtig. Deshalb setzen sie das Interesse ihrer Partner*innen an ihrem persönlichen Hintergrund voraus und erwarten, dass diese die Familientraditionen und -bräuche wohlwollend akzeptieren. (Aber keine Sorge, an deinem Background sind sie genauso interessiert.) Feiertage und Familienfeste bei gutem Essen und den passenden Ritualen sind diesem Typ heilig.

Wenn Autoritäten einer sehr innig verbundenen Familie entstammen, suchen sie sich meistens Gefährt*innen, die perfekt in ihren Clan passen. Bist du bereit, fürs alljährliche Familienfoto den kitschigen Weihnachtspullover anzuziehen? Stell dich auch schon mal darauf ein, den Teig für die Pizza mit dem extraknusprigen Rand künftig exakt so herstellen und kneten zu müssen wie der Urgroßvater deines/deiner Liebsten in seiner neapolitanischen Cucina. Denn genau das sind die Dinge, auf die es diesem I*AM-Typ ankommt. Die Autorität legt nämlich großen Wert darauf, diese Traditionen mit einem/einer Partner*in an ihrer Seite weiterzuführen und jeden ihrer Schritte für die Nachwelt festzuhalten.

In ihrer Beziehung erweisen sich Autoritäten als ausgesprochen großzügig. Sie überschütten ihren Lieblingsmenschen mit Komplimenten, hilfreichen Handreichungen, selbst gekochtem Essen und niedlichen Geschenken. Für sie stellen Gesten dieser Art ein unersetzliches »Bindemittel« dar. Und diese sind es auch, die in ihren Augen die Beziehung besiegeln. Die Partner*innen sollten deshalb nie aufhören, der Autorität an ihrer Seite ihre Wertschätzung zu erweisen – durch ein herzliches Dankeschön, viel Lob und Anerkennung, Zuneigung und Loyalität. Wenn es aber darum geht, einen Gefallen zu erwidern, sollten sie lieber warten und sparen, bis sie das Geld für ein sinnvolles (und kostspieliges) Präsent zusammenhaben, zum Beispiel ein besonderes Schmuckstück oder VIP-Konzertkarten. Schenk der Autorität etwas, was sie täglich tragen, mit dem sie vor ihren Freund*innen angeben – oder an das sie sich, was das Beste wäre, ihr Leben lang erinnern kann.

In einer Beziehung ist »wir« das Lieblingswort der Autorität. Und genau das sucht sie auch: jemanden, der ihre Liebe zur Gemeinsamkeit teilt. »Abendessen gibt's bei uns täglich um sieben« oder auch »Bei der Kommunalwahl stimmen wir für die linke Mitte«. Partner*innen, die auf Veränderung stehen und oft den Kurs wechseln oder – schlimmer noch: die Autorität in bestimmte wichtige Entscheidungen nicht einbinden –, stellen eine Bedrohung für deren Sicherheitsbedürfnis dar.

Ihre bessere Hälfte allerdings darf sich nie zu sicher sein. Der Autorität fällt es oft schwer, ihre Emotionen zu zeigen – insbesondere, wenn es dabei um ein Gefühl der Schwäche oder Hilflosigkeit geht. Partner*innen, die »ihre« Autorität provozieren oder sie zwingen, sich gegen ihren Willen zu öffnen, werden es unter Umständen bald übel bereuen müssen.

Sollte die Autorität doch einmal über ein persönliches Problem sprechen, möchte sie keine Ratschläge hören. (Vorsicht: Das kann sich pharisäerhaft anfühlen, weil dieser Typ selbst ja mit ungebetenen Empfehlungen recht großzügig ist.) Was die Autorität in solchen Momenten braucht, ist eine sichere, beruhigende und vor allem wertfreie Atmosphäre. Ihre Liebsten sollten lernen, eine »Hülle des Schweigens« zu erschaffen, in der sie selbst einfach stumm zuhören, bestätigend nicken, mitfühlend dreinschauen und sich allzeit bereit zeigen, die Autorität tröstend in den Arm zu nehmen. Wenn sie diese Form der Unterstützung erhält, redet die Autorität gemeinhin so lange vor sich hin, bis sie selbst auf die richtige Lösung gestoßen ist. Aber sie erinnert sich an die zärtlichen Gefühle, die ihr ihr Gegenüber entgegengebracht hat. Und mit der Zeit gibt sie dann allmählich doch mehr und mehr von sich preis.

Beziehungsprobleme, denen sich Autoritäten häufig gegenübersehen

- Der Beziehungsstil von Autoritäten ist der unsicher-vermeidende. Weshalb sie sich mit der Datingphase oft etwas schwertun. Sie wollen schnell herausfinden, ob die Beziehung das Potenzial hat, von Dauer zu sein. Mitunter erzeugen sie auch Druck, weil sie schnell Nägel mit Köpfen machen wollen.

- Weil Autoritäten die Routine lieben, stagnieren viele ihrer Beziehungen mit der Zeit. Die Vertreter*innen dieses Typs müssen sich für etwas Neues öffnen und auch ein bisschen flexibler werden, was Planungen angeht.

- Aufgrund ihres Bedürfnisses, sich stets von ihrer besten Seite zu zeigen, versuchen Autoritäten ihre Verletzlichkeit oft zu überspielen und geben sich deshalb viel zu mysteriös und kontrolliert – was dem Entstehen von Intimität nicht gerade förderlich ist.

- In Bezug auf etwaige von den ihren abweichende Meinungen des Lieblingsmenschen kann die Autorität ziemlich engstirnig und ablehnend sein.

- Was Zeiten und Pläne angeht, reagieren Autoritäten oft in hohem Maße intolerant, was für ihre Liebsten ein echtes Problem darstellt. Denn wer wird schon gern »bestraft«, wenn er eine Viertelstunde zu spät kommt oder aus beruflichen Gründen in letzter Minute absagen muss.

- Statt in der Beziehung ein Gemeinschaftswerk zu sehen, versuchen altmodische Autoritäten unter Umständen auch, dem/der Partner*in ihre Agenda und ihre Lebensplanung aufzudrücken.

Was du tun kannst, damit die Beziehung mit einer Autorität von Dauer ist

- Bau zusammen mit ihr Traditionen auf und trag zu ihrer Pflege das Deine bei.

- Feiert jeden Jahrestag (den eures ersten Kusses, eures ersten »richtigen« Dates, des ersten »Ich liebe dich«).

- Sprecht regelmäßig über eure schönsten Momente, und überrasche »deine« Autorität mit den ganzen Erinnerungsstücken, die du im Laufe der Zeit zusammengetragen hast. Wenn du noch einen draufsetzen möchtest, kannst du ein Scrapbook oder ein Album anlegen.

- Schafft euch ein Haustier an, um das ihr euch gemeinsam kümmern könnt. Das trägt dazu bei, dass sich die Autorität mehr von ihrer zarten, weichen Seite zeigen kann.

- Sei der Familie der Autorität gegenüber offen und hilfreich. Übernimm ihre Traditionen, geh zu allen Zusammenkünften und Feiertagen und werde zu einem/einer der Ihren.

- Lade auch du die Autorität ein, ihrerseits in deiner Familie eine tragende Rolle zu spielen. Gib ihr das Gefühl dazuzugehören.

- Stör die Autorität nicht, wenn sie in Ruhe liest, sich entspannt oder auf ihre Arbeit konzentrieren möchte.

- Überlass ihr ihren Bereich, sei es das Kochen außergewöhnlicher Samstagabend-Dinner oder die Pflege des Rosengartens hinter dem Haus.

- Verletz ihre Intimsphäre nicht! Denn ob es dir gefällt oder nicht, über bestimmte Gefühle oder auch Aspekte ihrer Körperpflege wird sie nie mit ihrer besseren Hälfte sprechen. Solltest du sie, was solche Dinge betrifft, bedrängen, fühlt sie sich gedemütigt. Und das ist es ja nun wirklich nicht wert!

- Werde zu ihrem dauerhaften gut gekleideten Plus eins für alle Galas, Promotionsfeierlichkeiten, Benefizveranstaltungen und so weiter.

- Lass das Haus genauso, wie es die Autorität vorgesehen hat, respektiere vor allem auch ihre Ordnungssysteme. Bei ihr hat alles seinen Platz, also verzichte unbedingt darauf, ihre Sachen um- oder wegzuräumen.

M

DER VERLIEBTE MENTOR: SPIEGEL

Hauptbedürfnis: Suche nach einem Gespielen, einer Gespielin fürs Leben

Seine Stärken in Beziehungen: lebenslanges Spielen

In einer Beziehung wird der Mentor zum Spiegel; er sucht eine Seelenverwandtschaft und Freundschaft, in der sich seine besten Eigenschaften spiegeln können. Mit großer Freude feuern Mentoren ihre Liebsten an und helfen ihnen, ihre wahre Größe zu erkennen. Mentoren bringen Begeisterung, Offenheit, Spaß in ihre Beziehungen und sind ständig auf der Suche nach dem Neuen, Unverbrauchten. An der Seite ihres/ihrer auserkorenen Plus eins und liebsten Mitverschworenen sorgen sie für Insiderwitze, neue spielerische Traditionen und sogar freundschaftliche Wettkämpfe. Für diese geselligen Schmetterlingswesen ist Kommunikation das A und O. Sie lieben das Geschichtenerzählen nicht weniger als das Geschichten-erzählt-Bekommen und teilen sich, was ihre Gedanken und Erfahrungen angeht, sehr gern mit. Mit ihrem scharfen Verstand und blitzschnellen Denkvermögen schätzen Mentoren besonders Partner*innen, die sie intellektuell und in Sachen Geselligkeit auf Trab halten.

Schwierigkeiten in der Beziehung: Mentoren sind Energiebündel

Mentoren sind zwar, wie gesagt, ganz groß darin, Freude und Begeisterung in ihre Beziehung einzubringen, aber selbst kleinere

Provokationen können sie schon richtig abturnen. Mit der Emotionskontrolle tun sich viele von ihnen schwer, und auf jeden Fall brauchen sie Raum, um ihre Gedanken und Frustrationen abladen zu können. Sein ständiges Plappern und das ewige Bedürfnis des Mentors nach Interaktion überfordern seinen Lieblingsmenschen oft. Was umso deutlicher macht, wie sehr die Vertreter*innen dieses Typs auf ein stabiles Netz von Unterstützenden außerhalb der Beziehung angewiesen sind. Das Bedürfnis nach immer wieder Neuem einerseits mit Stabilität andererseits ins Gleichgewicht zu bringen, kann zu einer echten Herausforderung werden. Deshalb müssen ihre Liebsten klare Grenzen setzen, ohne dabei allerdings in die Elternrolle zu verfallen.

Was du von einem Mentor erwarten kannst

- **Verspieltheit**. Der lebenslustige Mentor wird dich wieder in Kontakt mit deinem inneren Kind bringen, dich zu albernen Abenteuern und endlos vielen Ausflügen einladen.

- **Geselligkeit**. Sei mal nicht so verkopft und geh lieber mehr raus! Mentoren wissen genau, was sie tun müssen, um das Begeisterungsniveau hoch zu halten: indem sie etwa gemeinsame Mittagessen, Nach-Feierabend-Picknicks oder sportliche Aktivitäten mit Freunden organisieren.

- **Dynamik**. Beziehungen müssen nicht langweilig werden. Und Mentoren halten sich immer auf dem Laufenden, was neue Techniken in Sachen Kommunikation und Intimität angeht. Und in der Beziehung sorgen sie dafür, dass die auch zur Anwendung kommen, sowohl im Schlafzimmer als auch außerhalb.

- **Kommunikation.** Ob du ins Schwärmen gerätst oder deinem Ärger Luft machen willst, der Mentor hört dir zu. Und spricht so lange mit dir, bis das Thema abschließend erörtert ist oder ihr eine Lösung gefunden habt. Und für den Fall, dass du später mal eine freundliche Erinnerung brauchst, weiß er noch ganz genau, was du damals gesagt hast.

- **Inspiration.** Mach dich bereit für einen endlosen Strom ebenso interessanter wie unvergesslicher Events, über die ihr quatschen und tratschen könnt. Immer hip, wie Mentoren nun einmal sind, haben sie auch stets den Finger am Puls der Popkultur.

- **Inspiration.** Mentoren leben in der Gegenwart und sind jederzeit in der Lage, aus dem Nichts einen magischen Moment zu zaubern. Zwei Karten für das Food-Festival? Eine Fahrt mit dem Heißluftballon? Voilà!

- **Einzelheiten.** Die cleveren, spontanen Mentoren konzentrieren sich gern auf die Details eines Planes. Nenn »deinem« die Rahmenbedingungen, und er sorgt für die reizvollen Dinge, die die Angelegenheit erst so richtig interessant machen.

- **Handwerkliches Geschick.** Eines deiner Geräte ist kaputt und du hast keine Ahnung, wie du es reparieren kannst? Oder du willst das Wohnzimmer umdekorieren? Mit größter Wahrscheinlichkeit weiß der Mentor genau, was zu tun ist.

Was du von einem Mentor nicht erwarten kannst

- **Ruhe.** Mentoren sind begeisterungsfähig, emotional und gesprächig. Sobald »deiner« für ein Projekt oder eine Idee Feuer gefangen hat (was häufig der Fall sein dürfte), schwirrt er in eurem gemeinsamen Lebensraum umher, richtet Chaos an und redet auf alle ein, die gerade in der Nähe sind.

- **Konsequentes Durchziehen.** Wenn Mentoren ein Versprechen abgeben, meinen sie es ernst. Nur es zu halten ist für diesen Typ so eine Sache. In manchen Dingen können sie rabiat pünktlich sein, aber sie lassen sich auch leicht ablenken, richten sich nach ihrem ureigenen Zeitplan oder haben oft auch so viele Projekte in der Luft und Anfragen am Start, dass sie sie kaum mehr jongliert bekommen. Sodass ihr »morgen« gut und gern auch mal »in drei Monaten« bedeuten kann.

- **Verbindlichkeit.** Clever, wie Mentoren nun einmal sind, halten sie es für ihr Privileg, jederzeit ihre Meinung ändern zu können. Und Pläne zu erfüllen? Ist nicht unbedingt so ihr Ding. Haben sie selbst die Tickets gekauft, tauchen sie auf, andernfalls stehen die Chancen fifty-fifty. Wofür sie sich letztlich entscheiden, hängt dann einfach davon ab, wie sie sich in dem Moment fühlen. Und du: hältst wohl am besten den Platz neben dir frei, bereitest dich aber innerlich schon mal darauf vor, allein nach Hause fahren zu müssen.

- **Geplante Romantik.** In puncto Zuneigungsbekundungen sind Mentoren tendenziell eher spontan – was ihre Liebsten, die die Pracht und die Herrlichkeit eines besonderen Anlasses zu schätzen wissen, durchaus irritieren kann. Dabei sind Mentoren sehr wohl empfindsam. Aber sie sind eben auch in der Lage, aus jedem beliebigen Augenblick eine schöne Erinnerung zu machen. Und zwar einfach dadurch, dass sie das Ambiente genießen – und natürlich deine Gesellschaft. Sollte »dein« Mentor dann allerdings trotzdem einmal ein besonderes Rendezvous oder einen runden Geburtstag organisieren, kannst du dich auf einiges gefasst machen. Das wird episch!

- **Hundertprozentige Hingabe.** Für den lebhaften Mentor ist die Monogamie kein Kinderspiel. Was aber nicht heißen soll, dass er nicht treu sein könnte. Trotzdem richtest du dich am besten auch auf unebene Wegstrecken ein. Denn der Mentor kann jederzeit ein emotionales Verhältnis mit jemandem aufnehmen, sich mit einer Person aus dem Kollegenkreis schreiben oder sein Flirtverhalten in der Nachbarschaft nachjustieren. Und derartige »nicht ganz so unschuldige« Momente können durchaus dazu angetan sein, das Vertrauen der/des anderen zu erschüttern und die Beziehung letztlich auszuhöhlen.

Der Mentor in der Datingphase

Anziehung: wie du seine Aufmerksamkeit erregst

Die intelligenten, quirligen Mentoren geraten immer wieder ins Scheinwerferlicht. Dabei haben sie eigentlich gar nicht vor, sich in den Vordergrund zu spielen. Eher schon stellt ihr unaufhörlich charmantes Geplauder eine Art Angebot dar, eine offene Einladung – doch insgeheim ist es vielleicht auch ihre Art, Gleichgesinnte für sich zu interessieren.

Du möchtest einen Mentor für dich interessieren? Dann geh auf ihn zu. Buchstäblich. Schalt dich in sein Gespräch ein und bombardier ihn mit Fragen. Zieh ihn ein wenig auf – oder nimm ihn auch richtig auf die Schippe, wenn's nicht anders geht. So was lieben sie nämlich. Die meisten Mentoren haben ein dickes Fell, können gut über sich selbst lachen und schrecken nicht einmal davor zurück, sich in aller Öffentlichkeit zum Affen zu machen. (»Dann hat mich der Rausschmeißer doch tatsächlich hinters DJ-Pult gezerrt und 'ne Viertelstunde dort sitzen lassen, damit ich mich beruhige ...«)

Begegne dem Mentor mit genau der Energie, die er selbst auch hat. Erzähl ihm eine saukomische Geschichte aus deiner Vergangenheit. Dass du sie des Effekts wegen schönst oder übertreibst, stört ihn kein bisschen, im Gegenteil, so was lieben diese Leute. Denn manchmal brauchen sie eben etwas Drastisches, um innezuhalten, sich fallen zu lassen und zuzuhören.

Sobald der Mentor anfängt, philosophisch zu werden, solltest du seine Hypothese einfach aufgreifen – worum es dabei auch immer gehen mag. Seine Ideen dürften brillant sein, vermutlich auch ein bisschen esoterisch. Ermuntere den Mentor, dir ein bisschen mehr darüber zu erzählen. Und vielleicht überraschst du ihn ja sogar mit einem interessanten Aspekt, einem Diskussionsbeitrag, der ihn zum Nachdenken bringt.

Mentoren sind es gewohnt, immer die klügsten, witzigsten und unterhaltsamsten Personen im Raum zu sein. Was aber auch ziemlich einsam machen kann. Ihr Interesse weckst du im Nu, indem du sie zum Lachen bringst oder zum Zuhören. Das Gespräch mit einem Mentor ist wie ein gutes Tennismatch. Honoriere seine wilden Geschichten und intelligenten Wortspiele – vergiss dann aber nicht, den Aufschlag zurückzugeben.

Der Flirt mit einem Mentor

Die schelmischen Mentoren sind nie *nicht* am Flirten. Diese scharfen Beobachter*innen machen sich schnell ein Bild von anderen und spiegeln deren Körpersprache, um ihnen ein gutes Gefühl zu geben. Sie reißen Witze, deren Pointe eigentlich von einer Fanfare unterlegt sein müsste, so schlecht sind sie. Aber genau darum geht es den Vertreter*innen dieses Typs ja: Sie wollen, dass du dich locker machst. Sie sind in der Lage, dich so aufzuziehen, dass du dich zwar entblößt fühlst, aber nicht beleidigt bist. Das ist ihr ganz großes Talent.

Und was Mentoren von anderen brauchen? Lediglich ein dankbares Publikum. Also lach ruhig lauthals über den Quatsch, den sie verzapfen. Der ist ironisch gemeint. Zahl es ihnen mit deinem allerbesten Flachwitz heim und verwickle sie in cleveres Geplänkel. Nichts macht einen Mentor so an wie das Funkeln deiner Augen. Dan, ein Mentor, der fürs Fernsehen arbeitet, kann aus jedem Gespräch ein trashiges Zwei-Personen-Stück machen und liebt nichts so sehr wie Frauen, die diese Neigung begreifen und mit ihm zusammen alberne Texte verfassen.

Wie dir der Mentor sein Interesse zeigt

Wenn ein Mentor auf dich steht, ist das kaum zu übersehen. Auf einer Party schaut er sich mit einem Mal nicht mehr um, sondern fängt ein Gespräch mit dir an. Nur mit dir. Dann bittet er dich um deine Nummer und macht von ihr Gebrauch wie von einem viel genutzten Alltagsgegenstand: oft und zu jeder Tageszeit. Wogegen du wahrscheinlich gar nichts einzuwenden hast. Genauso wenig wie gegen den ständigen Strom urkomischer Nachrichten, Memes, Videos und News, die dich sogar nach dem Zubettgehen noch zum Lachen bringen.

Schenkt dir ein Mentor seine Aufmerksamkeit, darfst du davon ausgehen, dass er dich zumindest attraktiv findet. Denn dieser Archetyp hat das Elster-Syndrom und verplempert seine Zeit mit nichts, was nicht strahlt und funkelt.

Allerdings mit einer gewissen Einschränkung: Auch wenn der Mentor auf dich steht, heißt das noch lange nicht, dass du sein einziger Augenstern bist. Denn diese multidimensionalen Wesen können gut und gern für fünf Personen auf einmal schwärmen. Sodass es auch sehr wahrscheinlich ist, dass besagter Mentor das GIF, das er dir gerade hat zukommen lassen, per Copy and Paste auch noch an andere Adressen schickt.

Damit du das aber nicht falsch verstehst. Für die Vertreter*innen dieses Typs ist das Gras auf der anderen Seite keineswegs grüner. Nur finden sie den Rasen dort eben auch ziemlich cool. Und solltest du vom experimentellen Schlag sein, tobt ihr euch vielleicht eines Tages sogar auf beiden Grünflächen aus. Gemeinsam.

Erste Schritte: umwerben

Mentoren lieben die Kommunikation! Also verwickle »deinen« in witzige, lebendige Text-Threads beziehungsweise Diskussionen und halt dich bloß nicht zurück. Wenn du es auf einen Mentor abgesehen hast, dann ist es besser, ihm an einem Abend 20 Nachrichten zu schicken, als eine Stunde die Füße stillzuhalten, weil du nicht »aufdringlich« erscheinen möchtest. Mentoren wollen jemanden zum gegenseitigen Necken. Also spar »deinem« gegenüber weder mit aktuellen News noch mit Tratsch oder Albernheiten.

Wichtiger Hinweis: Nörgel nie an einem Mentor herum, schimpf ihn nicht aus und setz ihn keinesfalls unter Druck. In der Anfangsphase genügt schon der geringste Hauch von Kontrolle oder elterlich anmutender Energie, und der Mentor ist auf und davon. Wie ein Geist.

Im Gespräch mit ihm können vier magische Worte Wunder wirken, um sein Interesse wachzuhalten: *Wie war dein Tag?* Schick sie ihm als Text-Message, Sprachnachricht, am Telefon und gern auch noch einmal vor dem Zubettgehen ... am besten rund um die Uhr.

Für dich hört sich das viel zu simpel an, um tatsächlich funktionieren zu können? Bleib mal trotzdem noch bei uns. Denn Mentoren wissen zwar ganz genau, wie sie unmittelbar mit jedem und jeder in Kontakt kommen können. Doch gehen diese Interaktionen nur selten über einen unbedeutenden Austausch hinaus. Und das zieht sie mit der Zeit doch ziemlich runter. Bleib du also bei der Stange. Zeig dem Mentor dein Interesse durchgängig, beständig, genau wie deine Fürsorge. Und stell die »Wie war dein Tag«-Frage. So wirst du zu einem kostbaren Juwel im Schmuckkästchen des Mentorenherzens.

Und dann machst du die Ohren auf. Denn über kurz oder lang wird der Mentor anfangen, dir von seinem Leben zu erzählen. So erfährst du die Namen seiner besten Kindheitsfreund*innen, gewinnst Einsichten in seine Schulzeit und wirst über seine*n »durchgeknallten« Ex(en) informiert.

Kleiner Hinweis: Mentoren neigen dazu, dieselben langen Geschichten wieder und wieder zu erzählen und dabei keine Einzelheit auszulassen. Also scheu dich nicht, den »deinen« hin und wieder auch mal zu unterbrechen. Denn ob du's glaubst oder nicht: Er will tatsächlich auch über dich etwas erfahren. Die Sache ist nur die: Mentoren brauchen nicht viele Aufforderungen, bevor sie anfangen zu erzählen ... zu erzählen ... und noch etwas mehr zu erzählen. Darüber vergessen sie dann oft, dass andere verbal nicht unbedingt auch so freigiebig sind wie sie selbst.

Wenn du mit einem Mentor unterwegs bist, präsentierst du dich ihm am besten energiegeladen, witzig und spontan. Dieser Typ steht für die Gegenwart und liebt es, im »Hier und Jetzt« zu sein. Schimmerndes versetzt Mentoren in Begeisterung, verzaubert und voller Freude deuten sie mit dem Finger darauf. Also trau dich unbedingt, dem Mentor deine Faszination über ihre Entdeckungen zu zeigen. Und wir raten dir: Plan für ein Date mit ihm einige Stunden ein, wenn nicht gar den ganzen Tag.

Die beiden Mentoren Rob und Lisette waren eines schönen Frühlingssamstags in New York zu Donuts und Cappuccino verabredet. Nach einer Stunde wollten sie sich eigentlich wieder verabschieden. Doch dann machte ihnen ihre Plauderei so viel Spaß, dass sie beschlossen, »noch etwas« in der Gegend spazieren zu gehen. Sie besichtigten eine Outdoor-Skulptureninstallation, probierten in einem Vintage-Laden Klamotten an, waren in einem Biergarten etwas trinken und mieteten sich Räder, um die Brooklyn Bridge zu überqueren. Als sie an der berühmten Pizzeria in der Nähe des anderen Brückenendes ankamen, war die Abendessenszeit längst vorbei und die beiden vollkommen hin und weg voneinander.

Solltest du allerdings hoffen, den Mentor ganz für dich allein haben zu können, brauchst du jetzt starke Nerven. Und gib dir alle Mühe, das Flackern seiner Aufmerksamkeit nicht persönlich zu nehmen und auf dich zu beziehen. Nimm bester Dinge und völlig unbefangen an den spaßigen Events teil, zu denen er dich einlädt. Zieh sein Interesse durch angeregte Gespräche und spontane Gegeneinladungen weiterhin auf dich. Denn die Rolle des besten Freundes, der besten Freundin ist der schnellste Weg, auch in den Genuss der nichtplatonischen Vergnügungen zu gelangen.

Die besten Schauplätze für Dates mit einem Mentor

- Geht irgendwo hübsch was essen, zum Beispiel im neuen Vegan-Schuppen, über den alle sprechen, oder in ein Lokal, das für seine sensationellen Ramen-Nudeln bekannt ist. Mentoren probieren gern interessantes Essen aus.

- Schnappt euch einen Coffee to go und geht im Lieblingsbezirk des Mentors spazieren, seht euch unterwegs in Vintage-Plattenläden oder in Geschäften mit originellen Haushaltswaren um, und vielleicht schaut ihr auch noch auf dem Markt vorbei und besorgt euch die Zutaten für ein leckeres Essen, das ihr dann zu Hause kocht. Zeig dem Mentor, wie spontan ihr sein könnt.

- Die umtriebigen Mentoren sind DIY-Freaks. Also wäre es keine schlechte Idee, mit »deinem« einen Workshop zu besuchen – vielleicht für Glasbläserei, mexikanische Küche, Tarot – oder vielleicht auch einen Malkurs.

- Treibt zusammen Sport, am besten Partnersport wie Squash, Tennis, Salsa, Kanufahren.

- Macht einen Ausflug mit klarem Ziel, aber variabler Route und viel Zeit für Zwischenstopps, wenn der Mentor unterwegs zum Beispiel eine Bonbonmanufaktur, Trödelscheune oder einen Streichelzoo entdeckt.

- Besorg Tickets für einen Comedy-Club oder die Show eines bekannten Comedians. Mentoren lieben es, gemeinsam zu lachen.

- Macht Camping (oder Glamping). Das Toben im Wald bringt bei »deinem« Mentor nur die allerbesten Seiten zum Vorschein, denn die Vertreter*innen dieses Typs fühlen sich in der freien Natur immer am lebendigsten. Vielleicht sammelt ihr Holzstücke, Zweige oder andere Dinge, aus denen ihr später etwas basteln könnt, oder ihr sucht essbare Beeren und Kräuter.

Der Mentor in der Beziehung

Für den Mentor ist eine Beziehung ohne das ganze Drum und Dran keine Beziehung. Denn er will nicht einfach Gesellschaft oder einen warmen Körper neben sich. Vielmehr brauchen die Vertreter*innen eine dynamische, interaktive Partnerschaft mit einem Menschen, der das Leben in vollen Zügen genießt, eine Beziehung, in der sich zwei gegenseitig aufmuntern und das Abenteuer Leben von Moment zu Moment auskosten.

Für die ewig jugendlichen Mentoren muss sich eine Beziehung spannend, überschwänglich und unterhaltsam anfühlen. »Ach, vergiss doch das Zusammen-alt-Werden«, sagt Mentor Shawn augenzwinkernd. »Ich will gemeinsam jung bleiben. Denn was soll das Ganze denn sonst?«

Weil es in ihrer Natur liegt, ihr Gegenüber zu spiegeln, brauchen Mentoren viel Interaktivität im Miteinander. Denn für diesen I*AM-Typ besteht eine »märchenhafte Beziehung« nicht aus einem Diamantring im Prinzessinnenschliff und einer Person, die vor ihm in die Knie geht (obwohl sie auch das gern mehr als billigend in Kauf nehmen), sondern aus stundenlangen faszinierenden Gesprächen.

Die meisten Mentoren verfügen über eine Art teuflischen Humor. Sie spielen ihrem Lieblingsmenschen Streiche, ziehen ihn gnadenlos auf (ohne allerdings bestimmte Grenzen zu überschreiten) und legen ein Reservoir an Insiderwitzen an, die alle zum Schießen sind – oder auch nicht.

Letzten Endes »gamifizieren« Mentoren ihre Beziehung. So halten sie das Level von Spannung und Aufregung aufrecht, das dafür sorgt, dass ihr Interesse lebendig bleibt. Mentoren wissen nämlich genau, dass aus allzu großer Vertrautheit leicht Geringschätzung werden kann. Also wechseln sie rechtzeitig die Spur, damit es so weit erst gar nicht kommt. Sie machen aus täglichen Routinen Wettbewerbe und Wetten mit urkomischen Preisen (ganz zu schweigen von den spielerischen Bußen für die/den Loser*in).

Als in Los Angeles Mentor Phaedra zusammen mit ihrer Freundin Haley einen Bungalow bezog, hatte sich bei den beiden schon eine gewisse Langeweile eingestellt. Um dieser entgegenzuwirken, fasste Phaedra den sonnenbeschienenen Garten hinter ihrem Häuschen ins Auge und forderte Haley zu einem Tomaten-Wettbewerb heraus. Dafür bekam jede ein Tomatenpflänzchen, das sie über den Sommer bringen musste. Und wer am Ende die meisten Früchte erntete, würde einen ganzen Monat lang vom Geschirrspülen befreit sein – einer Haushaltspflicht, die beide gleichermaßen hassten. Der Plan schlug voll ein. (Gewonnen hatte Phaedra.) Seitdem sind die beiden bei Spielchen dieser Art geblieben und veranstalten alle möglichen Competitions, von Backwettbewerben bis hin zu Schnitzeljagden.

In den Beziehungen von Mentoren können solche Albernheiten Tradition werden – und darauf beschränken sie sich noch längst nicht. Hinzu kommen Kosenamen, Klamotten im Partnerlook, Mottopartys, spielerische Rangeleien und viele, viele Naschereien, die sie als Kind geliebt haben (oder nicht essen durften). Geburtstage werden mit Spielen, Preisen, Schokoladenfondue und besonderen Getränken gefeiert.

Aber auch im Leben – und in den Beziehungen – von Mentoren ist nicht alles Jux und Dollerei. Denn so schnell sie auch auf jede spielerische Energie reagieren, so abgestoßen fühlen sie sich bereits von der leisesten Provokation. Die »grundlose Kritik« einer Vorgesetzten, der unhöfliche Kassierer im Supermarkt, ein Elternteil, der dem Mentor beim Abholen der Kinder einen schrägen Blick zuwirft … werden die Empörungssensoren des Mentors von solcherart Verhaltensweisen getriggert, heißt es nur noch: besser Kopf einziehen!

Denn Mentoren müssen oft Dampf ablassen. So richtig zetern! Und ihre Beziehung ist nun mal der einzige Ort, an dem sie loslassen können, ohne ihren Ruf als immer fröhliches Party-Animal aufs Spiel zu setzen. Die Beziehung muss daher Raum für ihre verbalen Entgleisungen bieten, anders geht's nicht. Denn du weißt ja: Jeder Mentor ist ein Spiegel. Er wird zu deinem Resonanzboden und du zu seinem.

Auch wenn er gern ungefiltert vor sich hin plappert, muss er sich mit seinem, seiner Liebsten oft und viel unterhalten können. Und das Problem? Besteht darin, dass sein ewig ungebremstes Geschnatter den Menschen seines Herzens irgendwann überfordert. Deshalb wäre jedem Mentor eine Vielzahl von Freund*innen zu wünschen, die er anrufen kann, wenn seine Nummer eins gerade mal nicht alles stehen und liegen lassen kann, um ihm ihr Ohr zu leihen (wozu *er* jederzeit bereit wäre). Für den Mentor kann so die Unterstützung von außen – Freunden, Coaches, Therapeutinnen, Heilzirkeln oder seiner Mastermind-Group – buchstäblich zur Beziehungsrettung werden.

Die Zauberwörter Anpassung und Mäßigung bezeichnen Eigenschaften, die Mentoren enorm voranbringen würden. Denn sie müssen lernen, dass sie ihren Liebsten auch mal die Chance geben sollten, zu ihnen aufzuschließen. Das heißt: Mentoren sollten möglichst immer wieder mal einen Gang runterschalten – der Liebe wegen.

Traditionellen Vorstellungen brauchen Beziehungen für den Mentor nicht zu entsprechen, eher im Gegenteil – umso besser, wenn sie es nicht tun. Viele Mentoren sind monogam; in langfristigen Bindungen aber sind es gerade die Vertreter*innen dieses Typs, die am häufigsten eher unkonventionell leben, etwa in getrennten Wohnungen, einer offenen Beziehung oder unter gelegentlicher Hinzuziehung einer dritten Person im Bett. Experimente geben dem Mentor den Dopaminkick, nach dem er sich immer sehnt (aber auch den Absturz, den er erlebt, wenn er es bunt treibt).

Obwohl wahrscheinlich die meisten Mentoren von sich behaupten würden, sie wären kein bisschen eifersüchtig, entspricht das in aller Regel nicht der Wahrheit. Und auch das gilt für diesen I*AM-Typ: Sobald sich ein*e Partner*in zurückzieht – oft weil der Mentor allzu entschieden auf Freiraum besteht –, tritt augenblicklich ein starker Anziehungseffekt auf und das Interesse des Mentors wird neu entfacht.

Sobald die Beziehung allzu gemütlich wird, neigen Mentoren dazu, ihre Liebsten für selbstverständlich zu halten. Doch ist es mit der täglichen Routine, an die sie sich so gewöhnt hatten, dann vorbei, fühlen sie sich von Gott und der Welt verlassen. Denn diese natürlichen Spiegel beziehen aus ihrem Liebesverhältnis nicht nur allgemeine Bestätigung, sondern den schieren Beweis für ihre Existenz. Und ruft der Mentor in die Leere hinein, ohne von jemandem erhört zu werden – hat er dann überhaupt einen Ton von sich gegeben?

Aber was sollen wir sagen: Er muss wohl erst den Verlust einer (oder auch mehrerer) liebevoller Beziehungen erleiden, bevor er erkennt, wie wichtig gerade die kleinen Dinge im Leben sein können. Bis Mentoren lernen, auch in weniger aufregenden Phasen einer Beziehung nicht gleich wegzulaufen und/oder sich anderweitig zu orientieren, beschreibt der Songtitel »Don't Know What You Got (Till It's Gone)« (etwa »Erst wenn's vorbei ist, weißt du, was du bislang eigentlich alles hattest«) ihr Liebesleben ziemlich genau.

Was sich der Mentor von seiner Partnerschaft erhofft

Regel Nummer eins: Sei nicht langweilig! Denn damit sie das Interesse an dir nicht verlieren, brauchen die quicklebendigen Mentoren viel Abwechslung. Was auch Sinn ergibt: Ihr Horoskop wird nämlich hauptsächlich von Planeten bestimmt, die sich bei ihrer Geburt in den veränderlichen Zeichen mit den wechselhaftesten Energien des gesamten Tierkreises befanden. Und je facettenreicher du bist, desto besser passt du also wahrscheinlich auch zu den mehrdimensionalen Mentoren.

Diese brauchen Beziehungen mit Menschen, die mit dem ständigen Wechsel ihrer Interessensgebiete Schritt halten können und die ihre Leidenschaft für neue Ideen teilen. Mentoren fühlen sich von aufgeschlossenen, wissbegierigen Persönlichkeiten angezogen, mit denen sich gut ausgedehnte philosophische Diskurse führen lassen. Die musikalische Janelle – Mentor – singt wahnsinnig gern, verliert jedoch beim Komponieren ihrer Songs schnell die Geduld. Aber glücklicherweise hat sie Scott an ihrer Seite, der den Staffelstab übernimmt, Janelles angefangene Melodien fertigstellt und als Toningenieur fungiert, sobald sie sich bereit fühlt, ins Studio zu gehen.

Mentoren sind schillernde Persönlichkeiten, denen es an Fans in aller Regel nicht fehlt. Und da sie es sich deshalb leisten können, wählerisch zu sein, suchen sie jemanden, der für sie sowohl intellektuell als auch in puncto Geselligkeit interessant ist. Was das betrifft, haben diejenigen Personen bei den ruhelosen Mentoren die besten Chancen, die in Sachen Kultur und Entertainment die meisten Termine im Kalender stehen haben. Wenn die sich dann noch ein Leben voller Abenteuer vorstellen können – mit jeder Menge Filmfestivals, VIP-Konzertkarten, Wochenende in malerischen Weinanbaugebieten und Reisen mit dem Luxuswohnmobil –, müssen sie die Mentoren eigentlich nur noch vom berühmten »Glücklich bis an ihr Lebensende« überzeugen.

Die stylische Mentorfrau Raquel, die aufgrund ihres Jobs in der Mode-PR zu den besten Partys und Vernissagen eingeladen wurde, traf bei einer Abendveranstaltung mit DJ auf den Hotel-Investor Fred. Dieser lud sie gleich fürs kommende Wochenende nach Barcelona ein, wo er ihr eine eigene Suite im gerade erst neu eröffneten Hotel seiner Firma spendierte. Von Raquel erhoffte er sich im Gegenzug etwas PR in den Medien, mit denen sie kooperierte. Ein solches Angebot konnte Raquel einfach nicht ausschlagen! »Mit der Liebe meines Lebens die Welt bereisen – davon habe ich schon immer geträumt«, gestand sie uns. »Mit Fred konnte ich mir das durchaus vorstellen. Also dachte ich, vielleicht ist er ja der Richtige. Und wollte es einfach ausprobieren.«

Zur Wahrheit gehört aber auch, dass sich Mentoren ebenso schnell ver- wie entlieben. Sie begeistern sich oft für Fremde, die über ihre Witze lachen, an ihren Lippen hängen oder ihnen versichern, wie brillant sie sind. (Und in aller Regel sind sie das ja tatsächlich.) Das Zusammensein mit einem Mentor bedeutet aber auch zu akzeptieren, dass dieser in sein Spiegelbild verliebt ist ... das er in deinen Augen sieht.

Mitunter jedoch kennen Mentoren keinen Unterschied zwischen Liebe und Schwärmerei. Unsere Freundin Mentor Tonya hat eine stürmische Beziehung nach der anderen, in der zwischen erstem Date und Heiratsantrag gefühlt immer nur Tage liegen. Vor ein paar Jahren hat sie sich sogar im Flugzeug verlobt. Wie sie zugibt, wusste Tonya zu diesem Zeitpunkt nicht, ob sie den Mann wirklich liebte oder sich nur vom Zauber des Moments hatte verleiten lassen, Ja zu sagen. Zwar führte sie diese Beziehung (wie viele andere auch) nicht ins Standesamt, Tonya und ihr Flugzeug-Verlobter pflegen aber auch heute noch eine gute Freundschaft, in der sie mitunter sogar gewisse Benefits miteinander teilen.

Gegen den einen oder anderen Höhenflug mit einem Mentor ist absolut nichts zu sagen. Achte nur darauf, dass du die Person genauso intensiv *magst*, wie du sie zu lieben vorgibst. Echtes Interesse lässt sich nämlich nicht faken. Und rehäugiges Anschmachten führt auch nicht zum Ziel. Was Mentoren nämlich von ihren Liebsten brauchen, sind nicht nur *echte* Anbetung und Bewunderung, sondern auch, dass sie ihnen immer wieder sagen, wieso und warum sie diese großen Gefühle für sie hegen. Denn für Mentoren besteht die Sprache der Liebe zu 100 Prozent aus verbaler Bestätigung.

Da Mentoren schnell mit emotionalen Reaktionen bei der Hand sind, geraten sie auch leicht in einen Zustand der Überforderung. Genau deshalb brauchen sie auch Partner*innen, die ihnen helfen, sich zu erden, und ihnen ein Gefühl der Stabilität geben. Am besten geht es ihnen in Beziehungen, die auf großem Vertrauen beruhen und in denen sie das Gefühl haben, sich vollkommen frei ausdrücken zu können, ohne auf irgendeine Weise be- oder verurteilt zu werden. Das Problem dabei: Der unwiderstehliche Reiz, den Risiken, alles Unbekannte und sogar Gefahren auf Mentoren ausüben, kann dazu führen, dass ihren Partner*innen jegliches Sicherheitsgefühl abhandenkommt.

Und noch etwas ist Mentoren nur selten bewusst: Obwohl sie sich sehr nach Verbundenheit sehnen, legen sie doch ziemlich großen Wert auf Unabhängigkeit und fühlen sich überhaupt nicht gern gebunden. Eingeschränkt noch weniger. Sie lieben ihre Freiheit und brauchen Partner*innen, die Verständnis dafür haben und ihnen Raum geben, wann immer sie ihn benötigen.

Eine Warnung wollen wir an dieser Stelle jedoch noch aussprechen: In Beziehungen neigen Mentoren dazu, sich rebellisch zu geben und die Grenzen ihrer Liebsten auszutesten. Und wie sie das tun! Bereite dich also darauf vor, gegebenenfalls ein Machtwort sprechen zu müssen. Denn ist die Phase der ersten Verliebtheit einmal unbeschadet überstanden, sind im Umgang mit einem Mentor klare, unmissverständliche Grenzen ein Muss.

Du magst es nicht, wenn der Mentor dich während einer Videokonferenz mit deinem Chef stört? Kannst es nicht leiden, dass er unter der Woche abends allzu lang mit seinen Trinkkumpanen abhängt? Der Mentor wird versuchen, dich davon zu überzeugen, dass du aus einer Mücke einen Elefanten machst, in Wahrheit aber weiß er ganz genau, wann er sich danebenbenimmt. Denn in vielen Vertreter*innen dieses Typs steckt ein Saboteur, eine pubertierende Rebellin, die nicht bereit sind, sich irgendetwas sagen zu lassen. Und der/die Partner*in muss lernen, hart zu bleiben, ohne in die Elternrolle zu verfallen. Denn die »gemeine Mama« oder der »böse Papa« geben dem Mentor nur noch mehr Ausreden dafür an die Hand, dass er sich wie ein Kind aufführt – und davon hat ja nun wirklich niemand was.

Statt also loszupoltern, solltest du dem Mentor eine klare Ansage machen: »Für mich geht dein Verhalten so nicht.« Und nachdem du ihm die Gründe für deine Haltung erklärt hast, forderst du ihn auf, sie in seinen eigenen Worten zu wiederholen, damit du auch sicher sein kannst, dass er dich verstanden hat. Denn in Fällen wie diesen kann die Spiegeltechnik Wunder wirken.

Sollte sich der Mentor als Wiederholungstäter erweisen, bist du gut beraten, ihm die Konsequenz seines Handelns vor Augen zu führen à la: »Wenn du mich noch einmal bei der Arbeit unterbrichst, schließe ich die Tür meines Homeoffice künftig ab.«

Wichtiger Hinweis: Droh keine Konsequenzen an, wenn du nicht bereit bist, sie auch durchzuziehen. Denn charmant, wie Mentoren nun einmal sind, können sie sich aus allem Möglichen herausreden und ihr Gegenüber damit entwaffnen. Doch vor Menschen, die tun, was sie sagen, haben sie Respekt, selbst wenn sie von ihnen auf die Schweigetreppe geschickt werden.

Und obwohl es allen Konventionen widerspricht – im Grunde finden Mentoren es gar nicht schlecht, wenn ihr Lieblingsmensch sie ein wenig verunsichert. Bei der Stange hältst du sie übrigens am besten, indem du ihnen zeigst, dass du sie jederzeit verlassen könntest. Und darin besteht, wenn man so will, das große Geschenk, das »dein« Mentor dir macht: dass du dich nie gehen lassen und zum selbstzufriedenen Faultier mutieren wirst. Denn die Vertreter*innen dieses Typs lieben Partner*innen, die jene kostbar schimmernden Schmuckstücke bleiben, denen sie auf dem Ritt in den Sonnenuntergang ewig nachjagen können.

Beziehungsprobleme, denen sich Mentoren häufig gegenübersehen

- **Fehlender Fokus.** Dem leicht abzulenkenden Mentor, dessen Aufmerksamkeit von 1000 Projekten und Bekannten in Anspruch genommen wird, fällt es schwer, sich hundertprozentig auf seinen Lieblingsmenschen zu fokussieren. Was unbeabsichtigt leider oft zur Folge hat, dass dieser sich vernachlässigt oder hintangestellt fühlt.

- **Drama.** So unbeschwert Mentoren im Allgemeinen auch sein können, neigen sie doch dazu, selbst geringfügigstes Fehlverhalten übelzunehmen. Ein falscher Blick oder eine gedankenlose Bemerkung des Partners kann sie aus der Bahn werfen und alles Gute in der Beziehung vergessen lassen.

- **Abwehrbereitschaft.** Mentoren sind zwar prinzipiell zu jeder Schandtat bereit, wenn es aber darum geht, dass sie ernsthaft kritisiert werden, fühlen sie sich schnell auf den Schlips getreten und können ausgesprochen dünnhäutig reagieren. Doch sobald einer derart verteidigungsbereit anfängt, die Stacheln aufzustellen, wird es für seine*n Partner*in schwer, auch nur den kleinsten Konflikt beizulegen.

- **Widerborstigkeit.** Die rebellische Seite der Mentoren erzeugt in ihrer Beziehung oft eine Art Eltern-Kind-Dynamik, die das Gleichgewicht empfindlich stören kann.

- **Umherschweifende Blicke.** Verbindlichkeit stellt gerade für diesen Persönlichkeitstyp mit seiner Vorliebe für Abwechslung eine große Herausforderung dar; denn sobald eine Beziehung droht ernster zu werden, bekommen es viele Mentoren mit dem Auf-der-anderen-Seite-grüneren-Gras-Syndrom zu tun. Sie sollten sich vor eventuellem unsicher-vermeidenden Verhalten vorsehen, das sich etwa in Form der Idealisierung einer Expartnerschaft äußern kann oder sogar als Flirt, der das Zeug hat, sich zu einer Affäre auszuwachsen.

- **Überforderung**. Mentoren externalisieren viel – sie analysieren, verarbeiten, explorieren, wollen Lösungen durchsprechen. Dabei kann es sein, dass sie ihrem Gegenüber, das als ihr Resonanzboden oder auch als Therapeut*in fungiert, zu viel zumuten, woraus sich eine erhebliche Belastung für die Beziehung ergeben kann.

- **Verkomplizierung**. Alles hübsch einfach halten? Kommt ja gar nicht infrage. Wenn Mentoren etwas sind, dann detailverliebte Alles-unnötig-kompliziert-Macher*innen. Mit der Folge, dass die vermeintlich hilfreichen Dinge, die sie sich einfallen lassen, oft so verzwickt und unübersichtlich sind, dass ihre Lieben nicht mit ihnen klarkommen: »Verdammt noch mal! Wie funktioniert denn diese dusselige Fernbedienung nun wirklich?«

Was du tun kannst, damit die Beziehung mit einem Mentor von Dauer ist

- **Schränk ihn nicht ein**. Mentoren müssen sich frei fühlen können. Wenn du ihn also in deinem Einflussbereich behalten möchtest, sieh zu, dass du ihn an der langen Leine führst. Denn solange er zumindest ein paar Stunden täglich den Eindruck hat, niemandem gegenüber irgendwelche Verpflichtungen zu haben, dürfte er kaum einen Ausbruchsversuch unternehmen wollen. Im Gegenteil: Wahrscheinlich wird er all den Fremden, die ihn anmachen, von dir vorschwärmen. Weil du ja so toll bist!

- **Geh nicht auf seine Launen ein.** Mentoren sind ständig auf der emotionalen Achterbahn unterwegs; wenn du aber versuchst, neben ihnen Platz zu nehmen, wird es dich bald aus der Kurve hauen. Also halt Abstand, wenn »deiner« seinem Ärger (oder sonst irgendwas) Luft machen will. Sollte er einen Rat brauchen, wird er dich schon darum bitten.

- **Leg absolute No-Gos fest.** Mach absolut und unmissverständlich klar, was für dich überhaupt nicht geht. Der Mentor wird deine Konsequenz, was das betrifft, bestimmt immer mal wieder testen. Dann musst du ihm zeigen, wie ernst es dir damit ist.

- **Lebe dein Leben.** Kümmer dich um deine Angelegenheiten, geh deinen Leidenschaften nach und mach den Mentor bloß nie zum Mittelpunkt deines Lebens. Nicht nur, weil ihn das allzu sehr unter Druck setzen würde, sondern auch, weil er sich langweilt, sobald du nichts Neues, Aufregendes und Spaßiges mehr in die Beziehung bringst.

- **Halt ihn auf Trab.** In einer Beziehung kann der Mentor ziemlich bossy werden und den/die Partner*in wie den Vorsitzenden seines Fanclubs behandeln. Am besten gehst du damit um, indem du ihm zeigst, dass du ihn jederzeit verlassen kannst – schlag dabei aber nach Möglichkeit keinen aggressiven Tonfall an!

- **Bewundere ihn.** Gib ihm Bestätigung. Bewundere ihn für seinen überlegenen Intellekt, seine unfassbar genialen Ideen und generell unerreichte Grandiosität. Mach ihm Komplimente – entweder unmittelbar oder auch einem Kreis von Menschen gegenüber, wenn er in Hörweite ist.

- **Lass ihm Zeit zum Überlegen**. Rechne mit Unentschlossenheit und Wankelmut. Wappne dich gegen Indiskretionen. Es wird ohne jeden Zweifel Momente geben, in denen der Mentor eure Beziehung infrage stellt – und das garantiert, wenn es am unpassendsten ist: unmittelbar vor der Erneuerung eures Ehegelübdes oder vor dem ersten Besuch bei den Eltern. Eine solche Situation weckt zweifellos deinen Selbsterhaltungstrieb, versuch aber bitte trotzdem, dich nicht zurückzuziehen oder zum Gegenschlag auszuholen. Mentoren stellen alles infrage. Das ist einfach Teil ihres analytischen Naturells.

- **Hol dir Unterstützung**. Mitunter gestehen Mentoren ein, dass sie sich von einer anderen Person angezogen fühlen. Wenn du dann die Nerven behältst und dir von seinen Fantasien erzählen lässt, reicht das oft schon, um ein eventuelles Drama abzuwenden. Vielleicht ist es aber auch Anlass, euch paartherapeutische Hilfe zu suchen – was bei einem so verbal orientierten Typ wie dem des Mentors nie verkehrt ist.

DIE KOMPATIBILITÄT DER I*AM-TYPEN

WIE DIE DREI I*AM-TYPEN MITEINANDER KLARKOMMEN

»Passen wir zusammen?« So lautet zweifellos die Frage, die Astrolog*innen am häufigsten gestellt wird. Uns ist auch klar, warum. Denn wenn zwei Menschen beschließen, ihre Energien miteinander zu verbinden, ist sonst ja immer schwer zu sagen, welcher »Cocktail« dabei herauskommt. Und Unsicherheit ist beängstigend, insbesondere, weil das Scheitern einer Beziehung auch alle anderen Lebensbereiche aus dem Gleichgewicht bringen kann.

Aber dann sind da natürlich auch noch die magischen Momente, in denen einfach alles nur so fließt. Das Schwärmen und Romantisieren liegt uns Menschen im Blut: die Hoffnung, mit dem Soulmate an unserer Seite das höchste Glück erleben zu können.

In all den Jahrzehnten, die wir nun schon viele Menschen in Sachen Liebe beraten haben, ist uns noch keine einzige konfliktfreie Beziehung untergekommen. Und eigentlich sind wir uns auch ganz sicher, dass es so etwas gar nicht gibt. Deshalb unterscheidet sich unser Verständnis von Kompatibilität grundlegend von den sonst gängigen Auffassungen. Denn wir bieten keine eindeutigen Antworten wie etwa »Ihr passt perfekt zusammen« oder »Mit euch kann das nie und nimmer was werden«. Vielmehr werden wir dir zeigen, an welchen Stellen ihr gut miteinander könnt und wo ihr mit größeren Reibungen rechnen müsst. Oder, um die Bar-Metapher noch einmal aufzugreifen: wo ihr zusammenpasst wie guter Gin und Wermut. Und wo ihr seid wie Bier und Wodka – die man besser getrennt voneinander genießt.

Das Wissen um die Kompatibilität oder Nicht-Kompatibilität der I*AM-Typen stellt eine gute Möglichkeit dar, gegenseitige Verträglichkeit zu *erzeugen*, statt bloß tatenlos auf sie zu hoffen. Im Folgenden verraten wir dir unsere besten Erfolgsrezepte für die möglichen Paarungen.

INNOVATOR + INNOVATOR = SCHREIBT DAS DREHBUCH NEU

Was gut funktioniert. Als autonom Denkende haben Innovatoren viel Verständnis für die Freiheits- und Souveränitätsbedürfnisse des/der jeweils anderen. Deshalb fühlen sie sich zumeist mit einem eher nicht-traditionellen Beziehungsmodell am wohlsten, das beiden Beteiligten genügend Freiraum gibt, ihren persönlichen Interessen nachzugehen. Viele solcher Paare haben getrennte Wohnungen oder verbringen jedenfalls eine Menge Zeit getrennt voneinander und legen generell mehr Wert auf Qualität als auf Quantität. Im besten Fall inspirieren zwei Innovatoren einander, ihre Vorlieben zu pflegen und als Individuen persönlich zu wachsen.

Woran gearbeitet werden müsste. Wer ist hier der Boss? Das Risiko dieser Paarung könnte darin bestehen, dass beide ziemlich festgelegt sind. Da jede*r genaue Vorstellungen davon hat, wie die Dinge laufen sollten, kann es zu Machtkämpfen kommen, in denen sich beide wenig kompromissbereit zeigen. Besonders schwer dürften sich zwei Innovatoren tun, wenn sie sich einen Raum teilen müssen, denn beide haben einen Hang dazu, sich auszubreiten, und sind imstande, um jeden Zentimeter Platz für ihre Projekte erbittert zu kämpfen. Auch mit der Kommunikation kann es so eine Sache sein, weil beide unter Umständen lieber selbst reden, als dem/der anderen zuzuhören. Fehlt es zwei Innovatoren an genügend Gemeinsamkeiten, besteht die Gefahr, dass sie sich auseinanderentwickeln. Ein solches Pärchen könnte seine intime Verbundenheit aufrechterhalten und fördern, indem sich beide bewusst um ein gemeinsames Projekt bemühen, zum Beispiel eine geteilte Herzensangelegenheit oder auch ein gemeinsames Business. Startet dieses Unternehmen oder plant eine große Veranstaltung gemeinsam. Zwei Innovatoren können Geschäft und Vergnügen schließlich optimal vereinbaren.

I + A

INNOVATOR + AUTORITÄT = EIN DOMINANTES DUO

Was gut funktioniert. Die beiden können Träume Wirklichkeit werden lassen! Innovator und Autorität bilden ein dynamisches Duo, das am laufenden Band beeindruckende Leistungen erbringen kann. Dabei übernimmt die Autorität mit Freuden das Projektmanagement, das den großen Ideen des Innovators Struktur gibt und dafür sorgt, dass sie realisiert werden. Derweil inspiriert der Innovator die Autorität mit seiner kreativen und visionären Kraft. Außerdem kann das Talent der Autorität zu präziser Planung eine gute Ergänzung der Neigung des Innovators darstellen, das theoretisch Mögliche den Niederungen der Praxis vorzuziehen. Wenn im Zusammenspiel von Innovator und Autorität beide auf ihre jeweilige Stärke setzen, kann aus ihnen ein echtes Traum-Power-Couple werden, das imstande ist, sich ein ebenso magisches wie beneidenswertes Leben zusammen aufzubauen – ohne in Schulden zu versinken oder bloß eine Show abzuziehen.

Woran gearbeitet werden müsste. Hier droht ein echtes Tauziehen! Unter Umständen unterscheiden sich die Vorstellungen, die die konservative Autorität und der rebellische Innovator vom Leben haben, so, dass sie über das Anfangsstadium einer Beziehung nicht hinauskommen. Oder sind sie vielleicht doch zu einem Kompromiss bereit? Bereit, aufeinander zuzugehen – und seien es auch nur wenige Zentimeter? Ihre unterschiedlichen Lebensphilosophien können Spannungen hervorrufen. Die Autorität zieht womöglich das Altbewährte vor, während der Innovator spontan sein und viel experimentieren möchte. Was zu Kommunikationsschwierigkeiten und bei der Verwirklichung gemeinsamer Projekte zu Konflikten führen kann. Während die Autorität etwa gern weit im Voraus plant, ist der Innovator nur zögernd bereit, sich festzulegen (»Schließlich kann ich ja nicht wissen, ob ich heute in acht Monaten Lust habe, auf ein Konzert zu gehen, klar?«). Unser Vorschlag: einen Kompromiss finden. Also zum Beispiel den Urlaub von langer Hand zu planen, Restaurantreservierungen dagegen eher spontan vorzunehmen. Auf diese Weise können Autorität und Innovator dem Minenfeld chronischer Konflikte, so gut es geht, ausweichen.

I + M

INNOVATOR + MENTOR = KREATIVLABOR

Was gut funktioniert. Haben diese zwei ein gemeinsames Projekt oder fühlen sich ein und derselben Mission verpflichtet, kann aus ihnen ein richtig dynamisches Pärchen werden. Beide lieben das Gefühl grenzenloser Möglichkeiten. Und die Realisierung scheinbar »utopischer« Vorhaben ist in vielen Fällen geeignet, die Beziehung zusammen- und lebendig zu halten. Dabei gibt der Mentor dem Innovator reichlich Gelegenheit, seine ambitionierten Ideen zu erklären, hört aufmerksam zu und gibt kluge Kommentare ab. Der Innovator seinerseits ermutigt den zerstreuten Mentor, seinen Worten Taten folgen zu lassen, und unterstützt ihn eventuell sogar mithilfe der zahlreichen Kontakte, über die er verfügt. Wo es allerdings bei beiden hapern kann, ist die praktische Planung ihrer Vorhaben. Da nämlich sowohl Mentor als auch Innovator dazu neigen, allzu optimistisch in die Welt zu schauen, sprengen ihre Ideen leicht den finanziellen und/oder zeitlichen Rahmen. Deshalb sollten sie gegebenenfalls überlegen, ob sie nicht vor der Lancierung ihres großen Vorhabens sicherheitshalber eine Autorität als Berater, Resonanzboden oder Projektleiterin hinzuziehen sollten.

Woran gearbeitet werden müsste. Beide, sowohl Mentor als auch Innovator, sind ebenso offen wie meinungsstark. Was unter Umständen zu handfesten Konflikten oder offenen Auseinandersetzungen führen kann. So könnten sie etwa, um ein Beispiel zu nennen, als Eltern vollkommen unterschiedliche Erziehungsstile bevorzugen und auf keinen grünen Zweig kommen, was den Umgang mit den Kindern angeht. In einem Konflikt erweist sich der Innovator womöglich als sehr distanziert und legt ausgeprägtes Kontrollverhalten an den Tag, womit er den Mentor verletzt, für den körperliche Nähe sehr wichtig ist. Für den Mentor würde eine feste Umarmung alles regeln; doch das kann das lädierte Ego des Innovators, das ihn eiskalt und unnahbar macht, nicht zulassen. Beide Typen zeichnen sich durch eine scharfe Zunge aus und gönnen einander in einer Auseinandersetzung nicht das Schwarze unter ihren Fingernägeln. Sie können aber auch noch in eine andere Falle gehen, und zwar indem sie sich gegenseitig zu therapieren versuchen und schließlich frustriert sind, weil niemand imstande ist, die Probleme des/der anderen zu lösen. Und die 1000 Projekte, die beide ständig am Laufen haben, machen es ihnen darüber hinaus schwer, nicht auseinanderzudriften. Zudem kann das Bedürfnis des Mentors nach Aufmerksamkeit und Außenreizen mit der Tendenz des Innovators kollidieren, total in seiner jüngsten Obsession aufzugehen oder Pläne zu machen, die den mehr auf Gemeinsamkeit angewiesenen Mentor nicht einbeziehen.

A + A

AUTORITÄT + AUTORITÄT = WACHSTUM ODER STAGNATION

Was gut funktioniert. Die Beziehung zweier Autoritäten kann für Stabilität, Sicherheit und Gewissheit stehen. Beide Partner fühlen sich in traditionellen Strukturen wohl. Praktische Dinge wie Finanzen und langfristige Planungen haben für beide Vorrang. Ist es an der Zeit, sich ein Haus oder ein größeres Auto anzuschaffen, ist die Wahrscheinlichkeit hoch, dass sie genau wissen, wo das Geld dafür herkommt, oder dass es sogar bereits auf einem extra dafür angelegten Sparkonto liegt. Ein Pärchen dieser Art könnte sich eigentlich auch gleich zwei gemütliche Schaukelstühle für die Terrasse zulegen, weil beide großen Gefallen an der Idee finden, gemeinsam alt zu werden – und sich oft sogar schon als junge Leute wie ein in die Jahre gekommenes Ehepaar verhalten. Stabilität finden sie sexy. Aber hey, *We listen and we don't judge.*

Woran gearbeitet werden müsste. Mit diesen beiden pragmatischen Seelen am Ruder kann die Beziehung schnell eintönig werden und in gleichmäßiges Fahrwasser geraten. Um die Dinge frisch und aufregend zu halten und nicht unversehens in die Friendzone abzugleiten, müssten sich die Autoritäten schon gezielt anstrengen. Sie sollten versuchen, öfter mal etwas zu unternehmen, was sie beide ein wenig aus ihrer Komfortzone herausbringt, etwa die jeweilige Landessprache lernen, wenn sie einen Urlaub im Ausland planen, einen Salsa- oder Skikurs besuchen, um ein bisschen Abwechslung in die Beziehung zu bringen und nicht in einen immer gleichen Trott zu verfallen. Gerade für diese Paarung hat die bewusste Pflege eines auf Wachstum programmierten Mindsets viele Vorteile. Denn ein Zweierpack aus Autoritäten kommt leicht zu der Überzeugung, Vorsicht garantiere Sicherheit. Und ja, vielleicht sind sie dadurch besser vorbereitet als andere, vermeiden aber können sie das Chaos auch nicht. Und wenn sie in der Lage wären, sich ein wenig mit dem Gedanken anzufreunden, dass jederzeit etwas passieren könnte, kämen sie mit unerwarteten Veränderungen deutlich besser klar.

Also wenn etwa das Dach des Eigenheims mit einem Mal den Regen durchließe oder einer der beiden aufgrund betriebsbedingter Kündigungen arbeitslos würde.

AUTORITÄT + MENTOR = UNTERSCHIEDLICHE REIFEGRADE

Was gut funktioniert. Wenn beide auf ihre jeweiligen Stärken setzen und sich bemühen, jede Polarisierung zu vermeiden, kann aus einer Autorität und einem Mentor ein dynamisches Pärchen werden – trotz oder gerade wegen der vielen Unterschiede, die zwischen ihnen bestehen. Und zwar, indem die Autorität zum Beispiel nicht nur für Struktur sorgt, sondern auch den Plan erstellt, den der Mentor mithilfe seines Innovationsvermögens und seiner Kreativität ausgestaltet. Die Risikobereitschaft und Neugier, die den Mentor auszeichnen, dürfte die Autorität als spannend empfinden, deren Sinn fürs Praktische wiederum die Impulsivität des Mentors ausgleichen kann. Mit dem Setzen von Prioritäten tun sich Mentoren schwer, doch da kann die Autorität helfen, indem sie klare Kante macht und kurzerhand eine Entscheidung trifft.

Woran gearbeitet werden müsste. Nun benimm dich doch endlich mal! Kommen der irrlichternde Mentor und die strenge Autorität zusammen, besteht die Gefahr, dass sich eine Eltern-Kind-Dynamik zwischen ihnen entwickelt. Und das ist ja sowas von gar nicht sexy! In dieser Paarung sehen wir die Autorität in der Rolle des/der Spielverderber*in und der Mentor hat ständig den Eindruck, um Erlaubnis bitten zu müssen. Dies mag ihn zwar vom Gedanken an die lästigen Begleitumstände des Erwachsenwerdens befreien, dürfte über kurz oder lang aber doch dazu führen, dass er sich bevormundet und infantilisiert fühlt. Derweil befindet sich die Autorität in der Falle des »Pass-auf-was-du-dir-wünschst«: Sie hat zwar die volle Kontrolle, dafür aber kein bisschen Spaß. Außerdem kann das Bedürfnis des Mentors nach Aufmerksamkeit und Spannung mit der Vorliebe der Autorität für Routine und Beständigkeit kollidieren. Denn wann immer der Mentor vergisst, eine Rechnung zu bezahlen, oder auf der Party zu viel trinkt, muss die loyale Autorität schließlich mal wieder den/die Erwachsene*n spielen. Und der Mentor fühlt sich alleingelassen, wenn die Autorität Arbeit und Pflichterfüllung gegenüber der gemeinsamen Freizeit den Vorzug gibt oder sich weigert, ihre Pläne kurzfristig für ein spontanes Abenteuer aufzugeben. Aber könntest du dieses verdammte Meeting denn nicht canceln … nur dieses eine Mal, bitte?

M + M

MENTOR + MENTOR = DER EWIGE KARNEVAL

Was gut funktioniert. Willkommen in der Spaßfabrik! In einer Beziehung zwischen zwei Mentoren wird es nie langweilig, und Ruhe kehrt auch nie ein. Denn dieses leidenschaftliche Paar liebt es, neuen Ideen nachzugehen und viel gemeinsam zu erleben. Die beiden reden und reden und reden … miteinander. Und auch die »Kennenlerngeschichten« dieser Kombi drehen sich oft um ein endloses Gespräch oder eine Party, die bis in die frühen Morgenstunden ging, gefolgt von einem gemeinsamen Brunch, einem kurzen Erholungsschlaf und einem Tag voller Abenteuer. (»... dann hat sie vorgeschlagen, dass wir uns Zugtickets kaufen und einfach irgendwo aussteigen. Und ich so: ›Klar, warum eigentlich nicht?‹«) Genau das ist auch das Geheimnis glücklicher Zwei-Mentor-Paare: diese »neue Beziehungsenergie«, die sie lange lebendig halten. Ihr ewiger Honeymoon. Wozu es in einem solchen Verhältnis allerdings leicht kommen kann, ist eine gewisse Rastlosigkeit. Manche Mentor-Pärchen zeigen sich unkonventionellen Beziehungsstrukturen gegenüber aufgeschlossen, um ihr Bedürfnis nach Abwechslung zu bedienen. Aber egal, wie: Am besten geht es Mentoren immer, wenn sie oft und lange miteinander sprechen. *Sehr* viel und *sehr* oft. Diese Pärchen (beziehungsweise Dreier, Vierer oder welche Konstellation die geselligen Mentoren auch wählen mögen) sollten sich jedenfalls auf langwierige Verhandlungen miteinander gefasst machen, wenn sie versuchen, sich auf das für sie optimal geeignete Beziehungsmodell zu verständigen.

Woran gearbeitet werden müsste. Bei zwei so spontanen Menschen besteht leicht die Gefahr, dass sie die Bodenhaftung verlieren oder ihre praktischen Alltagsverpflichtungen vernachlässigen. Schuldenberge können sich anhäufen, Rechnungen werden vergessen oder die gemeinsamen *Carpe-diem*-Träume zerplatzen schneller, als die Börse in der großen Wirtschaftskrise 1929 zusammengebrochen ist. Deshalb wäre es gut, wenn beide Partner*innen versuchen würden, sich zu erden, und ihren Enthusiasmus, ihre überbordende Kreativität um eine ordentliche Portion Realitätssinn ergänzen könnten. Wie wir gesehen haben, sind die ultrakommunikativen Mentoren bestens in der Lage, ihre Probleme eingehend zu diskutieren. Dabei besteht jedoch die Gefahr einer Entscheidungslähmung (Paralyse durch Analyse). Und die gute Nachricht? Sobald ihre systematische Seite zum Tragen kommt, können Mentor-Paare zu echten Problemlösungs-Profis werden, die jeder Herausforderung mit Abenteuergeist und Verspieltheit entgegentreten.

DER ASTROLOGIE-CODE IM ALLTAG

Wie sieht eigentlich das Privatleben der I*AM-Typen aus? Denn was ihre Freizeit betrifft, so gestaltet jeder der drei sie anders. Autoritäten verstehen unter Selbstfürsorge Verabredungen und genüssliches Chillen, während der rastlose Mentor gar nicht schnell genug zu seinem Notizbuch greifen kann, um die Gedanken aufzuschreiben, die ihm in einem seiner seltenen Momente der Ruhe in den Kopf kommen. Beim Innovator dagegen stellen sich die Pausen quasi überfallartig ein: Erst arbeitet er stundenlang wie wild, dann fällt ihm aus heiterem Himmel ein, er könnte ja kurz in sein liebstes indisches Restaurant gehen und was futtern oder in den Botanischen Garten, um zu meditieren.

Für die Vertreter*innen jedes der drei Archetypen empfehlen sich bestimmte gesunde Gewohnheiten, die ihr inneres Gleichgewicht stärken und das Beste aus ihnen herausholen – die jedoch auch leicht vernachlässigt werden, wenn man sich nicht bewusst auf sie besinnt. (Was vor allem für diejenigen Innovatoren gilt, die morgens immer das Frühstück vergessen.)

Auch Stilfragen werden wir natürlich nicht behandeln. Denn für alle I*AM-Typen kann Kleidung eine Kunstform darstellen, eine Möglichkeit, ihre innere Wahrheit kundzutun, ohne ein Wort verlieren zu müssen. Wobei viele Innovatoren auf ihre persönliche Farbpalette setzen. Autoritäten dagegen bevorzugen tendenziell die eleganten neutralen Töne. Und Mentoren bedienen sich ganz ungehemmt aus dem gesamten breiten Spektrum. Denn für sie gilt: Warum sich auf zwei, drei Farben fokussieren, wenn doch der ganze Regenbogen zur Verfügung steht?

Mit diesem Teil des Buches verbinden wir die Hoffnung, dass du ihn als Freibrief für umfassende ENTSPANNUNG verstehst. In unserer gestressten Welt wird Freizeit ja eher als Luxus aufgefasst – und nicht, wie es sein sollte, als Notwendigkeit. Und wir laden dich nun ein, den Astrologie-Code zu nutzen, um deine Batterien mit dem feinsten planetarischen Stoff wiederaufzuladen.

DIE I*AM-TYPEN IN DER FREIZEIT

Der Innovator braucht

unstrukturierte Mußestunden

Die Autorität braucht

kompromissloses Sich-Verwöhnen

Der Mentor braucht

Freiraum zum Verarbeiten seiner Gedanken und Gefühle

DER PERSÖNLICHE STIL

Stil ist subjektiv. Dinge, die der eine für Haute Couture hält, können bei einer anderen die innere Modepolizei auf den Plan rufen. Was allerdings die verschiedenen I*AM-Typen betrifft, fallen uns doch immer wieder bemerkenswert ähnliche Vorlieben in puncto Farben, Epochen und Silhouetten auf.

Die sozialen Medien machen uns alle zu Repräsentant*innen unserer eigenen Marke. Warum also schicken wir ein so klares Signal nicht auch ins Universum? Wenn man gesehen und wahrgenommen werden möchte, ist zweifellos Selbstbewusstsein eine große Hilfe. Und was das betrifft, kann uns die Herausbildung eines authentischen Stilgefühls – »Seht nur, das bin ich!« – einen ordentlichen Schub geben, wenn wir in die Welt gehen, uns unter die Leute mischen und unseren Zauber wirken.

DREI I*AM-TYPEN – DREI STILE

Innovatoren *stehen auf Originalität*
und prägen die Mode

Autoritäten *lieben's klassisch* – aber mit einem gewissen luxuriösen Extra

Mentoren *spielen gern mit Trends* aus allen Epochen

Innovator: persönlicher Stil

Farben

Überraschende Farbkombinationen, wild zusammengewürfelt

Design

Modisch trendsetzend. Der Stil des Innovators ändert sich je nach Fashion-Saison und beruht auf seiner jeweiligen Lieblingsära beziehungsweise den Inspirationen seiner momentanen Muse. Auch die Bezugnahme auf eine historische Epoche (zum Beispiel edwardianische Kragen oder die Miniröcke aus den 60ern) variiert oder ergänzt er immer um interessante individuelle Details.

Orte der Inspiration

Angesagte Städte und aktuelle Insider-Locations für Künstler*innen und andere Kreative: Paris, Marrakesch, Bali, Mexiko, Melbourne, Portland, Brooklyn, Dubai, Rio, Lissabon, Johannesburg, Tel Aviv, griechische Inseln.

Innovatoren gehen nicht mit der Mode, sie prägen sie. Diese originellen Trendsetter sind dem Rest der Welt immer mindestens eine Saison voraus. Mit ihren frischen, teils gewagten Looks stürmen sie als Superstars der Street-Wear die Moodboards der Designer*innen (und später deren Laufstege). Das I*AM-Profil von Anna Wintour, deren schneiderscherenscharfer Blick die Karriere aufstrebender Modeschöpfenden im Keim ersticken kann, weist ganze sieben Innovator-Planeten auf!

Als *die* Vorreiter*innen in Sachen Style, die sie nun einmal sind, haben sie größten Spaß daran, sich über die Regeln der sogenannten Modeexpert*innen hinwegzusetzen. Denk nur an Innovator Britney Spears in ihrem karierten Schulmädchen-Mini und den weißen Kniestrümpfen oder an Beyoncés paillettenbesetzte Bodys, die niemand sonst mit so viel Selbstbewusstsein tragen kann wie sie.

Innovatoren kümmern sich nicht um die Farbe des Jahres. Sie haben längst ihre ganz eigene Statementpalette mit Tönen und Nuancen, die sich bestimmt in keinem 08/15-Bekleidungsgeschäft finden lassen. Lachs und Lila mit Gold! Oder Karamell mit Neon-Pink. Du siehst also: Innovatoren denken weit über die zwölf Standardfarben des schulüblichen Malkastens hinaus und entscheiden sich oft für ganz unerwartete Kombinationen.

Weil für Innovatoren Originalität ein »Muss« ist, shoppen sie am liebsten in kleinen Boutiquen, gehen auf Trödelmärkte oder lassen sich auch schon einmal von begabten Freund*innen etwas Ausgefallenes auf den Leib schneidern. Was das betrifft, hat natürlich Beyoncé den Jackpot geknackt: Ihre Mutter Tina Knowles ist eine überaus begabte Modedesignerin und ihre Oma Agnèz Deréon war Schneiderin.

Was ihnen der Tag wohl bringen wird, wissen die spontanen Innovatoren nie so genau. Pläne, nach der Arbeit sofort nach Hause zu gehen, können schnell durchkreuzt werden, wenn eine Einladung zum Essen oder zu einem Karaokeabend reinkommt. Für diesen Typ ist das Layering immer eine gute Entscheidung. Außerdem sollten sie stets eine elegante Stola und ein paar hübsche Schuhe parat haben. Und als Accessoire empfiehlt sich Innovatoren eine (allerdings nicht zu große) Tote Bag.

Enge Kleidung und großes Make-up sind was für Events und Fotoshoots, in der Freizeit aber mögen es die Vertreterinnen dieses Typs eher leger. Weshalb farbige Sneakers und sportliche Klamotten wohl in den allermeisten Innovatorinnen-Kleiderschränken vertreten sein dürften. Auch mischen sie gern einige Urlaubsstücke in ihre Alltagsgarderobe. Weil sie der Meinung sind, dass Kaftans, Bikinioberteile, weit geschnittene Hosen aus fließenden Stoffen und flatternde Tuniken nicht allein dem Strand vorbehalten sein sollten.

Autorität: persönlicher Stil

Farben

Klassisch und schick. Oft steht eine starke Farbe wie etwa Burgunderrot oder Senfgelb im Vordergrund – ergänzt um neutrale Braun-, Grau-, Rosé- und Creme-Töne.

Design

Ausgewählte Klassiker. Elegant, wie Autoritäten nun einmal sind, lieben sie die Klassiker, zeitlose Silhouetten und Einzelstücke, die ebenso bequem wie stilvoll sind. Dazu setzen sie mitunter gern besondere Akzente, oft mit Accessoires.

Orte der Inspiration

Bright Lights, aber lieber nur mittelgroße Städte! Autoritäten bevorzugen elegante Orte, an denen sie sich herausputzen, »gehobenes« Design bewundern und in hervorragenden Restaurants speisen können. Solide und eher konventionelle Städte wie Austin, San Francisco, Nashville, Charleston, Savannah, London, Sydney, Chicago, Montreal, Dublin, Amsterdam und Mexiko-Stadt entsprechen perfekt dem gemäßigten Geschmack der Autorität.

Wer möchte sich zum Abendessen umziehen? [An dieser Stelle hebt die Autorität die Hand.] Für die nostalgisch veranlagte Autorität ist Mode eine Erfahrung: die willkommene Gelegenheit, ein beliebiges Ereignis in einen formellen Anlass zu verwandeln. Du möchtest einer Autorität ein Angebot machen, das sie auf keinen Fall ablehnen kann? Dann lad sie zu einem Event mit einem strengen Dresscode ein, der eine intensive Vorbereitung erfordert.

Denn Autoritäten leben bekanntlich in der Vergangenheit, und das heißt auch, dass sie auf die Präliminarien mindestens ebenso viel Wert legen wie auf den Anlass, für den sie sich eigentlich aufbrezeln. Und da werden so einige Termine fällig: Blow-out, Wimpern, Waxing, Nägel. Um sich die Entscheidung zu erleichtern, schicken die Vertreter*innen dieses Typs ihren Freund*innen Fotos von mindestens drei verschiedenen kompletten Outfits – mit Bitte um Meinungsäußerung.

Egal, ob sie auf ein Festival oder zur Hochzeit einer Cousine will, die Autorität nimmt jede Gelegenheit begeistert wahr, eines der Killerpieces anzulegen, die sie im Laufe der Zeit zusammengetragen hat – aus Muster- oder Nachlassverkäufen, Online-Shops oder privaten Modenschauen. Anspruchsvoll, wie sie nun einmal sind, haben Autoritäten ein Näschen für zeitlose Artikel, deren Wert mit den Jahren noch steigt – für den Fall, dass sie je beschließen sollten, das schöne Teil in die Wildnis des gehobenen Secondhand-Handels zu entlassen. Geh mit ihnen zu Humana, und sie sind in dem ganzen Gewusel imstande, doch tatsächlich ein echtes Designerstück aufzustöbern. Oder denken wir an Autorität Megan Fox und daran, wie perfekt sie es hingekriegt hat, ihren Signature-Pin-up-Look zu einer Kunstform auf dem Roten Teppich zu erheben. Angeblich dauert es immer Stunden, bis sie sich in die typische Vintage-Sexbombe verwandelt hat. Aber wir könnten wetten: Sie liebt jede einzelne Minute dieses Transformationsprozesses.

Die Alltagsgarderobe der Autorität ist dezenter. Diese eleganten Seelen kleiden sich gern »entspannt, aber gepflegt« in fließendes Leinen oder Bio-Baumwolle und tragen mit Vorliebe Stücke von nur Insidern bekannten Brands renommierter Designer*innen. Du fragst dich, wer um alles in der Welt wohl bereit wäre, 198 Dollar für ein simples T-Shirt hinzulegen? Tatatata ... dürfen wir vorstellen: die Autorität! (Na ja, es war von Alexander Wang. Aus einer Limited Edition – und hey, wie soll man denn da widerstehen können?) Für diesen Typ stellen gute Klamotten auch ein Investment in ihr Selbstvertrauen dar. Wenn sie teuer aussehen, fühlen sie sich auch teuer. Und ziehen genau die Top-Leute und -Chancen an, auf die sie es abgesehen haben.

Sich dagegen für den Alltag zu kleiden fällt Autoritäten längst nicht so leicht. Denn sie wollen zwar »angemessen« angezogen, aber doch auch nicht unsichtbar sein. Deshalb brauchen sie eine Art Uniform, die sie jederzeit überwerfen können, wenn sie schnell aus dem Haus müssen. Was aber die Autorität mit dem Blazer will, den sie im Bio-Markt trägt (noch dazu mitten im Sommer)? Oder warum sie auf Hacken-Sandaletten ins öffentliche Schwimmbad einfällt? Schätzchen, das ist doch ganz einfach: Wenn sie in der Öffentlichkeit ist, muss sie repräsentieren!

Mentor: persönlicher Stil

Farben

Hell, auffällig und trendy – das gesamte Spektrum des Regenbogens!

Design

Jugendlich-verspielt. Mentoren lassen sich von der Popkultur inspirieren. Zum Beispiel von: ganz verschiedenen Epochen, Streetwear, Platten- und Buchcovern, Retro-Kitsch.

Orte der Inspiration

Grelles Licht, die Nacht zum Tage machen! An den Lieblingsorten des Mentors kommen viele Menschen zusammen und gibt es so viel zu unternehmen: New York (Times Square), Seoul, Tokio, Rio de Janeiro, Detroit, Griechenland, Los Angeles, Rom, Barcelona, Tulum.

Zufälliges Sammelsurium oder mit Bedacht zusammengestellte Komposition? Nun, Mode ist Geschmackssache, außer Zweifel aber steht, dass Mentoren ihrem »Publikum« ordentlich was zum Gucken geben – sowie zum Drüber-Sprechen, und genau darum geht es hier: Für Mentoren stellen Kleidungsstücke Gesprächsstoff dar. Und eine Möglichkeit, gleichgesinnte Seelen auch in einer großen Menschenmenge mit einem Blick zu erkennen. Ein Mentor möchte, dass du dich nach ihrer Kette mit dem Symbol der Jungfrau als Anhänger erkundigst. Oder auf ihn zuläufst und ihm überschwänglich mitteilst, dass du erst kürzlich auf einem Konzert der Band warst, deren Tour-T-Shirt er trägt. Genauso gut könnte auf diesem Shirt stehen: *Frag mich doch mal nach meinem Outfit.*

Viele unserer Mentor-Freund*innen sind in der Stadt (und auf Social Media) bekannt für ein bestimmtes Accessoire. Mit der gelben Hibiskusblüte, die sie hinterm Ohr trägt, zieht Mentor Angelina auf Techkonferenzen alle Blicke auf sich. In ihrer Detroiter Hood erkennen alle AJ sofort an ihren fuchsiapink-lila gestreiften Shorts. Amy fällt bei jedem Elternabend mit ihren Metal-Shirts auf. Wenn Mark seinen Kunden, deren Autos er repariert, sein typisch strahlendes Lächeln zuwirft, wirkt sein Piercing, das roségoldene Stäbchen zwischen den Zähnen, ebenso charmant wie entwaffnend.

So »zusammengeschustert« und »Wabi-Sabi« die Garderobe von Mentoren auch sein mag, schaffen sie es mithilfe eines Farbtupfers doch immer, einen harmonischen Gesamteindruck zu erzeugen. Manche tragen zum Beispiel nur Schwarz, färben sich des verblüffenden Kontrasts wegen aber die Haare in einem ungewöhnlichen Farbton. Und Sarah Jessica Parker mit ihren sieben Mentor-Planeten war dank ihrer Vorliebe für Tutu-artige Miniröcke, Tanktops und die unvermeidlichen Manolos natürlich allererste Sahne für die *Sex-and-the-City*-Rolle der Carrie Bradshaw.

Auf Social Media ist das Markenzeichen eines weiblichen Mentors, den wir kennen, das Barbie-Pink, das in jedem ihrer Posts auftaucht. Sie posiert etwa in pinkfarbenen Boutiquehotels, inmitten von Regalen voller pinker Kleidchen, in pink tapezierten Räumen oder an jedem anderen Ort, an dem sich ein rosa Hintergrund findet. Auch rockt sie die Kombi aus hochhaushohen High Heels mit Radlerhosen und Vintage-Tops – natürlich alles in Pink.

Manchen Mentoren geht es allerdings auch gerade um den harten Kontrast. Kelvyn zum Beispiel, der seinen Kleidungsstil als »ironisch« bezeichnet, taucht gern mal in einem Mustermix aus Tupfen, Karos und Hahnentritt auf. Dabei weiß er ganz genau, dass manche Leute davon Augenschmerzen bekommen. Aber er darf auch darauf zählen, dass andere auf ihn zukommen, ihm High Fives geben – und mitunter sogar ihre Telefonnummer.

SELBSTFÜRSORGE

Was genau bedeutet eigentlich Selbstfürsorge? Unter diesem Oberbegriff kann sich alles Mögliche versammeln – angefangen beim jährlichen Medizin-Check über eine entspannende Gesichtsmassage bis hin zu einem zusätzlichen arbeitsfreien Tag hin und wieder. Wobei das vielleicht einzige Bindeglied zwischen diesen verschiedenen Wegen das Ziel ist, das wir alle gemeinsam haben: uns so zu versorgen, zu pflegen und zu verwöhnen, dass wir in einer zunehmend anstrengenden Welt voll funktionsfähig bleiben.

In diesem Abschnitt des Buches stellen wir jedem der drei I*AM-Archetypen ein »planetarisches Rezept« aus. Was solltest du am besten mit deiner kostbaren »Me-Time« anfangen? An welcher Stelle besteht in puncto Selbstfürsorge am ehesten die Gefahr, dass du ins Trudeln gerätst? Welche gesundheitsfördernden Gewohnheiten sind dir körperlich, geistig und seelisch am dienlichsten?

DIE I*AM-SELBSTFÜRSORGE AUF EINEN BLICK

Innovatoren sollten lernen, *ihr Tempo zu drosseln* und *mehr in ihrem Körper zu sein.*

Autoritäten sollten mehrmals täglich *ihre Batterien aufladen.*

Mentoren sollten öfter *abschalten* und sich von Außenreizen, Informations- und anderen Medien fernhalten.

Innovator: Selbstfürsorge

Innovatoren werden oft so von ihren Gedanken in Anspruch genommen, dass sie die Hinweise ignorieren, die ihnen der Körper gibt. Eine Nachrichtenzeile am Morgen kann sie in den berühmten sinnbildlichen Kaninchenbau hineinziehen und eine Lawine aus E-Mails erzeugen, die schließlich in eine Zoom-Konferenz mündet. Und bevor es sich Vertreter*innen dieses Typs versehen, ist es Mittag und das einzige Erwähnenswerte, was sie bis dato zu sich genommen haben, ist ein Riesenbecher Kaffee.

Um die Wahrheit zu sagen: Zu ihrer Körperlichkeit haben Innovatoren kein besonders gutes Verhältnis. Die Schwerkraft drosselt ihr Tempo und zwingt sie, sich den Gesetzen des physikalischen Universums zu beugen. Und dann spüren sie mit einem Mal den Muskelkater, der ihnen gar nicht aufgefallen ist, solange sie noch wie wild in die Tasten gehauen und an ihrem Manifest gearbeitet haben. In aller Regel kommen Innovatoren immer erst dann auf die Idee, etwas an ihrem Lebensstil zu verändern, wenn ihnen der Körper unmissverständliche Signale sendet – etwa starke Schmerzen, extreme Müdigkeit oder Jeans, die nicht mehr zugehen.

Dann aber gehen sie das Thema Selbstfürsorge wie alles andere auch mit Schmackes und großer Begeisterung an. (Allerdings ziehen sie den Terminus »Selbstoptimierung« vor.) Ergebnisorientiert, wie Innovatoren nun einmal sind, wollen sie schnelle Veränderungen sehen und sind dabei besonders ungeduldig. Also melden sie sich für eine 21-Tage-Challenge in ihrem Yogastudio an, unterziehen sich einer siebentägigen Reinigungskur und bestellen neue Kettlebells beziehungsweise Widerstandsbänder.

Eine Zeit lang halten sich Innovatoren streng an ihr Programm. Und zwar so lange, bis unweigerlich etwas dazwischenkommt, etwa eine Reise, ein neues Projekt im Job oder eine Wetterveränderung. Deshalb empfehlen wir den Vertreter*innen dieses Typs, ihre Maßnahmen der Selbstfürsorge eher als »Sprints« oder saisonal variabel zu betrachten. Denn ihr abwechslungsreiches Leben kann zur Folge haben, dass sie ihre diesbezüglichen Aktivitäten anpassen müssen. Angenommen, ein Innovator arbeitet ein Vierteljahr lang von zu Hause aus, dann könnte er zum Peloton-Fan werden und einmal in der Woche zur Akupunktur gehen. Anschließend nimmt er vielleicht einen Auftrag in einem Büro an. Und besucht in der Zeit das Yogastudio im Nachbargebäude. Der Innovator sollte sich also davor hüten, sich allzu sehr auf das »Was genau« seiner Selbstfürsorge zu konzentrieren, das sich für diesen Typ als Stolperfalle erweisen kann. Denn der Sinn der Übung besteht nicht in der Art des Sportes, den man treibt, sondern darin, dass man täglich etwas für seinen Körper tut – Stretching, zehn Minuten Cardio, zu Fuß von der Arbeit nach Hause geht – was auch immer. Alles zählt!

Me-Time für den Innovator

Innovatoren beschützen ihre »Me-Time« wie Elefantenmütter ihr Neugeborenes. Andere halten sie deshalb sogar für ichbezogen oder egoistisch, was auch gar nicht so falsch ist. Denn Innovatoren müssen sich tatsächlich von den Menschen zurückziehen, um die aufgesogenen Informationen und Ideen verarbeiten zu können.

Unstrukturierte Freizeit ist ein Muss. Denn wenn er etwas Kreatives oder Körperbetontes tut, muss der Innovator die Zeit vergessen können, egal, ob beim Gärtnern, Lesen eines Ratgebers, beim Podcast-Hören während eines Spaziergangs oder zwischen Salzsauna und Kaltwasser im koreanischen Spa. Wobei es entscheidend darauf ankommt, dass niemand ihn überwacht oder kontrolliert. Sodass der Innovator eine gewisse Zeit lang das Gefühl absoluter Freiheit empfindet, tun zu können, wonach ihm der Sinn steht.

Unsere Innovator-Schwester Leora ist eine viel beschäftigte systemische Therapeutin mit Schwerpunkt Familienaufstellungen. Um angesichts der hoch konzentrierten Sitzungen, von denen sie täglich mehrere abhält, das Gleichgewicht nicht zu verlieren, hat sie sich angewöhnt, allmorgendlich eine ganze Stunde der Selbstfürsorge zu widmen. Manchmal zieht sie eine Göttinnenkarte und journalt, an anderen Tagen tanzt sie oder meditiert auch einfach nur. Je nachdem, wonach ihr am jeweiligen Morgen gerade der Sinn steht.

Gesunde Gewohnheiten für Innovatoren

Bewegung am Morgen. Damit der Körper nicht zu kurz kommt, sollten Innovatoren mit einem Spaziergang, etwas Sport oder einer anderen Form von Bewegung in den Tag starten. Dadurch wird auch das Hungergefühl geweckt, sodass sie das Frühstück nicht ausfallen lassen, die wichtigste Mahlzeit des Tages.

Regelmäßig essen (aber nicht zu spät am Abend). Leistungsorientiert, wie sie sind, leiden Innovatoren häufig am »Nur-das-noch-kurz«-Syndrom und neigen dazu, noch schnell etwas zu erledigen, bevor sie sich endlich ihre wohlverdiente Pause gönnen. Und wenn sie dann irgendwann tatsächlich die Arbeit Arbeit sein lassen, haben sie nicht nur großen Hunger, sondern ihr Körper schreit geradezu nach neuer Energie, was die Wahrscheinlichkeit vergrößert, dass sie nach schnell verwertbaren Kohlenhydraten greifen, nach Zucker anstelle der Proteine und des Gemüses, die ihrem Körper wirklich guttun würden.

Quadratatmung. Innovatoren verlieren oft die Bodenhaftung. Die folgende Atemübung kann ihnen helfen, ihre Gedanken zu verlangsamen und in den gegenwärtigen Moment zu kommen. Sie funktioniert so: Atme ein, während du auf vier zählst, halte den Atem und zähle wieder auf vier, atme aus auf vier und halte wiederum auf vier. Dieser Vorgang sollte viermal wiederholt werden. Die Quadratatmung beruhigt nicht nur, sondern aktiviert gleichzeitig das parasympathische Nervensystem, das uns beim »Rasten und Verdauen« unterstützt.

Meal Prep. Da sie sich immer volle Kanne in alles reinstürzen, was sie machen, empfehlen wir Innovatoren, mit genau diesem Feuereifer auch ans Vorkochen heranzugehen. Daraus ein Projekt zu machen, dem sie sich ein-, zweimal die Woche widmen. Als Innovator könntest du zum Beispiel zwei Gerichte wählen, die du gleich in größeren Mengen zubereitest, vielleicht eine Lasagne und einen Eintopf. Die Reste hebst du in kleineren Behältnissen auf und verzehrst sie im Laufe der Woche. Die aus der französischen Küche stammende *Mise en place*, was man ganz grob mit »Alles an die richtige Stelle legen« übersetzen könnte, ist wie für den Typ des Innovators gemacht. Letztlich geht es dabei darum, alle Zutaten vorab zu schnippeln und vorzubereiten, sodass sie beim eigentlichen Kochen schnell griffbereit sind.

Der beste Urlaub

Auf Reisen wollen Innovatoren etwas Neues und Erhebendes erleben, etwas radikal anderes als alles, was sie zu Hause haben. (Denn warum sollten sie sonst die ganze Zeit und das viele Geld darauf ver(sch)wenden?) Der optimale Trip bestünde aus einer Dopaminspritze in Verbindung mit ganz besonderen Entdeckungen und Erinnerungen, die sie herauskramen können, sobald sich das Leben in den heimischen Gefilden mal wieder öde und langweilig anfühlt. »Die beste Bouillabaisse hatten wir in Marseille!« oder »In Verona habe ich mir mein erstes Tattoo stechen lassen!«.

In Innovator-Ferien dürfte auch tägliches Shoppen eine Rolle spielen – als vielversprechende Schatzsuche. Als unser Innovator-Vater uns zum ersten Mal in sein Geburtsland Israel mitgenommen hat, waren wir täglich auf dem Markt, um Salatzutaten zu kaufen, und in Bäckereien, die sich auf Burekas spezialisiert hatten, gefüllte Gebäckspezialitäten, die wir zum Frühstück aßen. Bis heute erinnern wir uns an tolle Trecks durch die Altstadt Jerusalems, in der jüdische und arabische Händler Textilien, Gewürze und Sakralgegenstände verkauften, die wir zu Hause in Detroit, Michigan, nur schwer hätten finden können.

Wir empfehlen Innovatoren, vorab keine allzu festen Pläne aufzustellen, würden ihnen jedoch andererseits auch nicht raten, völlig unvorbereitet auf die Reise zu gehen. Sonst könnte ihre Spontaneität schlimmstenfalls dazu führen, dass ihnen die besten Destinations durch die Lappen gehen. Denn sosehr sie auch grummeln mögen, wenn es heißt, früh aufstehen oder den bequemen Liegestuhl am Pool verlassen zu müssen: Auf dem Weg zum nächsten Ziel legt sich das wieder.

Autorität: Selbstfürsorge

Von allen Archetypen ist die Autorität, was Selbstfürsorge betrifft, der konsequenteste. Und zwar nicht allein, weil seine Vertreter*innen so sehr an Routinen hängen. Sondern auch, weil sich die Horoskope von Autoritäten aus den sinnlichen fixen Zeichen zusammensetzen, was diese Menschen besonders körperbewusst macht. Von vielen uns bekannten Autoritäten wissen wir, dass sie ausgeklügelte Morgen- und Abendrituale haben.

Sich das Bad mit einer Autorität zu teilen setzt komplexe Zeitplanung voraus – und für diesen Typ ist es definitiv das Beste, wenn er zu Hause über seine eigene kleine Wellnessoase verfügt. Man kann Autoritäten nicht hetzen, wenn sie ein Peeling machen, eine Gua-Sha-Gesichtsmassage oder sich schminken. Andernfalls sind sie den ganzen Tag über völlig daneben.

Sie lieben ihre Termine – ob nun mit Heiler*innen oder dem Glamour-Geschwader. Denn bereits die Aussicht, das Haus nebst allen Pflichten dort verlassen zu können, stellt für die Autorität einen Teil ihres Entspannungsprozesses dar. Deshalb gehen die uns bekannten Frauen dieses Typs zu »meiner Wimperntante«, zur Ketamintherapie, zum Seelenpartnercoaching, der »besten Colon-Hydro-Therapeutin im pazifischen Nordwesten«, einem Heilpraktiker, der auch Craniosacral-Massage macht, einer auf Laserbehandlungen spezialisierten Kosmetikerin, einer Farbberaterin ... sollen wir weitermachen?

Autoritäten sind diese ihre Termine heilig, und absagen würden sie nur im äußersten Notfall einen. Deshalb empfehlen wir, »deine« allwöchentlich mit dem Besuch einer der genannten Wellnessstationen – oder auch einer der hier nicht aufgeführten – zu verwöhnen. Die beruhigende Wirkung, die das auf sie hat, zahlt sich aus, weil es die Laune deines Schatzes hebt und seine gesamte Weltsicht aufhellt.

Me-Time für die Autorität

Nie im Leben kämen wir auf die Idee, Autoritäten für faul zu halten. Doch wenn es um ihre Me-Time geht, können sie relaxen wie die farbenfrohen Leguane auf den sonnenbeschienenen Felsen von

Yucatán. Viele uns bekannte Autoritäten beschlagnahmen für ihre ausgedehnten Entspannungsmomente einen bestimmten Sessel oder ihr Lieblingssofa. Darum herum breiten sie sich dann aus – beziehungsweise ihre Bücher, Orakelkarten, Kräutertinkturen, die Wasserflasche und Snacks. Alles hübsch in Reichweite, sodass sie kaum einen Finger rühren müssen (wenn überhaupt), um an alles heranzukommen, was sie beim und zum Ausspannen brauchen.

Sinnlich, wie sie sind, lassen sie im Hintergrund wahrscheinlich sanfte Musik laufen, und eine Duftkerze verbreitet ihr unaufdringliches Aroma. Autoritäten lieben ausgedehnte kuschelig warme Bäder mit wohltuenden Badezusätzen und nehmen gern Kristalle mit in die Wanne, damit auch diese sich mit den heilsamen Vibes dieses Rituals aufladen können.

Genießen Autoritäten den Luxus ungestörter Zeit für sich, tragen sie als weiteren Teil ihrer Verwöhnrituale gern reichhaltige Cremes oder eine Gesichtsmaske auf und machen all das, was Menschen (gerade auch weiblichen Geschlechts) nur tun, wenn sie allein sind, weil es ihnen in Gesellschaft viel zu peinlich wäre: Sie gehen den lästigen Härchen am Kinn an den Kragen, schneiden sich die Fußnägel oder schaufeln suppenlöffelweise Nussnougatcreme in sich hinein – direkt aus dem Glas, versteht sich.

Gesunde Gewohnheiten für Autoritäten

Tägliches Stretching. Viele Autoritäten sind in Berufen tätig, in denen sie stundenlang sitzen oder stehen müssen. Dehnübungen helfen ihnen, beweglich zu bleiben und später im Leben keine muskulären Probleme zu bekommen.

Ein Fitnessstudio in der Nähe des Arbeitsplatzes. Autoritäten sind im Grunde Arbeitstiere. Doch dringender als die anderen Archetypen benötigen sie regelmäßige Pausen. Und die Wahl eines Gyms in der Nähe ihres Arbeitsplatzes hilft ihnen bei der Integration von Fitnessaktivitäten in den Alltag, zum Beispiel »30 Minuten Power-HIIT« in der Mittagszeit oder eine Dance-Cardio-Einheit gegen 17 Uhr. Letztere könnten sie zweimal die Woche einlegen, bevor sie sich auf den Heimweg machen, um mit der Family zu Abend zu essen.

Stehtisch oder Sitzball. Die in Büros Beschäftigten unter den Autoritäten können von rückenschonenden Stehtischen oder von Sitzbällen profitieren, die vor allem die Rumpfmuskulatur trainieren, ohne dass dabei ihre Arbeitsproduktivität beeinträchtigt würde.

Firmenläufe für wohltätige Zwecke. Da ihre Wertvorstellungen für Autoritäten von großer Bedeutung sind, lassen sie sich oft für sportliche Aktivitäten begeistern, die neben der gemeinsamen Bewegung noch einen weiteren Zweck verfolgen, wie etwa das Sammeln von Spenden für wichtige Anliegen wie die Brustkrebsforschung oder ein kommunales Alphabetisierungsprogramm. Das Erreichen des gesetzten Zieles – die festgelegte Strecke, vielleicht fünf Kilometer oder sogar auch ein Halbmarathon – stellt dabei für Autoritäten einen zusätzlichen Bonus dar: Während des vorbereitenden Trainings können sie von Woche zu Woche ihre Leistung gezielt steigern und den Fortschritt ihrer Bemühungen beobachten.

Der beste Urlaub

Was für Autoritäten in puncto Urlaub die höchste Priorität hat? Dass sie sich endlich erholen können. Egal, ob sie zelten gehen oder einen Aufenthalt im Fünf-Sterne-Resort buchen: Sie müssen die Gelegenheit zur Entspannung haben. Deshalb planen viele von ihnen ihre Ferien vorab, buchen etwa schon von zu Hause aus eine Massage oder den Besuch der Sauna für den ersten Tag, um sich in der darauf folgenden Zeit dem Sightseeing und anderen Freizeitbeschäftigungen widmen zu können.

Aus ebendiesem Grund bevorzugen Autoritäten auch längere Aufenthalte: Sie hassen es, aktiv werden zu müssen, solange sie sich am Ferienort noch nicht richtig akklimatisieren konnten. Und da sie auf Reisen gewöhnlich viele Dinge bei sich haben, die ihnen das Gefühl geben, auch in der Fremde zu Hause zu sein, müssen sie natürlich erst einmal in Ruhe ihre Koffer auspacken können. Sobald sie dann anfangen, die in ihrer neuen Umgebung herrschende Kultur zu erkunden, möchten sie »das Beste« von allem probieren und erleben, was die Region zu bieten hat, weil sie bei ihrer Rückkehr zur Homebase interessante Souvenirs und tolle Geschichten im Gepäck haben wollen.

An den freien Tagen von Autoritäten stellen übrigens kulturelle Aktivitäten oft den unbestrittenen Höhepunkt dar. So schrecken sie etwa nicht davor zurück, in ein anderes Land zu fliegen, um dort der Live-Show eines ihrer Lieblingskünstler beizuwohnen oder ein Museum besuchen zu können, das ein halbes Jahr im Voraus ausgebucht war. (Autoritäten sind geduldige Menschen, längere Wartezeiten machen ihnen nichts aus.)

Auch Reisen mit der Familie oder mit Freund*innen mögen diese nostalgischen Seelen besonders gern. So kommt es durchaus vor, dass eine Autorität ihre Freund*innen einpackt und mit ihnen an ihren Geburtsort fährt, um ihnen dort alles zeigen zu können, wovon sie schon so lange geschwärmt hat. Und selbstverständlich sind Autoritäten auch bei der ausgefallenen Auslandshochzeit eines Neffen stets mit von der Partie. Für den Fall, dass eine Autorität über keine engen Bande zu ihren Blutsverwandten verfügt, sucht sie sich eine »Wahlfamilie«. Und mit diesen lieben Menschen verbringt sie dann auch gern ihre Ferien.

Mentor: Selbstfürsorge

Du fragst nach der Art der Selbstfürsorge, die sich die Vertreter*innen dieses Typs am liebsten angedeihen lassen? Dann guck dir ihre fünf besten Freund*innen an. Sollten diese auf Burger und Bier stehen, könnten die Mentoren mit der Zeit vergessen, dass »alles vom Fass« nicht gerade erste Wahl sein sollte, wenn es um die Versorgung des Körpers mit der lebensnotwendigen Flüssigkeit geht. Halten sie sich dagegen oft in der Gesellschaft von Gesundheitsfreaks auf, treffen sie sich mit ihnen wahrscheinlich regelmäßig zum Yoga oder Vegan-Brunchen.

Deshalb empfehlen wir Mentoren den bevorzugten Umgang mit Leuten, die sich körperlich, emotional und mental optimal um sich kümmern. Falls in ihrem engsten Kreis niemand eine Therapie macht oder um die Quantenkraft von Kristallmeditationen bei Neumond weiß, können (und sollten) sie die Verbindung zu einer entsprechenden Online-Community suchen.

Mentoren interessieren sich nämlich sehr für neue Heilmethoden. Als geborene Trendsetter*innen sind sie zumeist die Ersten, die die Mitgliedschaft in einem neuen Wellness-Retreat beantragen, sich einer fünftägigen Kur zum Wiederaufbau der Darmflora unterziehen oder sich im Rahmen einer zweiwöchigen Tanzchallenge täglich für TikTok filmen. Unter Umständen lassen sie sich auch »rein der Erfahrung wegen« zu Yoga-Lehrer*innen ausbilden. Genau das hat nämlich ein weiblicher Mentor, den wir kennen, getan – im Rahmen ihrer Physiotherapie und um »das Geld für die Kurse zu sparen«. Nicht einmal die für das Basiszertifikat erforderlichen 200 (!) Trainingsstunden konnten sie von dieser Idee abbringen. Das A und

O ist für Mentoren eben die Interaktivität – auch wenn es um die *Selbst*fürsorge geht, die ja im Kern eher etwas Individuelles ist.

Me-Time für den Mentor

Da Mentoren ihre Gefühle im Außen verarbeiten, verlassen sie sich, was ihre Erdung angeht, häufig auf die Hilfe ihrer Resonanzböden – enge Freund*innen, Angehörige, Therapeut*innen. Zeit allein zu verbringen sagt Mentoren gar nicht zu ... jedenfalls so lange nicht, bis sie die Macht des Journalings für sich entdecken. Dieses Frei-von-der-Leber-weg- und Sich-alles-von-der-Seele-Schreiben kann Mentoren eine ganz neue Welt voller Entdeckungen und Magie eröffnen. Während sich wie von selbst eine Seite nach der anderen füllt, können sie eventuelle Kindheitstraumata verarbeiten und Ideen für eine Social-Media-Kampagne sammeln – alles an ein und demselben Morgen.

Fällt das Journaling anfänglich schwer, stellt die Technik des automatischen Schreibens einen guten Einstieg dar. Und die geht ganz einfach: Der Mentor stellt sich eine Frage, zum Beispiel »Wo sollte ich meine diesjährigen Sommerferien am besten verbringen?«. Anschließend lässt er bloß noch seine Hand mit dem Stift über das Papier gleiten. Unweigerlich taucht irgendwann eine Antwort auf. Und die entstammt womöglich geistigen Gefilden, in die der logische Verstand nie vordringen könnte.

Ein Mentor, den wir kennen, führt gern »Audio-Journal«, wie er es nennt. Dafür setzt er sich bei Sonnenaufgang ins Auto und fährt los. Bald aktiviert er die Aufnahmefunktion seines Handys und führt im Grunde nichts als Selbstgespräche. Bevor er abends ins Bett geht, hört er seine Aufnahme ab und stellt immer wieder fest, dass gut die Hälfte seiner Äußerungen »von seinen geistigen Führer*innen zu stammen scheinen«.

Diese und ähnliche Praktiken bringen den Mentor in einen ehrwürdigen Dialog mit sich selbst und geben ihm ein göttliches, stärkendes Gefühl, insbesondere wenn er sich als einsam oder isoliert empfindet. Denn bei dieser Art der Me-Time – der Zeit für sich – lernen die Menschen mit diesem Typ, sich selbst der/die beste Freund*in zu sein.

Gesunde Gewohnheiten für Mentoren

Aus- und Abschalten vor dem Zubettgehen. Mentoren haben ihre mobilen Endgeräte gern bei sich, nehmen ihre Tablets und Smartphones oft sogar mit ins Bett. Das Problem dabei: Diese Gadgets strahlen blaues Licht ab, das den Schlaf beeinträchtigen kann. Da den neugierigen Mentoren schon allein das abendliche Abschalten schwerfällt, empfehlen wir, dass sie alle elektronischen Geräte (mindestens) eine Stunde vor dem Zubettgehen ausschalten und stattdessen ein Buch lesen oder Musik hören.

Freund*innen und Familie Ruhezeiten kommunizieren. Ihren Freund*innen stehen Mentoren jederzeit mit Trost und guten Worten zur Verfügung und auch ein Ohr haben sie immer für sie. Doch 24 Stunden »Rufbereitschaft« stehen natürlich der Selbstfürsorge entgegen. Deshalb sollten Mentoren ihre Leute am besten wissen lassen: »Nach 22 Uhr möchte ich bitte nur noch im Notfall gestört werden. Danke.«

Mediale Auszeiten. Die cleveren Mentoren sind gern auf dem Laufenden, interessieren sich für die neusten Nachrichten, aktuelle Gerüchte und Promitratsch auf Social Media. Zu viele Benachrichtigungen aber können ihre Nervosität erhöhen. Deshalb empfehlen wir ihnen, die Benachrichtigungen zeitweise abzustellen, sodass nicht ständig irgendwas piept und ihren Seelenfrieden stört.

Gesunde Snacks. Die simultaskenden Mentoren haben stets zahlreiche Eisen im Feuer und entsprechend verbrauchen sie ihre Energie. Damit sie nicht unversehens zu Fast Food oder Süßigkeiten greifen, sollten sie jederzeit »gesunden Treibstoff« zur Hand haben wie etwa ungeschälte Mandeln, Proteinriegel und frisches Obst.

Tägliches Meditieren zur geistigen Beruhigung. Mentoren haben oft so viel um die Ohren, dass sie regelmäßige Auszeiten brauchen, um nicht durchzudrehen. Die allmorgendliche zehnminütige Meditation kann ihr Rettungsanker sein, indem sie ihnen hilft, sich zu fokussieren und zu konzentrieren. Sodass sie nicht Hals über Kopf in den Tag starten, sondern sich genau überlegen, was sie in welcher Reihenfolge erledigen möchten.

Der beste Urlaub

Das Wichtigste im Leben von Mentoren sind die Menschen; und deshalb möchten sie sich auch auf Reisen mit freundlichen, faszinierenden Leuten umgeben, die das Zeug haben, zu ihren Besties zu werden – jedenfalls auf Zeit. (Aber sei auch nicht überrascht, wenn der Mentor, den du letztens in seinen Ferien kennengelernt hast, Jahre später plötzlich wieder vor deiner Tür steht.)

Da Mentoren zudem gern recherchieren, wissen sie schon vor ihrer Abreise genau, wo es das beste Eis und Live-Musik gibt und wo zu einem wahnsinnig günstigen Preis unfassbar gute Massagen angeboten werden. Was aber nicht zwangsläufig heißt, dass sie sich auch exakt an ihre vorab geplante Reiseroute halten. Denn neugierig, wie sie nun einmal sind, finden sie schnell heraus, wo es das authentischste Essen gibt, wo eine exklusive Party stattfindet und an welchem Strand sich bei Sonnenuntergang die Einheimischen treffen, um gemeinsam zu trommeln. Deshalb führt für Mentoren spontanes Abweichen von ihren Plänen oft zu den größten Abenteuern. »Wir waren einfach nur am Pier spazieren, als plötzlich diese echt coolen Frauen kamen und uns auf eine Inseltour einluden.«

Flexible, lockere Reisebegleiter*innen sind für Mentoren (fast) genauso wichtig wie ihre Powerbank. Wenn sie über bunte Märkte schlendern oder touristische Hotspots besichtigen, vergessen sie nämlich schon oft einmal die Zeit. Und auch die künstlerische Komposition ihrer Fotos und die schier nie enden wollende Selfieparade lassen den Akku nicht unberührt.

DER ASTROLOGIE-CODE ZU HAUSE

INNENEINRICHTUNG MIT DEM I*AM-SYSTEM

Wenn unser Zuhause doch ein Heiligtum ist – warum bietet es uns dann nur so selten die Chance zur Erholung und Entspannung, die es verspricht? Vielleicht wegen des ganzen Durcheinanders, das darin herrscht. Wegen des ungünstigen Feng Shuis der Möbel. Der Spannungen mit Verwandten und Mitbewohner*innen. Oder wegen des Stresses, den wir aus dem Büro mitbringen.

Vielleicht liegt es aber auch daran, dass wir bei der Ausstattung unseres Zuhauses, statt unsere kosmischen Rhythmen zu beachten, eher die Brille der professionellen Inneneinrichtung aufhaben. Mit der Folge, dass das offene Loft, das in unserer Lieblings-Deko-Zeitschrift so schick aussah, den wahren Bedürfnissen unseres jeweiligen I*AM-Typs nicht gerecht wird, sondern ihnen eher zuwiderläuft.

Dagegen entspricht ein Zuhause, das nach dem Astrologie-Code eingerichtet ist, exakt den Vorstellungen von Sicherheit und Ruhe, die deinen I*AM-Typ auszeichnen. Außerdem stärkt es die häusliche Produktivität, angefangen bei der Zubereitung von Mahlzeiten über ein eventuell zu gründendes »Küchentisch-Business« bis hin zur Ausrichtung lebhafter Gesellschaften. Kurzum: Ein solches Zuhause steht rundum für perfektes Wohlbefinden.

Eine Warnung möchten wir an dieser Stelle jedoch aussprechen: Was für dich die perfekte Einrichtung ist, kann sich für die Menschen, mit denen du unter einem Dach lebst, ganz anders darstellen. Mit anderen Worten: Sollten in eurem Haushalt verschiedene I*AM-Typen zusammenwohnen, werden sie, was die Einrichtung betrifft, vermutlich nicht unbedingt an einem Strang ziehen.

Deshalb ist der folgende Abschnitt des Buches für Autoritäten und Innovatoren, die auf das berüchtigte Mentor-Chaos treffen (»Was will der denn eigentlich mit den 27 Moisturizern, die überall im Bad rumstehen?«) ... für Autoritäten und Mentoren, die feststellen müssen, dass der Innovator den Esszimmertisch für ein Projekt mit Beschlag belegt, an dem sie jetzt gern mit allen zusammen essen würden ... und für die Innovatoren und Mentoren, die sich vom Ton-in-Ton-Design-Diktat der Autorität genervt fühlen (»Was soll denn das hier – leben wir etwa im Museum?«).

In diesem Kapitel geht es um die häuslichen Bedürfnisse der verschiedenen I*AM-Persönlichkeiten – mit dem Ziel, dass ihr sowohl gemeinsame Nenner findet als auch gangbare Möglichkeiten, eure Differenzen auszuhalten und zu respektieren. Denn schließlich ist das gemeinsame Zuhause ja ein Wohlfühlort für euch alle – oder sollte es jedenfalls sein. Und die Einrichtung des persönlichen

DIE I*AM-ARCHETYPEN ZU HAUSE

Der Innovator daheim: der Pendler

Rein! Raus! Das Zuhause des Innovators kann wie ein internationaler Großflughafen oder eine Drehscheibe des Schienenverkehrs anmuten, wie ein Ort also, an dem sich die verschiedenen Stränge des Innovator-Lebens kreuzen. In manchen Phasen ist er kaum da. Und wenn doch einmal – dann sieh dich vor. Denn schon nach wenigen Minuten wird er sich überall breitmachen und die Duftmarke seiner zahlreichen Projekte hinterlassen.

A

Die Autorität daheim: die Monarchin

Ihr Zuhause ist die feste Burg der Autorität – und sie führt dort das Kommando. Dieser I*AM-Typ wünscht sich ein sicheres, behagliches Domizil, in dem er vor der schnelllebigen, wechselhaften Außenwelt Zuflucht sucht und findet. Denn ihr Heim ist der einzige Ort, an dem sich die Autorität entspannen und ganz sie selbst sein kann. Theoretisch jedenfalls. Doch sobald es ans Einrichten geht, ans Aussuchen von Möbeln und Apparaturen oder Geräten etwa, kann sie sich als ziemlich pingelig erweisen. In der Situation sollte man sie vielleicht mal daran erinnern, dass sie hier keinen Showroom gestaltet, sondern ein möglichst heimeliges Zuhause.

M

Der Mentor daheim: der Gastgeber

Hier ist jederzeit Tag der offenen Tür! Das Zuhause des Mentors ist ein Treffpunkt, eine immer sehr einladende multifunktionale Zone. Wer zum Abendessen (das wohl am besten in Buffet-Form angerichtet wird) vorbeikommt, weiß man vorher nie so genau. Der Mentorenhaushalt ist der perfekte Versammlungsort für die Familie oder den Freundeskreis, ein Schauplatz für improvisierte Gaming- oder Spieleabende, gemeinsames Filme-Gucken und DIY-en oder Basteln. Ein Ort, der außerdem als Labor für die zahlreichen Hobbys des Mentors dient, die mitunter auf jeden freien Quadratzentimeter im Raum übergreifen.

Wohnbereichs kann viel zur Erholung und zum Wohlbefinden einer Person beitragen. Zur Optimierung ergänzen wir unsere Erläuterungen deshalb auch um Typ-bezogene Einrichtungsvorschläge.

Solltest du allein leben, hilft dir der Astrologie-Code, deine Räume so einzurichten, dass du ganz du selbst sein kannst, und in einem Stil, der deinen Bedürfnissen optimal entspricht.

DAS ZUHAUSE DES INNOVATORS

Sagen Besitzer*innen über ihr Zuhause, es werde »nie fertig«, kann man eigentlich darauf wetten, dass es sich bei ihnen um Innovatoren handelt. Ob es sich nun um Pflanzenwände in den Räumen handelt, um die neusten Smart-Home-Geräte oder um Solarpaneele: Diese zukunftsbegeisterten Trendsetter*innen sind anderen auch und gerade in Sachen Einrichtung immer gern eine Nasenlänge voraus. Jedenfalls solange sich die Dinge nicht allzu kompliziert händeln lassen (denn für die Bedienung von 1000 Knöpfen, Schaltern und Fernsteuerungen fehlt Innovatoren einfach die Zeit).

Wenn du sie zu Hause besuchst, erfährst du viel über die Innovatoren in deinem Leben: Reisesouvenirs, der eine oder andere gerahmte Druck eines Avantgarde-Kunstwerks und alle möglichen skurrilen Stücke aus der Mitte des letzten Jahrhunderts bilden ein buntes Potpourri verschiedenster Stile und Epochen.

Nur ganz selten kaufen Innovatoren schon im jungen Erwachsenenalter das erste eigene Haus, die erste eigene Wohnung. Weil diese erfolgsorientierten Persönlichkeiten zuvor nämlich vieles ausprobieren möchten. (Ein weiträumiges Loft mit hohen Decken, ein altes Fachwerkhaus oder auch ein Tiny House.) Und der Zweck der Übung? Besteht darin, den perfekten Rahmen für sich zu finden.

Irgendwann entscheidet der Innovator sich dann aber doch für sein *Home, Sweet Home.* Aber erst, wenn er sich sicher sein kann, dass das Objekt genügend optische Reize, Abwechslung und DIY-Potenzial bietet, dass es diesen Einsatz wirklich wert ist.

Und dann heißt es nur noch: *Lage, Lage, Lage*! Denn idealerweise befindet sich in unmittelbarer Nähe dieses Objekts (fußläufig!) ein lokales Zentrum mit modernen Bars, Restaurants und kulturellen Hotspots.

Zwar haben die meisten seiner Freund*innen der Stadt längst den Rücken gekehrt, aber Alan, ein obercooler Toningenieur und Gen-X-Innovator, möchte seine im New Yorker West Village gelegene Etagenwohnung im dritten Stock ohne Fahrstuhl »nie verlassen«, wie er sagt. Dafür könnte die Nähe zu Bildungseinrichtungen, Theatern, Kinos und Kunstgalerien schon Grund genug sein, Alan aber ist obendrein begeisterter Foodie. Und er liebt es, nur vor die Tür des Brownstone-Hauses treten zu müssen, das er sein Zuhause nennt, um gleich mehrere Sterne-Restaurants zur Auswahl zu haben.

Das Design-Credo des Innovators

Der Weg durch die Welt, den der Innovator ganz bewusst wählt, ist mit Kunstgegenständen und Auszeichnungen gesäumt, die er liebend gern sammelt. Sodass sein Zuhause oft als Mix aus Showroom und Visionboard daherkommt. In ihrem Zuhause können Innnovatoren ihren exquisiten Geschmack unter Beweis stellen; für sie ist es ein ambitioniertes und mit vielen Objekten ausgestattetes Projekt, die eine Aura der Originalität und Potenzialität ausstrahlen.

Für den Innovator stellt die Erschaffung seines Zuhauses ein handfestes, interaktives Unternehmen dar; mit Vorliebe mischt er sich in die Möblierung, Dekoration und eventuelle Gartengestaltung ein – am liebsten sogar schon in die Bauarbeiten. Die Suche nach den passenden Vertragsunternehmen kann sich hinziehen. Denn weil der Innovator-Geschmack so außergewöhnlich ist, fällt es den Vertreter*innen dieses Typs oft schwer, andere dafür zu gewinnen oder im Budget zu bleiben – trotz vorhergehender präziser Planungen.

Bestenfalls wirkt das Zuhause des Innovators wie eine mehrdimensionale superschicke Galerie. Und wenn alles schiefgeht? Ist es ein unzusammenhängendes, uneinheitliches Konglomerat von vielem X-Beliebigen. Aber warum eigentlich sollte die Amethyst-Säule nicht zu der altmodischen Anrichte und der polynesischen Tikistatue passen? Die wilde Mischung aus Einrichtungsstilen, die auf Pinterest derzeit so gefeiert wird, ist im Grunde typisch Innovator. Wer wünscht sich hier eine biophile Treppe in den Garten? [An dieser Stelle reckt der Innovator beide Hände in die Luft.]

Raumaufteilung im Zuhause des Innovators

Die Schriftstellerin Virginia Woolf war es, die wohl als Erste das Loblied auf *ein Zimmer für sich allein* gesungen hat. Für Innovatoren sollte es sich jedoch lieber um mindestens zwei Räume handeln (gern auch mehr).

Denn der von Natur aus so expansive Innovator wird sich in keinem einzelnen Teil seines Zuhauses je vollkommen wohlfühlen. Ob sie nun zwischen Küche, Sofa und Bett pendeln oder alle Naselang die Möbel umstellen: Innovatoren können sich nie nur auf einen Wohnbereich beschränken.

Wann immer sie auf einer Mission sind, wird potenziell jede flache Ober- (oder auch Sitz-) -fläche zu einem provisorischen Arbeitsplatz. »Der Ort muss sich einfach nur inspirierend anfühlen«, erklärt der in seinem Zuhause praktizierende Life Coach und Innovator Sam.

»Das Fenster in meinem Schlafzimmer geht nach Süden raus, sodass der Raum tagsüber immer sonnendurchflutet ist«, fügt er hinzu. »Ich weiß: Theoretisch sollte man nicht da arbeiten, wo man nachts schläft, aber wenn das Licht so auf mein Gesicht fällt, hat der Winterblues einfach keine Chance. Im Frühjahr bin ich aufs Sofa umgezogen, von wo aus ich einen ganz tollen Blick in den Garten habe.«

Allerdings kann die gefürchtete Tendenz des Innovators, sich raumgreifend auszubreiten, nicht nur für Mitbewohner*innen zum Problem werden, sondern das ganze Funktionsgefüge des Haushalts bedenklich in Gefahr bringen. Weil seine Bücher, Papiere und Arbeitsmaterialien jedes Fleckchen des gemeinsamen Wohnraums erobern. Essbereich, Regale, Nachttische - sie alle brechen unter dem Gewicht des Innovator-Equipments bald schier zusammen. Sodass dieser über kurz oder lang auf die Idee kommt, ein kleines Büro oder auch eine Lageeinheit anzumieten. Alternativ könnte er sich für den Erwerb von Schränken mit verdeckten Schubladen entscheiden.

Da sich Innovatoren bei allem, was sie tun, um Spitzenleistungen bemühen, kann die Vorbereitung eines gemischten Salats fürs Mittagessen gut und gern die gesamte Küche in Anspruch nehmen. (Oder denkst du etwa, die Zutaten der Soße würden sich ganz von allein vermischen?) Sodass erst einmal Pürierstäbe, gusseiserne Pfannen und exquisite Messer die Bühne erobern, bevor auch nur das erste Salatblättchen in die Schüssel kommt.

Was du unternehmen kannst, um den Expansionsdrang »deines« Innovators bestmöglich einzudämmen? Sieh zu, dass es in jedem Lieblingsbereich des Innovators reichlich Arbeitsfläche gibt. Zugegeben, nicht in jedem familiären Gemeinschaftsraum steht ein ausladender Schreibtisch. Dafür vergrößert ein solcher aber die Wahrscheinlichkeit, dass der Innovator sitzen bleibt, wenn der Film anfängt. Auch wenn er die ganze Zeit über mit Kopieren und Einfügen beschäftigt ist.

Dinge, durch die sich das Heim von Innovatoren auszeichnen dürfte

- stylische und visuell ansprechende Inneneinrichtung, die ihren exquisiten Geschmack und ihre Vorlieben widerspiegelt

- Arbeitsflächen in allen ihren Lieblingsräumen

- Außenbereich (Patio, Terrasse oder Garten) fürs gesellige Beisammensein, aber auch als Ausweis ihres Händchens für interessantes Design

- sorgfältig ausgewähltes Dekor, Kunstwerke und Objekte, die ihrem Sinn für Ästhetik entsprechen

- mindestens ein weitläufiger Bereich, der nur ihnen vorbehalten bleibt, luftig und sehr sonnig (Eindringlingen wird im Gericht des kosmischen Gesetzes der Prozess gemacht!)

*Der Innovator als Gastgeber*in*

Lädt der Innovator zu sich ein, dann wird daraus ein EVENT (jawoll, in Großbuchstaben). Denn warum sollte man sich schließlich mit einer simplen Feier begnügen, wenn man daraus auch eine Mottoparty machen (Hawaiianisches Luau! Alice im Wunderland!) oder wenigstens eine Karaokemaschine ausleihen kann. Die dazu passenden Getränke gibt's natürlich auch.

Kleine Warnung: Die Vorbereitungen werden schnell stressig. Denn Innovatoren lieben es zwar, ihren Gästen ein echtes Erlebnis zu bieten, aber die Einzelheiten können sie oft nur schlecht in Worte fassen. Weshalb sie kurzerhand beschließen, alles selbst zu machen, statt komplizierte Anweisungen zur Programmierung des Soundsystems im Außenbereich zu erteilen oder die »genau richtige Mischung« veganer Vorspeisen in Auftrag zu geben.

Doch leider kann ebendieser visionäre Idealismus die Innovatoren (was sie allerdings oft erst viel zu spät realisieren) in Teufels Küche bringen: Denn für eine einzige Person ist das Dekorieren, Kochen, Servieren, Saubermachen und als funkelndes Juwel und Quell der Weisheit Mittelpunkt der Veranstaltung zu sein einfach viel zu viel. Doch bevor sie das mitkriegen, bringen Stolz und übertriebenes Selbstvertrauen viele Innovatoren ganz schön in die Bredouille.

Unser Tipp für diesen I*AM-Typ: Engagiert doch einfach den einen oder anderen Profi: einen Caterer nebst Servierpersonal, vielleicht auch eine Köchin oder einen Barkeeper. Kein Geld? Dann könntet ihr ein paar Besties von euch bitten, zu helfen und bestimmte Aufgaben zu übernehmen. Und wenn ihr euch die Organisation der Party zu Hause nicht zutraut, weil sie zu aufwändig ist? Dann könnt ihr Reservierungen für eine größere Gruppe in einer Bar oder einem Restaurant machen und alle dorthin einladen. So wird das alles viel ruhiger und längst nicht so anstrengend – und ihr als Gastgeber*innen braucht euch, wenn alles gut geht, auch nicht um so vieles zu kümmern. Was euch Innovatoren aber wahrscheinlich nicht davon abhält, der Bedienung unter die Arme zu greifen und notfalls im Service einzuspringen, wenn euch der Getränkenachschub nicht schnell genug geht.

Mit einem Innovator unter einem Dach

»Du kannst dich einfach nicht entspannen!«, bekommt der Innovator von den Leuten, mit denen er unter einem Dach wohnt, oft zu hören. Verwandte und Mitbewohner*innen von Menschen dieses Typs würden sich nämlich gern öfter mal in aller Ruhe mit ihm zusammensetzen und sich unterhalten. Wozu es zwar durchaus kommen kann, aber leider nur sehr selten. Denn statt abzuschalten möchte das Innovatorenhirn im Allgemeinen viel lieber beschäftigt werden. Obwohl die Betreffenden sehr wohl wissen, wie gesund eine kleine Auszeit für sie wäre.

Die »inspirierte« Energie des Innovators kann zwar ein ganzes Büro erleuchten, zu Hause aber macht sie die Leute oft nervös und stört sie beim Abspannen. So auf sich bezogen, wie sie sind, können Innovatoren in den (gemeinsamen) vier Wänden zu regelrechten Heim-Diktator*innen werden und völlig übersehen, wie viel Raum sie mit ihrer ständigen Rumwerkelei, ihrem ewigen Verbesserungsdrang und ihren irrlichternden Launen beanspruchen – ganz abgesehen von der emotionalen Belastung ihrer Mitwohnenden.

Ein weiblicher Innovator, den wir kennen, bekam echt Ärger mit ihrer Familie, als sie das Esszimmer in ein Podcaststudio verwandelte. Für eine abendliche Live-Übertragung nahm sie die Tür aus den Angeln und stellte hinterher den ursprünglichen Zustand nicht wieder her. (Und das, wie hier nicht verschwiegen werden soll, mehr als einmal.)

Innovatoren müssen echt aufpassen, dass sie die Leute, mit denen sie zusammenleben, nicht wie ärgerliche Hemmschuhe behandeln, sondern wie autonome Mitmenschen, die genauso viel Recht haben, sich im gemeinsamen Wohnraum aufzuhalten, wie sie selbst. Beispiel: Dass ein Innovator von der Idee besessen ist, der Flatscreen-Fernseher gehöre auf die gegenüberliegende Wand, heißt noch lange nicht, dass sein Mitbewohner das Gerät auf der Stelle ausmachen müsste, damit dieser Plan *sofort* in die Tat umgesetzt werden kann.

Tipps für das Zusammenleben mit einem Innovator

Du bist Autorität oder Mentor und wohnst mit einem Innovator zusammen? Hier sind ein paar Empfehlungen für den (relativen) häuslichen Frieden. Erstens: Du musst akzeptieren, dass du den Innovator nicht zum Stillsitzen kriegen wirst. Damit du mehr Zeit mit ihm verbringen kannst, solltest du dich seiner Projektarmee anschließen: Ergreif die Initiative zu einer gemeinsamen Küchenschlacht – am besten mit Rezepten aus einem gerade stark gehypten Kochbuch. Oder ihr nehmt euch ein häusliches Projekt vor, etwa die Errichtung von Hochbeeten im Garten oder die Neuverkachelung der Küche.

Insbesondere im Privatleben fällt es dem Innovator schwer, sich anderen Leuten mit ungeteilter Aufmerksamkeit zu widmen. Denn er ist es gewohnt, sich eher auf seine Projekte zu konzentrieren als auf Gesprächspartner. So unhöflich oder verwirrend es sich auch anhören mag, musst du eines wissen: Innovatoren können sich tatsächlich besser auf andere fokussieren, wenn sie am Saubermachen, Vorsichhinkritzeln, Häkeln sind oder sonst irgendwas mit den Händen machen.

Und wie sich herausstellt, hat dieser scheinbare Wahnsinn doch tatsächlich Methode. Denn mittlerweile ist wissenschaftlich erwiesen, dass sich die Beschäftigung der Hände positiv auf das Gehirn auswirkt: weil es dadurch in einen entspannten, gelösten Zustand versetzt wird. Wenn du also etwas Wichtiges mit dem Innovator in deinem Haus besprechen oder auch besonders lieb zu ihm sein möchtest, wartest du am besten, bis er zu einem dieser neuen Ausmalbücher für Erwachsene greift oder sich anschickt, euer 65-teiliges Besteck zu polieren. Dann kannst du ihm (oder ihr) alles erzählen, was du auf dem Herzen hast, und seine Aufmerksamkeit ist dir sicher. (Ganz abgesehen von den blitzenden Messern und Gabeln für euer nächstes Festessen!)

DAS ZUHAUSE DER AUTORITÄT

Wer hat Angst vorm bösen Wolf? Autoritäten jedenfalls nicht. Denn das Haus, das sie sich erbauen, ist überaus stabil – ein sicherer Hafen für sie und ihre Lieben. Als geborene Versorger sind sie am effektivsten, wenn sie aus einem gut ausgestatteten Basislager heraus agieren können, in dem alle Ressourcen mühelos zu erreichen sind, wovon nicht nur sie selbst profitieren, sondern auch andere. Das klassische Pfadfindermotto – »Allzeit bereit!« – könnte durchaus auch für das Privat- beziehungsweise Familienleben von Autoritäten als Überschrift dienen.

Selbst auf Weltreise haben sie alles für sie Wichtige im passenden Kleinformat bei sich, von Abschmink- und Reinigungsprodukten bis hin zu ihren heiß geliebten Duftkerzen. Eine männliche Autorität, die wir kennen, war ein halbes Jahr in Südamerika unterwegs; mit von der Partie: eine komplette tragbare Küche (inklusive Gaskocher, Kochmesser, Kaffeebereiter und Schneidebrett). Und das alles höchst platzsparend im Koffer verstaut.

Sobald sich die Autorität auf ein dauerhaftes Domizil eingelassen hat, beginnt sie mit der Tiefenrecherche. Der Hauskauf geht für Vertreter*innen dieses Typs oft mit langwierigen Bau- oder Renovierungsarbeiten einher. Ab da betrachten sie von Preisvergleichen bis hin zur Suche nach den passenden Baustoffen alles, was mit ihrem künftigen Nest zu tun hat, als Investment. Die traditionell veranlagte Autorität liebt es, sich tief verwurzelt zu fühlen. Selbst als Mieter*innen begeben sie sich schon auf die Jagd nach soliden Möbelstücken, die sich eines Tages umstandslos in das bleibende Zuhause umziehen lassen.

Aber *first things first.* Am liebsten fängt die geradlinige Autorität am Anfang an, bei den Grundlagen. Und arbeitet sich von dort aus weiter. Ihr Motto: Funktion vor Firlefanz. Bevor sie auch nur den ersten Einrichtungsgegenstand in Augenschein nimmt, konsultiert sie Grundriss und -fläche. Im Idealfall kann sie sich die Baupläne aus dem zuständigen Architekturbüro besorgen und informiert sich nach Möglichkeit eingehend über alles, was mit Rohren, Heizung und Elektrik zu tun hat.

Autoritäten und ihr Design-Ethos

Es gibt keinen schöneren Ort als das Zuhause von Autoritäten, das sich gemütlich und einladend anfühlen kann, so nostalgisch wie ein Norman-Rockwell-Gemälde, ein Portal zu einer »einfacheren« Ära. Autoritäten neigen dazu, zeitlose Gegenstände zu mögen, die eine gewisse Ruhe ausstrahlen, mit ein paar Schnörkeln, die vor einem klassischen Hintergrund auffallen. Übergroße Sofas, Bauerntische, Arbeitsplatten aus Marmor – das alles sind Investitionsgüter. Einige von ihnen gedenkt die Autorität an künftige Generationen weiterzugeben.

Bauunternehmen werden beauftragt, die Böden, Fenster und Verkleidungen genau richtig anzupassen. Über Stoff- und Farbmuster wird gegrübelt, um ein kohärentes Einrichtungskonzept zu entwerfen. (Modernes Bauernhaus? Antiker Landhausstil? Skandinavische Schlichtheit?) Wenn es jemals einen Typus gab, der gerne auf einen Innenarchitekten zurückgreift, dann ist es die Autorität.

Wenn das Budget keinen Spezialisten hergibt, wird eben die Autorität zum Experten, um um jeden Preis den gewünschten Look zu erreichen. Auch wenn die Familienmitglieder während des gesamten Prozesses murren mögen (»Es ist doch nur ein Herd! Wen kümmert es, ob er eine abnehmbare Grillplatte hat?«), ist das Meisterwerk fertig, werden sie zugeben müssen, dass es sich gelohnt hat und die Mühen der Autorität wert war.

Auch wenn man sich wundert, was die Autorität für eine schicke Wohnzimmereinrichtung auszugeben bereit ist, macht die Liebe der Autorität zur Beständigkeit den Kauf allemal wert. 20 Weihnachtsfeiern später werden sich die Menschen immer noch an die stetige Vertrautheit des Hauses der Autorität erinnern.

Raumaufteilung im Zuhause der Autorität

Autoritäten kommen am besten mit klar definierten Bereichen zurecht, die nicht ineinander übergehen. Sie brauchen die Ungezwungenheit eines chaotischen Wohnzimmers, in dem überall Spielzeug herumliegt, genauso wie die Möglichkeit, das traditionelle Feiertagsessen auf einem Esszimmertisch servieren zu können, inklusive Stoffservietten und schickem Besteck.

Unser wichtigster Tipp für das Zuhause von Autoritäten? Viele Türen. Denn auch wenn sie theoretisch einen modernen Einrichtungsstil bevorzugen, können sie die Entscheidung für ein offenes Loft oder eine Atelierwohnung unter Umständen böse bereuen. (Und auch der Autorität, die, um Geld zu sparen, mit dem Gedanken spielt, in ein Tiny House zu ziehen, raten wir dringend, sich von dieser Idee zu verabschieden.)

Dieselben Empfehlungen gelten für Autoritäten, die von zu Hause aus arbeiten. Denn die Nähe von Schreibtisch und Computer zu der kuscheligen Sitzlandschaft, in der sie lesen, häkeln oder Serien bingen, dürfte sich nur schlecht mit ihrem Bedürfnis nach abendlicher Entspannung vertragen. Und wenn Autoritäten in ihrem Zuhause auf etwas Wert legen, dann darauf, dass es ein Gefühl von Stabilität, Behaglichkeit und Sicherheit vermittelt.

Dinge, durch die sich das Heim von Autoritäten auszeichnen dürfte

- eine gut organisierte und strukturierte Zimmerverteilung, die der traditionellen Aufteilung entspricht: Elternschlafzimmer, Esszimmer, geräumige Wohnküche sowie Garage oder Parkplatz

- ein Homeoffice oder Arbeitszimmer, das den Erfordernissen der Autorität entspricht

- stabiles Fundament und robuste Bauweise – schließlich ist nicht auszuschließen, dass die Immobilie über Generationen hinweg in Familienbesitz bleibt

- viel Stauraum
- Gästezimmer und familienfreundliche Räumlichkeiten, die dem gedeihlichen Zusammenleben in einem Mehr-Generationen-Haus zuträglich sind
- Energieeffizienz in Übereinstimmung sowohl mit dem Budget der Autorität als auch mit ihrem Bedürfnis nach Nachhaltigkeit

*Die Autorität als Gastgeber*in*

Dass die auf der ganzen Welt bekannte amerikanische Moderatorin und Fernsehköchin Martha Stewart diesem Archetyp angehört, wird dich wahrscheinlich nicht weiter überraschen. Als Gastgeber*innen orientieren sich Autoritäten an schicken kleinen Boutiquehotels mit aufgerollten Gästehandtüchern, duftenden Seifenstücken, Raum- und Wäscheparfums und kleinen Süßigkeiten auf der Bettdecke. Und obwohl sich Besucher*innen wohl kaum an nicht abgespültem Frühstücksgeschirr stören dürften: Autoritäten tun es sehr wohl. Der Druck, unter den sie sich selbst setzen, würde jedem Concierge eines Fünf-Sterne-Hotels den Schweiß auf die Stirn treiben. Autoritäten planen gern – und darin sind sie perfekt; sie laden weit im Voraus ein und bitten um rechtzeitige Antwort, damit sie »alles vorbereiten können«. Dabei legen sie großen Wert darauf, auch für den Fall unangekündigten Aufkreuzens von Angehörigen und Bekannten bestens ausgestattet zu sein. Und wenn überraschend jemand einen Schlafplatz braucht? Die meisten Autoritäten würden es nicht übers Herz bringen, einen lieben Menschen wegzuschicken, nachdem sie ihn einmal in ihr kuscheliges Heim gelassen haben.

Urlaub bei einer Autorität vergisst man nie. Sie zieht den Esszimmertisch aus, stellt Platz zum Kekseverzieren oder Basteln zur Verfügung und dann geht sie ab, die Pinterest-würdige Luzi. Ob sie ein »zwangloses« Brunch-Buffet anbietet oder ein mehrgängiges Menü serviert, höchstwahrscheinlich liegt der Mahlzeit ein gut geplantes, konsequent durchgehaltenes Motiv zugrunde. Und bestimmt hat die gastgebende Autorität irgendwo auf ihrem Telefon eine Einkaufsliste, damit sie auch wirklich keine Zutat, nicht die kleinste Beilage vergisst.

Für die eine oder andere Autorität kann der Druck dieser Art von Bewirtung natürlich auch zu viel werden. Marcos, ein Vertreter dieses Typs und erfolgreicher Absolvent eines französischen Kulinarik-Instituts, lebt nach der Devise »Wenn ich es nicht richtig machen kann, mache ich es lieber gar nicht«. Die meisten seiner Freund*innen sind schon mindestens einmal in den Genuss eines seiner perfekten Sieben-Gänge-Geburtstagsmenüs gekommen. (Marcos' Blumenkohlcremesuppe ist legendär!) Doch was die großen Feiertagsdinner angeht, hat er inzwischen das Handtuch geworfen. »Mit so vielen Anforderungen an einem einzigen Tag komme ich einfach nicht mehr klar!«

Glücklicherweise sind Autoritäten jedoch auch perfekte Gäste, die wohldurchdachte Gastgeschenke mitbringen oder auch ein liebevoll selbst zubereitetes Gericht.

Mit einer Autorität unter einem Dach

Hier genügt ein einziges Wort: Hausordnung! Die Vorliebe von Autoritäten für Regeln und Pläne ist mitunter beklemmend, in der richtigen Dosierung aber kann sie durchaus für ein funktionierendes Zusammenleben sorgen. Für den Fall, dass du mit einer unter einem Dach wohnst, solltest du dich auf einige Verhandlungen einstellen, was etwa Ruhe- und Besuchszeiten sowie Zeiten zum Lernen betrifft ... und dich dann strikt an die getroffenen Vereinbarungen halten.

Doch auch wenn es so aussieht: Richtiggehend kontrollsüchtig sind Autoritäten eigentlich nicht. Vielmehr haben Routinen für diesen tendenziell ängstlichen Typ eher die Funktion einer Art Anker. Und wahrscheinlich haben sie etliche Jahre gebraucht, um zu verstehen, dass einem schwere Mahlzeiten nach 19 Uhr die ganze Nacht schwer im Magen liegen und eine frühere Abendessensroutine deshalb sinnvoll ist

Manche Leute dürften sich von der strengen Umsicht der Autorität genervt fühlen – bis sie mal weg ist. Und dann vermissen sie plötzlich deren stabilisierende Rituale. Die geregelten Essenszeiten, den Filmabend und das Sonntagmorgen-Pancake-Frühstück – wer soll sich denn jetzt um all das kümmern? Ja, Struktur und Beständigkeit der Autorität sind es, die aus einem Haushalt ein Zuhause machen.

Wer mit einer Autorität zusammenlebt, fühlt sich unweigerlich besser verankert und vor den Ungewissheiten der »Welt da draußen« geschützt. Wobei die Autorität dafür sorgen muss, dass ihr Nest nicht dermaßen kuschelig wird, dass keines ihrer Vögelchen es je verlassen möchte ... oder aber so erdrückend, dass akuter Lagerkoller aufkommt und der Spannungspegel sonst wohin steigt.

Tipps für das Zusammenleben mit einer Autorität

Gib dir Mühe und leiste deinen Beitrag, auch wenn dich die Autorität nicht direkt dazu auffordert. Dieser tüchtige Archetyp hat alles unter Kontrolle – oder vermittelt jedenfalls den Eindruck. Autoritäten sind imstande, das Chaos, das der Mentor angerichtet hat, stillschweigend zu beseitigen, bevor Gäste kommen, oder allabendlich den Esszimmertisch freizuräumen, an dem sich der Innovator tagsüber breitmacht. Aber sie merken sich alles.

Denn für Autoritäten zählen Handlungen sehr viel mehr als Worte. Und wenn du nicht möchtest, dass »deine« anfängt, dir gegenüber Ressentiments aufzubauen, dann versichere sie deiner Liebe und lass ihr dieselbe Fürsorge zukommen, die sie dir angedeihen lässt. Aber bloß nicht halbherzig! Im Zusammenleben mit einer Autorität fühlt man sich vielleicht zeitweise wie in einem Bootcamp, dafür macht aber zu Hause auch vieles einfach sehr viel mehr Spaß, wenn alles hübsch ordentlich und aufgeräumt ist.

Und ja, die meisten Autoritäten mögen perfekt gestapeltes Geschirr, aufgeschüttelte Kopfkissen und eine bestimmte Ordnung der Duschgele im Bad. Und »Okay, wenn ihnen das so wichtig ist – warum machen sie es dann nicht selbst?«, wird der eine oder die andere insgeheim denken. Falsch gedacht! Denn eine der Sprachen der Liebe, die der Autorität vertraut sind, sind Bestleistungen. Zeig ihr, wie wichtig sie für dich ist, indem du etwas Bestimmtes so gut wie nur möglich erledigst, und die Autorität wird über Wochen froh und zufrieden sein.

DAS ZUHAUSE DES MENTORS

Nenn es Kreativstudio, Bed and Breakfast, Basecamp der Familie – im Zuhause des Mentors ist immer viel los. Gesellig, wie sie sind, brauchen Mentoren einen Raum, in dem sie sich mit ihren Leuten umgeben und Hof halten können. Eine spontane nachmittägliche Stippvisite bei ihnen kann sich durchaus zu einem improvisierten Grillabend mit guten Gesprächen am Feuer, einer Übernachtung und einem gemeinsamen Frühstück auswachsen.

Mentoren werkeln gern herum, weil auf diese Weise Geist und Hände immer etwas zu tun haben. Deshalb sieht man mitunter auch einen, der beim Filmabend im Familienkreis einen überdimensional großen Makramee-Wandbehang knüpft. Und zum morgendlichen Kaffee-Ritual gehören oft mindestens eine Viertelstunde Journaling oder Lesen. (Bitte besetz bei dieser Gelegenheit nicht versehentlich den Lieblingsplatz des Mentors.)

Viele Mentoren arbeiten lieber interaktiv als nebeneinanderher, also sieh dich vor, wenn du mit einem zusammenlebst. Es kann nämlich gut sein, dass dir »deiner« eine Schürze zuwirft und dich in die Küche lockt, damit ihr gemeinsam ein schönes Essen vorbereiten könnt. Der Freundeskreis dieses Archetyps kommt in den Genuss zahlloser Einladungen zu Gaming- oder Spieleabenden, Handarbeitszirkeln, Visionboard-Partys, Weinverkostungen. Und je öfter ihr (unter seinem Dach) zusammenkommt, desto glücklicher wird er, der Mentor.

Damit sich alles so spontan anfühlt, wie er es am liebsten hat, wird bei ihm viel und oft umgeräumt. Modulmöbel, Satztische und Ausziehsofas sind deshalb ideal für ihn. Spießige Einrichtungsgegenstände jedoch sollten bestimmten Wohnbereichen vorbehalten bleiben – oder ganz vermieden werden.

Selbst der introvertierteste Mentor findet garantiert einen Weg, seine Räume mit der Energie anderer Menschen anzufüllen, sei es mit den Büchern seiner Lieblingsschriftsteller*innen oder den Musikstücken seiner liebevoll zusammengestellten Playlists. Weil sich Mentoren einfach wahnsinnig gern mit Kultur und den neusten Ideen umgeben.

Das Design-Credo des Mentors

Die verspielten, ewig neugierigen Mentoren sammeln von Natur aus gern – und die Regale in ihrem Wohnraum legen davon überreichlich Zeugnis ab. Freund*innen sind es gewohnt, sie auf Flohmärkte und in Second-Hand-Geschäfte zu begleiten, um nach

Schätzen zu suchen: etwa nach quietschbuntem Plastikgeschirr aus den 1940ern. Nach Ölgemälden und Drucken für eine bestimmte Wand. Oder nach originellen Behältern, die sich als Übertöpfe beziehungsweise Pflanzgefäße eignen. (Ein Kinder-Cowboystiefel? Ein Set silbergrauer Schüsseln? Warum eigentlich nicht.)

Die Einrichtung von Mentoren kann gefährlich nahe am Kitsch vorbeischrammen, aber das ist pure Absicht. Das soll so. Im Grunde setzt sich ihr Zuhause nämlich aus Materie gewordenen Gesprächsthemen zusammen. Reagiert Besuch also auf eine alberne Stickerei (»Klopapier spielt im Leben eine sehr wichtige Rolle«) oder ein seltenes Kinoplakat, haben beide ihre Funktion erfüllt.

Olivia, Mentor und Kreativdirektorin, ist leidenschaftliche Liebhaberin von japanischen Vintage-Spielfiguren sowie von allem, was mit Bauhaus zu tun hat. Mit bunten Figürchen vollgestopfte Regale, die typischen Pendelleuchten und gerahmte Kunstdrucke legen davon Zeugnis ab. Hört sich ein bisschen chaotisch an? Nun, diese verschiedenen Designelemente verbindet Olivia mit ihren drei Lieblingsfarben: einem satten Sonnengelb, knalligem Orange und Neonpink. Diese Töne ziehen sich durch ihr ganzes Zuhause, akzentuieren die neutral gehaltenen Möbel, ergänzen das saftige Grün der Topfpflanzen, die überall stehen. (O ja, die sammelt Olivia auch.) Und irgendwie passt das alles ausgesprochen gut zusammen.

Raumaufteilung im Zuhause des Mentors

Am besten entwickeln sich Mentoren in einer lebendigen, geselligen Umgebung, die sie strahlen und ihre Kreativität zum Ausdruck bringen lässt. Wann immer sie sich für etwas begeistern, gehen sie *all in* mit ihrem neuen Hobby. Das Problem dabei: Mentoren neigen zur gnadenlosen Überschätzung des Raumes, der ihnen zur Verfügung steht. Jedenfalls bis die ersten Materialien eintrudeln.

Kistenweise. Nicht wenige Vertreter*innen dieses Archetyps haben das Gefühl, zu wenig Platz zu haben. Und viele räumen ein, dass sie sich das »ganz allein selbst zuzuschreiben« haben.

Mal abgesehen von diesem *Mea culpa* kann sich das gefürchtete Mentor-Chaos als höchst problematisch erweisen. Denn sobald die Unordnung vollends außer Kontrolle gerät, wird die Aufmerksamkeit des Mentors auf 1000 verschiedene Dinge zugleich gelenkt, sodass er schließlich gar nicht mehr zur Ruhe kommen und sich entspannen kann. Die vielen überall verteilten Häufchen können die Mitbewohner*innen nerven und (schlimmstenfalls) zu einer echten Gefahr werden.

Der Ausweg aus dem »Mehr-ist-mehr«-Design-Ansatz des Mentors? Die Erweiterung nach oben hin. Das clevere Ausnutzen vertikaler Räume als Schlüssel zu Ruhe und Gelassenheit. Mehrere Hängeregale können sich zu einem Kunstwerk vereinigen, wenn sie mit Stapeln farblich geordneter Bücher, mit Grünpflanzen und kleinen Skulpturen versehen werden. Für die Aufbewahrung ästhetisch weniger ansprechender Gegenstände eignen sich deckenhohe Schränke.

Für Mentoren dürfte die Beauftragung eines Einrichtungs- und Ordnungsprofis ein gutes Investment sein. Denn wenn alles seinen Platz hat – und der Mentor allabendlich Ordnung schafft –, kann er endlich zu seiner wohlverdienten Ruhe kommen.

Dinge, durch die sich das Heim von Mentoren auszeichnen dürfte

- offen gestaltete Räume mit viel Platz für Unterhaltungs- und Bewirtungszwecke (Hal-lo-hooo, improvisierter Tanzboden!)

- ein ungenutzter Bereich (zum Beispiel ein Kellerraum oder eine Garage), der sich zu einer kleinen Werkstatt oder einem Raum für Geselligkeiten umgestalten lässt

- gemütliche, einladende Zimmer mit bequemen Sitzgelegenheiten und Leseecken für Schreibarbeiten, zum Journaling und Serien-Bingen
- Bibliotheken beziehungsweise Lern- oder Studierbereiche, in denen die Mentoren ihre ganze Liebe für Bücher, Wissenschaft und Weiterbildung ausleben können
- Smart-Home-Technologie, Solarpaneele und andere Gadgets, die interessanten Gesprächsstoff abgeben
- Gaming-Zimmer, Karaokemaschinen, VR-Brillen und anderes Tech-Spielzeug
- große begehbare Schränke beziehungsweise Ankleidezimmer mit nach Farben und Jahreszeiten geordneten Kleidungsstücken

*Der Mentor als Gastgeber*in*

Auf diesem Gebiet sind Mentoren die ganz große Nummer! Ihr gemeinschaftsorientiertes, auf Zusammenarbeit abzielendes Auftreten macht sie zu optimalen Entertainer*innen. Und die Bewirtung von Gästen bietet ihnen eine perfekte Gelegenheit, ihre DIY-Talente unter Beweis zu stellen. Indem sie zum Beispiel mit einem kreativ gestalteten Käsebrett oder einem selbst gebauten Heimkino punkten, das sie kürzlich noch mit einem ausgeklügelten Soundsystem versehen haben. Und von Mottopartys wollen wir gar nicht erst sprechen. Lässt man Mentoren nämlich auf diesem Gebiet freie Bahn, wimmelt es plötzlich nur so von Kostümen und nachgespielten Schlüsselmomenten der Weltgeschichte – inklusive stilechter Einladungen, Dekoration und eigens dafür ausgesuchten Geschirrs.

Ferien in der Maison du Mentor? Dann mögen die Spiele beginnen ... Insbesondere ihren Lieben gegenüber ist Gastfreundschaft die große Spezialität von Mentoren; und wenn es sich bei ihnen um Eltern handelt, stellen sie stolz den Ort bereit, an dem sich die Freund*innen ihrer Kinder am liebsten aufhalten. (Cool genug, um diesem Anspruch gerecht zu werden, sind sie allemal.) Wir sagen nur: Videospiele und Karaokemaschinen. Whirl- und Swimmingpool. Tischtennistisch, Volleyballkörbe im Garten. Tiki-Bar und Holzkohlengrill.

Im Übrigen können Mentoren auch als Moderator*innen brillieren. Denn mit ihren (allerdings nicht immer ganz jugendfreien) Kommentaren gelingt es ihnen, jede Stimmung aufzulockern – vorausgesetzt, sie übertreiben es nicht mit ihrer Offenherzigkeit. Das Schönste am Gastgeben ist für Mentoren jedoch, dass sie dabei die Gelegenheit haben, Leute miteinander zu verkuppeln. Denn sie lieben es, die Menschen, die ihnen besonders am Herzen liegen, miteinander bekannt zu machen – in der Hoffnung, dass dadurch Synergien oder vielleicht sogar Liebesbeziehungen entstehen.

Wie es um die Gästeliste von Mentoren bestellt ist? Jede*r bringt jemanden mit. Denn so etwas wie Fremde gibt es für diese schon von Natur aus inklusiven Persönlichkeiten nicht; außerdem haben sie einfach ein Händchen dafür, Kontakte zu knüpfen und neu Hinzukommenden ein gutes Gefühl zu vermitteln.

Mit einem Mentor unter einem Dach

Die beste Eigenschaft der Mentoren – dass sie sich völlig unbefangen und mit kindlicher Freude auf jede x-beliebige Situation einlassen können –, kann ihnen auch die meisten Probleme bescheren.

Denn das Zusammenleben mit einem von ihnen kann ein echtes Wechselbad aus Hochstimmung und Absturz sein. Geistig und vom Mundwerk her rasend schnell »verarbeiten« sie jede Sachlage verbal ... telefonisch oder für alle vernehmbar, die sich in Hörweite befinden. Kommt unerwartet Besuch, verlieren sie leicht die Zeit aus den Augen und zwingen ihre Mitwohnenden, den bösen Cop zu spielen und die Party zu beenden, wenn sie ins Bett wollen.

Von diesen Dingen abgesehen, sind Mentoren der Wirbelwind gewordene kinetische Mittelpunkt ihres Haushalts, die treibende Kraft hinter Kinobesuchen, Spieleabenden oder Festlichkeiten. Braucht wer in ihrem Umfeld jemanden zum Zuhören, lässt der Mentor alles stehen und liegen, leiht der Person aufmerksam sein Ohr und stärkt ihr den Rücken. Und obwohl die »Schaut-MICH-an«-Mätzchen des Mentors diesen Typ mitunter als aufmerksamkeitsheischend oder unreif erscheinen lassen können, ist er doch jederzeit bereit, sich die Bühne mit anderen zu teilen, die auch mal so richtig albern sein wollen.

Tipps für den Umgang mit einem Mentor

Du lebst mit einem Mentor zusammen? Dann schnapp dir einen großen Sack und ruf die Müllabfuhr. Und das gern alle Vierteljahre einmal. Doch die gute Nachricht: Sobald der Mentor eine Methode zum Umgang mit seinem Chaos gefunden hat, kann er das Ordnunghalten mit derselben Besessenheit betreiben, mit der er auch seinen anderen Leidenschaften nachgeht.

Natürlich kannst du dem Mentor helfen, sich ein solches Organisationssystem anzueignen – sieh aber unbedingt zu, dass er sich an dessen Entwicklung beteiligt. Als Innovator Camilla bei Mentor Ben einzog, sah seine Wohnung aus, »als wäre eine Bombe eingeschlagen«. Kaum war er mal übers Wochenende mit seinen Freunden Campen, beschloss sie, ihn mit einem neuen Aufbewahrungssystem für seinen Arbeitsbereich zu überraschen. »Doch das war nicht ganz uneigennützig«, räumt Camilla ein. »Wir haben in einem Loft gewohnt, und ich war es einfach leid, ständig sein ganzes Werkzeug und so vor Augen zu haben.«

Sorgfältigst ordnete sie Bens Utensilien und besorgte sogar bestimmte Behälter, damit kleine Schrauben im großen Meer der Nägel nicht untergingen. Aber es war ein undankbarer Job. Denn nicht nur wurde Ben total sauer, weil sie »mein ganzes Zeug durcheinandergebracht« hat, sondern er hatte auch binnen einer knappen Woche das alte Chaos wiederhergestellt.

Obwohl dieser Konflikt beinahe zur Trennung geführt hätte, hielt Camilla durch. Und als sie sich eine neue Wohnung suchten, kam für sie nur eine infrage, in der Ben ein eigenes Zimmer für seinen Kram hatte und sie nur selten mit dem Mentor-Chaos in Berührung kam. Kürzlich jedoch war Camilla sehr überrascht, als sie bemerkte, dass er einige seiner Utensilien in den Behältern verstaut hatte, die sie ihm noch zu Loft-Zeiten besorgt hatte. Und diesmal ganz allein, ohne Camillas Hilfe.

DER ASTROLOGIE-CODE FÜR DIE FAMILIE

Tja, die Familie! Das sind die Leute, mit denen du biologisch verwandt bist – mit denen du aber nicht zwangsläufig auch von der Chemie her klarkommst. Keine wissenschaftliche Disziplin bringt Licht in die Mysterien der friedlichen Koexistenz mit den Angehörigen unseres Clans, aber vielleicht geht es darum ja auch gar nicht. Eltern, Geschwister, Kinder können spirituell unsere bedeutendsten Lehrer*innen sein. Auch (und sogar gerade), wenn sie unsere Geduld strapazieren.

In diesem Abschnitt informieren wir dich über die familiäre Seite der I*AM-Profile; hier erfährst du auch, wie du – als Kind und als Elternteil – vom Astrologie-Code profitieren kannst. Wir behandeln Fragen wie: Wie halten es Innovator-Mütter oder -Väter im Unterschied zu Autoritäten und Mentoren mit der Disziplin? Warum versagen die Regeln, die ein Autorität-Kind so umstandslos zur Kooperation bewegen, bei kleinen Innovator-Tagträumenden oder Mentor-Mini-Mes total? Nun, das kannst du gleich herausfinden – und stößt danach hoffentlich einen entspannenden Seufzer der Erleichterung aus!

DIE I*AM-TYPEN ALS ELTERN

Wenn Babys doch nur mit einer Bedienungsanleitung auf die Welt kämen! Das wünschen sich viele. Und hey: Dank der Astrologie tun sie das auch. Denn in puncto Elternschaft hat jeder I*AM-Typ seinen eigenen Stil. Und wenn es einen Bereich des Lebens gibt, in dem sich der Astrologie-Code als ganz besonders hilfreich erweist, dann ist es dieser. Weiter ausführen wollen wir diese Präambel aber nicht. Sondern lieber gleich loslegen. Und zwar mit einem ersten Überblick:

DER ERZIEHUNGSSTIL DER I*AM-TYPEN

Der Innovator erzieht seine Kinder zur

Autonomie.

Die Autorität vermittelt ihren Kindern ein Gefühl der

Sicherheit durch **Struktur** und **Routine**.

Der Mentor möchte seinen Kindern

Verbündeter und **bester Freund sein**.

Innovatoren als Eltern

Hier wird die Elternschaft neu erfunden. Inzwischen dürfte es nicht weiter überraschen zu erfahren, dass Innovatoren das Mutter- beziehungsweise Vatersein nicht viel anders angehen wollen als alles Übrige im Leben: indem sie es so gestalten, dass es ihren Werten und Vorlieben entspricht. Doch sosehr sie sich auch bemühen, die Aufgabe der Kindererziehung läuft dem Grundbedürfnis des Innovators zuwider, frei zu sein und kommen und gehen zu können, wie es ihm gefällt.

Für diesen Typ kann die »Elternfalle« ein echter Schock sein. Und kein Ratgeber kann sie auf das total Unglamouröse, auf die entnervenden Routinen und die vollkommene Abhängigkeit des kleinen Menschen vorbereiten. Bis Innovatoren schließlich einen für sie akzeptablen Umgang mit dieser anspruchsvollen Aufgabe gefunden haben, stellt die Elternschaft oft eine der schwierigsten Phasen ihres Lebens dar.

Innovator-Eltern möchten am liebsten schon kurz nach der Geburt ihrer Kinder mit den herrschenden Normen der Erziehung brechen. Denn sie empfinden es als ihre Pflicht, die kleinen Menschen bei der Suche nach ihrer Aufgabe im Leben zu unterstützen. Und zwar so früh wie möglich. Sie hegen den idealistischen Wunsch, ihre Söhne und Töchter vor den Traumata und Bedrängnissen der Kindheit zu bewahren und gleichzeitig deren Unabhängigkeit zu fördern. Deshalb sehen sie sich womöglich nach einem Kindergarten um, dem eine besondere Erziehungsphilosophie zugrunde liegt, kaufen genderneutrales Spielzeug oder entscheiden sich für eine gemeinschaftliche Lebensform – immer darauf bedacht, dass ihre Kinder so angeleitet und »erzogen« werden, wie es die Innovator-Eltern für richtig und angemessen halten. Sie möchten, dass sich ihr Nachwuchs als etwas Besonderes fühlen kann und einen gewissen Wettbewerbsvorteil genießt, sich zugleich aber auch seelisch gut entwickelt und ein Leben führt, in dem sich die jeweilige Individualität widerspiegelt.

Eine große, eine schwierige Aufgabe? Ja, durchaus. Und so viel kann man sagen: Damit der Innovator bei der Stange bleibt, sollte sich ihm die Elternschaft als kreativer Akt präsentieren, dem er seinen ganz eigenen Stempel aufdrücken kann. Und genau das tun sie auch, zwar mit unterschiedlichen Ergebnissen, immer aber mit viel Liebe. Ist es dem Innovator dann jedoch zum ersten Mal gelungen, das wilde Experiment der Aufzucht eines Menschen, kann er sich zu einem höchst hilfreichen Ratgeber entwickeln, der jungen Eltern realitätserprobte Tipps gibt.

Was toll ist an der Elternschaft eines Innovators

- Individualität und Kreativität seiner Kinder werden unterstützt.
- Den Kleinen wird ermöglicht, ihre Persönlichkeit auszuloten und gegebenenfalls neue Wege zu gehen.
- Innovator als hipper Elternteil (und Hipster-Elternteil), dessen Kinder wissen, dass sie ihn alles fragen und unter Umständen sogar wie mit einem »Freund« oder einer »Freundin« mit ihm sprechen können
- Kindern werden Kultur und allerlei avantgardistische Ideen nähergebracht.
- Ehrgeiz seiner Töchter und Söhne wird gefördert.

Die Fallstricke der Elternschaft für den Innovator

- Versuch, seine Kids zu Superstars zu erziehen – woraufhin sie aber unter Umständen eine Anspruchshaltung entwickeln, die ihnen das Befolgen von Regeln erschwert
- Aufzeigen von Tricks und Notlösungen, wodurch Kinder aber nicht alle Schritte lernen, die nötig sind, um auf einem Gebiet die Meisterschaft zu erlangen
- Ansprüche, die es den Kids schwer machen, einfach nur Kind zu sein

- zu viele Termine und anderweitige Engagements, um die Kinder an einen Zeitplan zu gewöhnen, ihnen bei den Hausarbeiten zu helfen oder sie zu sportlichen beziehungsweise anderen Aktivitäten zu fahren – mangelnde Beständigkeit

Der Innovator und sein erstes Kind

Für den Innovator kann das erste Kind ein richtiggehender Schock sein. Denn mit dessen Geburt geht ja nicht nur eine erhebliche Steigerung der Lebenshaltungskosten einher. Darüber hinaus dürfte die Ankunft des kleinen Lebewesens auch das erste Mal sein, dass diese freiheitsliebende Seele ihr Leben ganz in den Dienst der Bedürfnisse eines anderen Menschen stellt und erhebliche Einschränkungen ihrer Bewegungsfreiheit in Kauf nehmen muss. Da es dieser Archetyp so gar nicht mit Strukturen hat, fühlen sich Innovatoren von den zwangsläufig äußerst straff organisierten Zeitplänen des Mutter- oder Vaterseins schnell überfordert.

»Ich hatte über Jahre ein ganz tolles Leben in San Francisco«, berichtet Anthony, Innovator und Vater eines Achtjährigen. »Aber die Geburt meines Sohnes änderte für mich mit einem Schlag alles.«

Anthonys geräumiges Loft begann sich mit Spielzeug, Windeln und Laufställchen zu füllen, und die offene Fläche bot keinerlei Rückzugsmöglichkeiten. Mit sperrigem Sportkinderwagen und einem unleidlichen Kleinkind im Schlepptau wuchs sich der Weg zu einem schnellen Mandel-Latte im Coffeeshop zu einer Riesenexpedition aus. »Vielleicht war es die Injektionsnadel auf dem Spielplatz ... oder die Erkenntnis, dass die Kosten für eine private Vorschule hier so hoch sind wie anderswo die Studiengebühren«, sagt Anthony. »Jedenfalls ... so weh es mir auch tat, irgendwann war mir klar, dass ich etwas ändern musste.« Er zog weiter raus in den Speckgürtel der Stadt, spart momentan aber für eine kleine Zweitwohnung in der City von San Francisco, weil »für einen Teil von mir das Vollzeit-Landleben einfach nicht gangbar ist«, wie er sagt.

Der Erziehungsstil des Innovators

Innovator-Eltern wünschen sich, dass ihre Kinder sowohl erfolgreich als auch glücklich werden – vor allem aber: eigenständig. Und wenn alles gut läuft, entwickeln sich die Kids tatsächlich zu unabhängig denkenden Menschen mit großer emotionaler Intelligenz, einem vernünftigen Verhältnis zum Geld und hoher Selbstwirksamkeit. Von ihren Eltern werden sie ermutigt, an Wettbewerben teilzunehmen, das Rampenlicht nicht zu scheuen, Erfolge zu lieben. Und während an sich nichts gegen eine Teilnahmebestätigung einzuwenden wäre, sollten die Kids doch bitte schön auch gern versuchen, auf einen der vordersten Plätze zu gelangen.

Doch so viel Wert Innovatoren auch auf Status und gute Abschlüsse legen, so wenig können sie mit Bürokratie und Institutionsgehabe anfangen. Denn für diese Eltern bedeutet Schule – beziehungsweise der »erziehungs-industrielle Komplex«, wie es eine Innovator-Mom einmal ausgedrückt hat – weit mehr als Lehrbücher und Zeugnisse. Sie wünschen sich nämlich, dass ihre Kinder Geschmack am lebenslangen Lernen finden und sich eine von natürlicher Neugier getragene entwicklungsorientierte Grundhaltung aneignen.

Trendsetterin Robin, Grafikdesignerin mit acht Innovator-Platzierungen, ist Mutter zweier Teenagerinnen mit multi-ethnischem Hintergrund. Als die Mädchen noch kleiner waren, besuchten sie eine recht fortschrittliche staatliche Schule und Robin ergänzte den Unterricht noch um eigene Kunst- und Handwerksstunden. Sie unterhielt auf ihrem Grundstück eine Bienenzucht und gehörte in der

Schule zu den entschiedensten Fürsprechenden der Förderung von Mädchen in den MINT-Fächern.

Um ihre Töchter vor den Gefahren des Teenagerseins in den USA zu bewahren, ist Robin kürzlich mit ihrer Familie nach Bali gezogen und hat ihre Kinder in einem um Nachhaltigkeit bemühten »Bildungs- und Erziehungsdorf« angemeldet. Mit seinen Bambus-und-Lehm-Wänden, Solarpaneelen und biogasbetriebenem Schulbus wirkt dieser so exklusive wie zukunftsorientierte Campus wie die Verkörperung der Träume vieler progressiver Innovatoren.

Trotzdem berichtet Robin, dass ihre Zwölfjährige bei der Ankunft in Indonesien nichts anderes wollte, als »sich die Haare zu glätten und shoppen zu gehen«. Und bedauerlicherweise entsprach auch die Schulpolitik des »Dorfes« ganz und gar nicht Robins Vorstellungen, überhaupt blieb die Einrichtung weit hinter ihren idealistischen Erwartungen zurück. Die Tücken der Adoleszenz lassen sich eben nicht umgehen – und für die Abschirmung der Kids vor der Realität des Lebens gibt es auch keinen perfekten Weg. Innovatoren aber versuchen trotzdem immer wieder, ihn zu finden.

Der erzieherische Sweetspot von Innovatoren

Viele Innovator-Eltern empfinden das achte bis elfte Lebensjahr der Kinder als ihre glorreichen Zeiten. Die Phase also, in der sich die kognitiven Fähigkeiten und das kritische Denken entwickeln. Nun kann es zu verständigen Unterhaltungen zwischen Eltern und Kind kommen, und der Innovator kann Einfluss auf die Lebensreise des jungen Menschen nehmen und ihn gleichzeitig zum authentischen Selbstausdruck ermutigen.

Neugeborene und Kleinkinder sind deshalb für den Innovator nicht gerade das Gelbe vom Ei. Denn so goldig die Faxen der Kleinen auch sein mögen, diesen Archetyp ermüden sie eher. Und durch nichts wird der Flow eines Innovator-Elternteils so sehr gestört, wie wenn er einem irrationalen Zweijährigen hinterherrennen muss. Oder ständig Essen machen, Windeln wechseln und zum 1000. Mal Peppa Wutz aus dem iPad quieken hören.

Die erzieherischen Stärken des Innovators

»Was das Besondere an meinem Kind ist?« Innovator-Eltern suchen ernsthaft nach einer Antwort auf diese Frage. Und versuchen mindestens 18 Jahre lang, den Nachwuchs bei der Fahndung nach seinen Begabungen und Talenten zu unterstützen. Ist dieser spezielle Funke dann einmal erkannt, tun diese Eltern alles, um ihn zu fördern: indem sie etwa den Leistungssport ihres Kindes auf Olympianiveau zu trimmen versuchen, ihm Zugang zu künstlerischen Programmen für Fortgeschrittene gewähren oder es zu Hause unterrichten, während es einen aufstrebenden YouTube-Kanal betreibt.

Innovator-Eltern interessieren sich für mehr als nur das biologische Alter ihres Kindes. Sollte sich nämlich herausstellen, dass es eine alte Seele oder seinen Lebensjahren weit voraus ist, regen die Erziehungsberechtigten oft seine Versetzung in eine höhere Klassenstufe an. So auch umgekehrt: Entwickelt sich das Kind nicht so, wie es gesellschaftlich als normal verstanden wird, tun sie alles in ihrer Macht Stehende, um seine Leistungsfähigkeit zu fördern. Wobei man sagen muss: Die Innovator-Mom oder der Innovator-Dad tun sich damit deutlich schwerer. Weil sie sich etwa die eventuelle Lernschwäche des Kindes selbst zum Vorwurf machen – was ein Fehler ist, weil diese Einstellung oft verhindert, dass sie ihrem Sohn oder ihrer Tochter rechtzeitig Hilfe von außen – von Fachleuten – zukommen lassen.

Sicher, Innovatoren sind meistens viel beschäftigte Menschen; sie geben sich aber trotzdem größte Mühe, dass die Kinder immer

Teil ihres Lebens sind. Im besten Fall haben sie darüber hinaus viel Unterstützung. Bestes Beispiel waren einst die beiden Innovatoren Brad Pitt und Angelina Jolie, die mit ihren sechs Kindern rund um den Globus reisten und in ihren guten Zeiten eine multinationale Familie von Weltbürger*innen bildeten. Was damals während dieses schicksalhaften Privatfluges wirklich geschah, werden wir wahrscheinlich nie erfahren ... aber bei zwei Innovator-Elternteilen dürfte es sich wohl um einen Machtkampf epischen Ausmaßes gehandelt haben.

Innovatoren haben auch nach ihrer Zeit als Eltern noch ein Leben ... vielleicht sogar ein drittes oder viertes. Sie mögen ihre Träume hintangestellt – oder wahrscheinlich eher in die kurze Zeit vor dem Zubettgehen gequetscht – haben. Doch nur die wenigsten Innovatoren, wenn überhaupt einer, würden zulassen, dass die Flamme ihrer Leidenschaften ganz erlischt.

Als Innovator-Töchter zweier Innovator-Eltern haben wir uns in unserer gesamten Kindheit keinen Moment gelangweilt – hatten in der Zeit aber auch keine freie Minute. Klavierunterricht, Eislauf- und Schwimmkurse, Pfadfinderinnen, Sonntagsschule, Malwettbewerbe, Band- und Orchesterproben ... hatten wir alles, Woche für Woche. Wenn Mom uns abholte, kam sie zwar meistens zu spät, weil sie natürlich auch viele eigene Termine hatte, ihr Engagement für unsere persönliche Entwicklung aber hat in der ganzen Zeit nie nachgelassen.

Auch als wir schon auf der Highschool waren, fand unsere Mutter noch einen Weg, aktiv auf den Bildungsweg ihrer Töchter einzuwirken. Und zwar, indem sie den Vorsitz der Elternvertretung unserer Schule übernahm (während sie ihr Studium der Sozialarbeit erfolgreich abschloss). In dieser Funktion gab sie grünes Licht für unsere Idee, einen schulischen Talentwettbewerb zu organisieren. Und mit Moms Unterstützung gelang es uns tatsächlich, ein Riesenevent auf die Beine zu stellen, eine Art End-80er-Version vom

Supertalent. Schüler*innen aus allen gesellschaftlichen Schichten führten bei dieser Gelegenheit Zaubertricks vor, tanzten Hip Hop, gaben R&B-Solos zum Besten, präsentierten Heavy Metal, Comedy und traditionelle Volkstänze.

Sosehr sich die ehrgeizigen Innovatoren auch für die gedeihliche Zukunft ihrer Kinder engagieren, freuen sie sich doch auch darauf, irgendwann wieder frei zu sein. Sobald ihre drei Töchter auf dem College waren, meldete sich unsere Mutter mit damals 55 Jahren bei einem jüdischen Seminar an, um sich ihren Lebenstraum zu erfüllen und Rabbinerin zu werden. Zu diesem Zweck verließ sie Detroit und zog für vier Jahre nach New York. Unser Dad, selbstständiger Garten- und Landschaftsbauer, verbrachte die Winter bei ihr, also die Jahreszeit, in der es beruflich für ihn nichts zu tun gab, und begleitete sie dann auch oft in den Unterricht oder zu Zusammenkünften der Student*innen. Und eines muss man schon sagen: So eine Beziehung können nur zwei Innovatoren hinbekommen!

Mögliche Erziehungsprobleme des Innovators

Viele Innovatoren machen sich Sorgen um die Zukunft. Sie tun alles, um sich im Leben nie nach anderen richten zu müssen – aber immer auch genügend Freiraum zu haben, um in den entscheidenden Momenten bei ihren Kindern sein zu können.

Und so idealistisch beziehungsweise individualistisch sich Innovatoren auch geben, können sie doch auch überraschend wachsam, geradezu überfürsorglich sein. Als Elternteile neigen sie dazu, ihre hohen idealistischen Standards auf ihre Kinder zu projizieren, wenn auch mit besten Absichten. Denn nicht von ungefähr bestehen ihre Horoskope ja hauptsächlich aus den wettbewerbsorientierten kardinalen Zeichen. Selbstverständlich wollen sie deshalb, dass sich ihre Kinder nicht nur als etwas Besonderes empfinden, sondern auch Herausragendes leisten.

Ironischerweise können sich Innovatoren auch zu Helikoptereltern entwickeln – sich also in etwas verwandeln, worüber sie sich immer aufgeregt haben –, weil sie nämlich allzu nachdrücklich versuchen, prägend auf die Zukunft ihres Kindes einzuwirken. Viele Innovatoren haben sehr klare Vorstellungen davon, was aus ihren Söhnen und Töchtern werden soll. Und das stellt sie vor ein Dilemma. Denn was, wenn der Innovator-Nachwuchs nach dem Waldorf- oder Montessori-Kindergarten und dem ganzen genderneutralen Spielzeug nun unbedingt Buchhalter oder Cheerleaderin werden möchte oder irgendetwas »ganz Einfaches«, wie es ein Vertreter dieses Typs einmal ausgedrückt hat?

Manche Innovatoren gelangen nach einigen Phasen der Trauer zu einer gewissen Akzeptanz. Andere sind enttäuscht oder fühlen sich sogar in ihren Bemühungen gescheitert. Mitunter aber kann es auch zu einer ablehnenden Haltung den Kindern gegenüber kommen, die ihnen das ihrerseits übelnehmen und aus Protest womöglich eine Art Leistungsverweigerung an den Tag legen.

Was Innovator-Elternteilen zu schaffen macht, ist der Widerspruch zwischen ihren hohen Ansprüchen und der Zeit, die es braucht, sie zu verwirklichen. Als Mütter oder Väter sind sie ständig damit befasst, ihren Kindern eine Struktur zu geben. Angesichts ihres geschäftigen Lifestyles und vollen Terminkalenders konkurrieren die Arbeit des Innovators, seine Projekte und persönlichen Interessen ständig mit den Anforderungen, die das Elternsein an ihn stellt. Manche jedoch versuchen Super-Väter – und -Mamas zu werden und alles zu tun: mit den Kindern Hausarbeiten machen und auf der Tribüne im Fußballstadion stehend oder während des Turnens an einer Telefonkonferenz teilnehmen. Solcher Übereifer hat seine Grenzen. Bis an die aber wird kein Innovator je gehen. Weil er vorher dann doch lieber um Überstützung bittet.

Erziehungstechniken für Innovatoren

Parallelspiel. Für Innovator-Mütter und -Väter kann das Erlernen der Kunst des Parallelspiels ein echter Lebensretter sein. Dabei ist es relativ einfach: Gib dem Kind und einem Freund, einer Freundin von ihm eine Beschäftigung – und leg gegebenenfalls vorher eine Plane aus, um den Boden zu schützen. Dann ziehst du dich mit deinem Laptop, einem Buch oder was auch immer in eine Ecke zurück. Auf diese Weise kann der Innovator immer noch Aufsicht führen, sich aber zugleich auch eine Weile seinen Erwachsenen-Interessen widmen (es sei denn, besagter Innovator liebt Wasserschlachten oder selbst gemachten Slime – was aber wahrscheinlich eher nicht der Fall ist).

Bau dir ein Dorf auf. Unser Profitipp für Innovatoren: Such dir Kinderbetreuung. Ob mithilfe von Nachhilfelehrer*innen oder Babysitter*innen, der Unterstützung von vertrauenswürdigen Verwandten oder auf der Basis von Gegenseitigkeit: Jede dieser Formen des Loslassens kann Leben retten. Und ja, Innovatoren würden die Menschen, die ihnen einen Teil ihrer Aufgaben abnehmen sollen, am liebsten auf Herz und Nieren prüfen, bevor sie in der Lage sind, sich ruhigen Gewissens auf sie zu verlassen. Und obwohl sich viele Vertreter*innen dieses Typs über die Co-Eltern und -pilot*innen freuen, sind sie doch auch oft ängstlich, was eventuell drohende Erziehungsfehler angeht (versteckte Kameras wurden, scheint's, eigens für diesen Elterntyp erfunden).

Die Innovator-Mom Isabel erzählt, dass sie sich einmal heimlich auf den Spielplatz geschlichen hat, um eine Nanny zu beobachten, die sie im Verdacht hatte, nicht aufmerksam genug zu sein. »Und da sah ich doch tatsächlich, wie meine

Zweijährige die Stufen der Rutschbahn für die Großen hochgeklettert ist; und die Nanny scrollte sich derweil in aller Seelenruhe durch ihr Smartphone – völlig abwesend«, erinnert sich Isabel. »Ich habe der Frau nie davon erzählt, sie aber ganz allmählich ausgemustert, weil ich ständig Angst um meine Tochter hatte – sodass ich mich kaum mehr auf meine Arbeit konzentrieren konnte.«

Fazit: Geht es den Kindern gut, geht es auch dem Innovator-Elternteil gut. Für diesen besteht die große Herausforderung darin, sein Vertrauensproblem in den Griff zu bekommen und sich gleichzeitig einen zuverlässigen Co-Elternteil beziehungsweise eine Co-Pilotin zu suchen, mit dem oder der sie die Kinder großziehen können. Ob es dabei zu Chaos und Fehlern kommen kann? Sicher. Trotzdem ist es doch sehr viel besser, Knete von der Wand zu kratzen, als sich selbst im Zuge einer existenziellen »Ich weiß gar nicht mehr, wer ich eigentlich bin«-Krise vom Badezimmerboden abschälen zu müssen – zu der es sehr wohl kommen kann, wenn der Innovator-Elternteil der Kinder wegen seine ganze Identität aufgibt. Für die meisten Menschen mit diesem Archetyp ist die Hausfrauen- oder Hausmanns-Existenz gar nichts.

Denk dran: Die Tage sind lang, die Jahre aber kurz. Der Doppelwunsch nach Fünf-Sterne-Elternschaft bei gleichzeitiger Selbstverwirklichung kann dem Innovator das Gefühl geben, überfordert zu sein und in der Falle zu sitzen, insbesondere solange die Kinder noch klein sind. Doch wenn er die ersten Jahre unbeschadet übersteht, kann er zu einem großartigen Vorbild werden und seine Kinder dazu inspirieren, stets groß zu denken und ihre Träume zu verfolgen. Was ganz toll sein kann – und für die Kids überaus lehrreich.

Plan einen Puffer für »Lernerfahrungen« ein. Schlechte Noten oder Verhaltensauffälligkeiten seitens des Kindes können den Innovator in einen richtiggehenden Furor der Lösungssuche versetzen. Und die Auswege und Erklärungen, auf die er bei dieser Gelegenheit kommt, bringen womöglich alles wieder in Ordnung. Unter Umständen aber gehen sie auch nach hinten los. Denn dadurch, dass sie die ganze Last auf sich nehmen, lassen sich diese Eltern die Chance entgehen, ihren Kindern eine wertvolle Lektion in Sachen Reife und Verantwortung zu erteilen. Indem sie Rückschläge oder Niederlagen von Schamgefühlen und Selbstvorwürfen befreien, ermöglichen es die Innovator-Eltern nicht nur sich selbst, sondern auch ihren Kindern, in jedem vermeintlichen »Scheitern« eine Lernerfahrung zu sehen.

Zugegeben, den leistungsorientierten Innovator-Erwachsenen kann das ganz schön schwer vorkommen. Weshalb der eine oder die andere die Kinder auch ermuntern mag, Abkürzungen zu wählen oder mit Tricks zu arbeiten. Doch wären diese Elternteile gut beraten, sich auf den alten Spruch »Bevor du die Regeln brichst, solltest du sie dir erst einmal einprägen« zu besinnen. Andernfalls halten sie ihre Kinder womöglich unwillentlich davon ab, sich wichtige Techniken der Lebensführung anzueignen.

Autoritäten als Eltern

Wer den Hut aufhat? Sollte ein Elternteil Autorität sein, dürfte sich diese Frage erübrigen. Denn ist eine Autorität mit an Bord, gibt meistens sie den managenden »Haushaltsvorstand«, den Alpha-Commander oder die Versorgerin. Schließlich ist das ein harter Job – und irgendjemand muss ihn ja machen. Davon abgesehen, können Autoritäten auch ziemlich traditionell sein, nicht zuletzt in puncto geschlechtsspezifischer Aufgabenverteilung. Manche fühlen sich in der Nebenrolle ganz wohl und überlassen dem Partner gern die Führung. (»Frag deine Mutter« oder »Fürs Taschengeld ist Papa zuständig«.)

Doch ganz unabhängig vom Geschlecht der Autorität und von der familiären Kompetenzverteilung ist eines immer gleich: Dieser Elternteil bleibt gern in seinen festen Bahnen. Denn ohne klare Vorstellungen kann die Autorität ihre Pflichten nicht erfüllen, geschweige denn ihre Leistungen als Elternteil korrekt abschätzen. (Die Kinder sind nicht die Einzigen, die beurteilt werden.)

In Sachen Erziehung sind für Vertreter*innen dieses Typs eindeutige Parameter entscheidend. Die Autorität trägt die Verantwortung fürs Essen, Einkaufen und Abholen der Kinder von der Schule? Geht klar für sie. Oder ist sie als Alleinerziehende*r für alles zuständig? Auch in Ordnung. Wer immer einer Autorität (als Babysitter oder Kindergärtnerin) unter die Arme greift, hat eine Liste klar organisierter Pflichten – und die tadellos abzuarbeiten. Der Autorität und ultimativen »Momagerin« Kris Jenner ist es gelungen, aus jedem ihrer sechs Kardashian-Jenner-Kids ein eigenes Imperium zu machen.

Autoritäten sind Fleisch gewordene (Termin-)Planung und stets schwer damit beschäftigt, die Familie in der Spur zu halten. Als verantwortungsbewusste Elternteile wissen sie Routinen und Strukturen zu schätzen – brauchen aber Unterstützung. Die Autorität fährt die Kids montags zum Fußballtraining? Dann trau dich ja nicht, ihr auch noch die Abholung vom Klavierunterricht am Dienstag aufbrummen zu wollen. Und zwar erstens, weil sie da andere Pläne hat. Und zweitens, was noch viel schlimmer ist: Es lässt sie als Elternteil schlecht dastehen (und so fühlt sie sich dann auch). Die Autorität hasst es nämlich, in eine Lage gebracht zu werden, in der sie scheitern und ihre Kinder im Stich lassen *muss*. Sie will immer ihr Bestes geben und Wort halten.

Abschlussfeiern, Festtage, Sommerferien: Die Autorität organisiert das Barbecue, plant den Urlaub und hält die Traditionen aufrecht. Wenn irgendwo ein privater Kuchenverkauf oder eine Benefizveranstaltung stattfindet, steckt höchstwahrscheinlich eine Autorität dahinter. Denn wenn niemand sonst bereit ist, springt sie immer ein.

Obwohl es ihr praktisch nie gedankt wird, sorgt die Autorität fortwährend dafür, dass sich alle ihre Lieben wohlfühlen. Und ihre Anwesenheit wird meistens erst dann bemerkt, wenn sie mal nicht zur Stelle ist. Dann stapelt sich das Geschirr, das Bad bleibt schmutzig und das Chaos hält Einzug. Ohne die Autorität bricht alles zusammen, für die Familie aber kann das ein Weckruf sein. Denn genau wie der Bassist oder die Drummerin in einer Band bekommen zwar auch Autoritäten nur ganz selten einmal ein Solo, dafür sind sie es aber, die das Ganze zusammenhalten.

Autoritäten sind keine typischen Helikoptereltern, sondern eher das, was der Kinderarzt und Autor Dr. Kenneth Ginsburg als »Leuchtturm«-Eltern bezeichnet: »verlässliche Signallichter«, an denen sich das Kind jederzeit orientieren kann, ganz unabhängig davon, wie weit es sich von der metaphorischen Küste entfernt haben mag.

Was toll ist an der Elternschaft einer Autorität

- Verlässlichkeit – Kinder haben einen beständigen Hort der Sicherheit.

- Zusammenhalt der Familie und Pflege von Traditionen, damit der Nachwuchs ein Gefühl für seine Wurzeln bekommt.

- Kindern werden bestimmte Wertvorstellungen vermittelt.

- Kindern werden Grenzen gesetzt, indem sanft, aber bestimmt (und wiederholt) Regeln erklärt werden.
- Förderung der persönlichen Stärke und Ausdauer der Kinder und Vorbereitung auf die Wirklichkeit des Lebens

Die Fallstricke der Elternschaft für die Autorität

- Drängen in bestimmte Fächer, Sportarten und außerschulische Aktivitäten, die Kindern gar nicht zusagen, um sie zu Beharrlichkeit zu erziehen.
- Mehr Fokus auf Leistung als auf Selbstverwirklichung – Kinder lernen unter Umständen, dass sie, um akzeptiert zu werden, brav, höflich und nett sein müssten, sodass sie möglicherweise eine Art »Angestelltenmentalität« entwickeln oder den Mund halten, wenn sie eigentlich ihre Meinung kundtun sollten.
- Kinder könnten verschlagen oder aufsässig werden, sich in Anwesenheit der Eltern aber von ihrer »besten Seite« zeigen.
- Neigung zur Überidentifikation mit der Elternrolle und damit zum Leeres-Nest-Syndrom – Kinder werden womöglich an ihr kuscheliges Zuhause gebunden und nicht losgelassen.

Die Autorität und ihr erstes Kind

Für Autoritäten ist die erste Elternschaft ebenso aufregend wie beängstigend. Einerseits lieben diese ausfuchsten Projektmanager*innen nichts so sehr wie die Gelegenheit, es auf einem neuen Gebiet zur Meisterschaft zu bringen. Und die Vorbereitung auf das Baby gehört genau zu den tiefgreifenden Lernerfahrungen, die die leistungsorientierte Autorität so sehr zu schätzen weiß. (Und was sind Eltern schließlich anderes als ultimative Autoritätspersonen?)

Als künftige Mutter weiß die Autorität andererseits aber auch genau, welche Ratgeber und Expert*innen die besten sind (wobei sie sich höchstwahrscheinlich an den Empfehlungen ihres Frauenarztes, ihrer Frauenärztin oder einer guten Freundin orientiert, deren Urteil sie vertraut). Dann erstellt sie einen sorgfältig durchdachten Geburtsplan. Vor lauter Angst, aus ihrem klar definierten Arbeitsrhythmus herausgebracht zu werden, sammelte eine Autorität aus unserem Bekanntenkreis alle Informationen zum Thema Schlaftraining, die sie nur bekommen konnte, und engagierte sicherheitshalber sogar eine »Nacht-Nanny« für die ersten sechs Lebensmonate des Neugeborenen. »Wie sich herausstellte, schlief der Kleine jedoch verlässlich die Nacht durch, also hätte ich so viele Vorkehrungen eigentlich gar nicht treffen müssen«, sagt sie im Rückblick. »Das war also vollkommen unnötig, aber wenigstens konnte ich in dem Bewusstsein einschlafen, dass sich sofort jemand um meinen Sohn gekümmert hätte, wäre er morgens um drei plötzlich aufgewacht.« Na ja – wenn's funktioniert ...

Autoritäten täten gut daran, sich an den Spruch »Das Kind macht die Mutter« zu erinnern. Denn selbst die bestausgetüftelten Pläne können von den Mysterien des wirklichen Lebens, der wilden Elternliebe oder der sich allmählich herausbildenden Individualität des Kindes durchkreuzt werden. Und wenn es der Autorität gelingt, wenigstens ein bisschen loszulassen, kann die Elternschaft sie mit ihrer weicheren, verspielteren Seite verbinden.

Der Erziehungsstil der Autorität

Stolz, eigenständig und zuverlässig, wie dieser Typ nun einmal ist, haben Autoritäten stets das Ziel, zum stabilen Fels im Leben ihrer Kinder zu werden. Sie möchten sie unbedingt versorgen, ob mit Liebe, wertvollen Erfahrungen, finanziell ... oder mit all dem Genannten. Weil sie ihren Job als Mutter oder Vater eben sehr ernst nehmen. Mitunter sogar *zu* ernst. Und auch wenn sie sich cool und unbeteiligt geben, sorgen sie hinter den Kulissen doch dafür, dass alles passt. Sie erhoffen sich für ihren Nachwuchs eine schönstmögliche Kindheit und wünschen ihnen, dass sie sich zu ebenso aufrichtigen wie aufrechten Bürger*innen entwickeln.

Unter dem Dach einer Autorität bleibt schlechtes Benehmen nicht ohne Folgen. Gerade relativ »frischgebackene« Elternteile bleiben lieber hart, als auf die Ansprüche ihrer Kinder einzugehen. Und natürlich besteht immer die Möglichkeit, dass diese anfangen zu rebellieren oder Tricks anwenden, um ihren Willen zu bekommen. Was das betrifft, tun sich Autoritäten oft schwer damit, stets das richtige Gleichgewicht von Entschiedenheit und Nachgiebigkeit zu finden.

Kinder von Autoritäten fangen oft schon in frühen Jahren mit Arbeiten an – tragen Zeitungen aus, verdingen sich als Eisverkäuferinnen oder Babysitter in der Nachbarschaft. Süßigkeiten und Taschengeld können sie sich nur auf dem Wege von Pflichterfüllung und gutem Benehmen verdienen. Außerplanmäßige Zuwendungen gibt es im Haushalt einer Autorität nämlich keine, dafür aber jede Menge Lob und Anerkennung für gute Arbeit.

Elternteile, die diesem Archetyp angehören, wirken oft stoisch oder gleichmütig. Lass dich aber vom Eindruck der Strenge, den sie dir womöglich vermitteln, nicht täuschen. Denn in Wahrheit gehören sie zu den nostalgischsten und sentimentalsten Menschen überhaupt. Da Autoritäten genau wissen, wie kostbar und flüchtig die Kindheit ist, heben sie ihr zu Ehren alle Zeugnisse und selbst gemalten Bilder ihrer Kleinen auf. Gebastelte Glückwunschkarten oder handgemachte Geschenke können sie zu Tränen rühren.

Trotzdem: Die Regeln sind Regeln. Und so ausgeglichen Autoritäten als Elternteil auch sein mögen, ihre Kinder wissen genau, welche roten Linien sie besser nicht übertreten. Denn diese Erwachsenen haben exakt den Blick drauf, der den Nachwuchs wieder in die Spur bringt, wenn er sich danebenbenimmt.

Strengeren Autoritäten fällt es mitunter schwer, einen engen emotionalen Kontakt zu ihren Kindern aufzubauen, und im Extremfall legen sie die Latte sogar so hoch, dass sie deren Persönlichkeitsentwicklung beeinträchtigen. Denn die Vertreter*innen dieses Elterntyps halten gesunde Grenzen und emotionale Selbstbeherrschung für sehr viel wichtiger. Zudem wollen sie verhindern, dass die Kids zu selbstgefälligen Narzisst*innen werden, die meinen, alles würde ihnen zufliegen. Was Autoritäten aber auch wissen: dass Kindererziehung kein Sprint ist, sondern ein Marathonlauf. Und selbst wenn ihr Teenager Türen schlägt und »Ich hasse euch!« schreit, weil er oder sie nicht so lange auf der Party bleiben darf wie erhofft, ist die Autorität noch lange nicht bereit, von den Regeln abzuweichen und nachzugeben. Stattdessen benimmt sie sich weiterhin so, wie sie es auch ihrem Kind beibringen möchte.

Dan, Autorität aus San Diego, zog nach der Scheidung berufsbedingt nach New York. Seine Exfrau blieb mit den drei Kindern, denen sie keinen Schulwechsel mit den dazugehörigen Komplikationen zumuten wollten, in Kalifornien. Andere an seiner Stelle hätten darin ein Riesenproblem gesehen, nicht so Dan: »Auf gar keinen Fall hätte ich zugelassen, dass die Entfernung das Verhältnis zu meinen Kindern in Gefahr bringt«, sagt er entschieden.

Jeden Samstagabend flog Dan die knapp 4000 Kilometer nach Südkalifornien; dort kam er in einer kleinen Wohnung unter, die er nicht weit von seinem früheren Zuhause gemietet hatte. Sonntagmorgens holte er die Kids zum Frühstücken ab, am Mittag trainierte er das Little-League-Baseballteam seines Sohnes. Dienstagabend flog er wieder zurück und arbeitete dort bis Freitag im Büro. An diesen Tagen telefonierte er vor dem Zubettgehen noch mit den Kindern und blieb auf die Weise eine feste Größe in ihrem Leben.

Aufgrund seines für Autoritäten so typischen konsequenten Verhaltens hielten sich die Folgen der Scheidung für die Kids wirklich im Rahmen. Sie wussten genau, was sie von ihm zu erwarten hatten, und da er immer Wort hielt, kamen sie bald gut mit der Situation klar. Dans Sohn ist mittlerweile ein aufstrebender Baseballstar. Und mit der Firma hat Dan ausgemacht, dass er während der Playoffs *remote* von San Diego aus arbeiten darf, um bei allen Trainingseinheiten und Spielen vor Ort mit dabei sein zu können.

Der erzieherische Sweetspot von Autoritäten

Wenn dieser Typ erzieherisch in einer Hinsicht brilliert, dann ist es durch seine Strukturiertheit. Denn selbst wenn sich Autoritäten innerlich »total durcheinander« fühlen, halten sie an ihren Grenzen, Regeln und Routinen fest. Und obwohl man sie durchaus als streng bezeichnen kann, sind sie sich einer Tatsache bewusst: Ihre klaren »Do's« und »Dont's« geben den Kindern ein Gefühl der Sicherheit. Denn die Youngsters wissen immer ganz genau, woran sie sind und was von ihnen erwartet wird. Die Regeln sind unzweideutig und im Grunde ganz einfach; deshalb lassen sie, wenn alles gut geht, auch genügend Raum für Spaß.

Die erzieherischen Stärken der Autorität

Autoritäten sind werteorientierte Eltern, die ihren Kindern beibringen, freundlich zu sein, bitte und danke zu sagen. Und obwohl viele von ihnen dazu neigen, das Leben ihrer Kinder zu mikromanagen (sie nennen es »lenken« oder »führen«), möchten sie sie auch stärken. Als der Etsy-Shop einer Autorität, die wir kennen, plötzlich total boomte und sie mit der Bearbeitung der Bestellungen kaum mehr hinterherkam, erklärte sie ihre Zehnjährige zu ihrer Assistentin. In der Elternrolle legen Autoritäten große Geduld an den Tag; wobei ihre wirkliche Spezialität darin besteht, alles, was sie erklären, in kleine Schritte und Abläufe herunterzubrechen. Weil sie perfekt in der Lage sind, komplexe Aufgaben so einfach wie nur irgend möglich darzulegen.

»Mein 13-jähriger Sohn ist kürzlich mit dem Zug in die City von New York reingefahren, um seine Großmutter zu besuchen«, sagt Autorität und geborene New Yorkerin Ronda, die mittlerweile in einem 45 Minuten vom Zentrum entfernten Vorort wohnt. »Da haben wir das GPS auf seinem Handy so programmiert, dass er den Fußweg bis zu Grandmas Wohnung schnell finden konnte, und das hat wunderbar geklappt.«

Um Reife und Fähigkeiten ihrer Kinder auszutesten, räumen Autoritäten ihren Kindern gern schrittweise mehr Rechte ein (und ja, sie entziehen ihnen diese gegebenenfalls auch wieder). »Es ist wie beim Erstellen eines Kochrezepts«, sagt Autorität Ana. »Du fügst etwas hinzu oder nimmst etwas weg, bis es passt.«

Bescheiden, wie sie sind, lassen Autoritäten die Erziehung wie ein Kinderspiel aussehen. Doch in Wirklichkeit verdanken sie den Flow, den sie erzeugen, ihrem unablässigen Engagement. Ihr Geheimnis? Dass sie nichts unnötig verkomplizieren. Denn wie sich herausstellt, führt der Weg des geringsten Widerstands in den meisten Fällen am allerweitesten. Und genau darauf verlässt sich die pragmatisch veranlagte Autorität erst einmal, bevor sie den letzten Schrei der Kindererziehung ausprobiert.

Viele Autoritäten üben sich auch in der Kunst des »Slow Parentings«. Denn weil es ihnen besser als den meisten anderen gelingt, Arbeit und Privatleben zu trennen, entspannen sie auch besonders gern und genießen die Zeit mit ihren Kindern. Ob bei Familienurlauben, in Pfadfinderfreizeiten, die sie als Aufsichtspersonen begleiten, oder auf Tagesausflügen: Autoritäten tragen unter allen Umständen Sorge dafür, dass die gemeinsame Eltern-Kind-Zeit immer etwas ganz Besonderes wird und unvergesslich bleibt.

Mögliche Erziehungsprobleme der Autorität

Ein Fallstrick für Autoritäten kann ihr Stolz sein. Wird's im Leben mal turbulent, versuchen sie mit aller Kraft, ihre Kinder vor den Erwachsenen-Problemen und -Stressoren abzuschirmen. Was zweifellos ein edles Ansinnen ist. Theoretisch jedenfalls. Doch dieses »So-tun-als-ob«, diese Vorspiegelung, sie hätten jederzeit alles im Griff – obwohl es gar nicht der Fall ist –, beherrschen sie so gut, dass alle auf sie hereinfallen. Dabei befürchten Autoritäten im Grunde nur, dass ihre Verwundbarkeit, würden die anderen sie denn wahrnehmen, als Schwäche gedeutet werden könnte. Und dass ihre Rolle als ebenso bewundertes wie zuverlässiges Familienoberhaupt dadurch in Gefahr käme.

Treiben sie es damit jedoch zu weit, können das typisch »autoritäre« Autonomiebestreben und das dazugehörige »Das-kriegich-schon-allein-hin«-Credo allerdings auch nach hinten losgehen. Einfach, weil diese Eltern womöglich zu lange warten, bis sie um Hilfe bitten. Und sollten sie es dann tun, könnten die Probleme im schlimmsten Fall schon eskaliert sein und zu Erkrankungen, finanziellen Katastrophen oder Beziehungsproblemen führen. Die Ironie dabei: Es tritt dann gerade das ein, was Autoritäten eigentlich am dringendsten vermeiden wollen – dass das Chaos über die Kinder hereinbricht. Und zwar nur, weil sich diese Erwachsenen nicht früher um Unterstützung bemüht haben.

Es ist bestimmt keine leichte Aufgabe, eine Autorität dazu zu bringen, dass sie Alarm schlägt oder Rauchzeichen gibt. Eines aber sollten die diesem Typ Zugehörigen vielleicht doch einmal bedenken: Dadurch, dass ihr eure Schwierigkeiten vor den Kindern verheimlicht, beraubt ihr sie einer Chance, etwas Wichtiges von euch zu lernen. Denn dann entgehen ihnen ja eure kreativen Möglichkeiten der Problemlösung, und auch im Hinblick auf die Entwicklung praktischer Resilienz können sie sich nichts von euch abgucken.

Für diese Art (falschen) Stolzes ist Jacqueline, Autorität und alleinerziehende Mutter eines Sohnes, ein perfektes Beispiel. »Ich habe nie auch nur einen Cent Unterhalt angenommen. Obwohl ich das Geld wirklich gut hätte brauchen können«, sagt sie. »Und es war auch nicht so, als hätte mein Ex die Knete nicht gehabt. Aber ich wollte einfach nicht, dass er bei der Erziehung unseres Sohnes Jessi ein Wörtchen mitsprechen durfte. Die wollte ich ganz allein in der Hand haben.«

Ein anderer möglicher Fallstrick für die Autorität besteht darin, dass sie einer anderen Person *zu viel* Macht einräumt, sei es, um sich als Verfechter*in der Gleichheit zu zeigen, oder aber auch, weil sie hinter ihrem dominanteren Partner zurücktritt. »Meine Tochter Annie war zehn, als meine Freundin bei uns einzog«, erinnert sich Candace, Autorität und alleinerziehende Mutter. »Und es war das reinste Desaster! Über Jahre hieß es immer nur: Annie und ich gegen den Rest der Welt. Wir waren perfekt aufeinander eingespielt und hatten unsere klaren Routinen. Dann aber kam meine Partnerin und bildete sich ein, sie könnte anfangen, meine Tochter zu erziehen, und neue Regeln aufstellen. Zuerst habe ich sie machen lassen. Was aber ein Fehler war. Denn die beiden gerieten arg aneinander, ich versuchte noch zu vermitteln, aber bald hieß es: Jede gegen jede! Zwei Monate später trennten wir uns, meine Partnerin und ich. Allerdings empfinde ich es immer noch so, als hätte ich Annie schwer traumatisiert. Aber ich fühlte mich zu der Zeit total einsam – ich hatte mehr als ein Jahrzehnt lang keine Beziehung mehr und habe aus reiner Verzweiflung eine falsche Entscheidung getroffen.«

Als Eltern funktionieren Autoritäten immer am besten, wenn sie sich nicht aufopfern, sondern für ihre Bedürfnisse eintreten. Und auch wenn es mit dem einen oder anderen psychischen Zusammenbruch einhergehen mag: Die erfolgreichsten Vertreter*innen dieses Elterntyps lernen irgendwann, sich eine Familienstruktur aufzubauen, in der auch Raum für ihre Belange ist.

Erziehungstechniken für Autoritäten

Nimm dir Zeit für dich. Manche der bescheidenen, hart arbeitenden Autoritäten finden es ganz angenehm, sich für die Familie aufzuopfern. Doch welche Botschaft geht davon eigentlich in Wirklichkeit aus? Die glücklichsten Autoritäten sind die, die ihre Bedürfnisse auch einmal an die erste Stelle setzen. Glückwunsch an alle, denen das gelingt: Damit geht ihr euren Kindern in puncto ausgeglichenes Leben mit gutem Beispiel voran.

»Meine Tochter bekam plötzlich richtig große Angst und geriet geradezu in Panik, was ihre Noten und die Zulassung zum College anging«, erinnert sich eine Autorität. »Was mich dazu veranlasst hat, in mich zu gehen und mich zu fragen, wo sie das herhatte. Und die Antwort lautete bedauerlicherweise: von mir. Ich war immer so auf Höchstleistungen aus, hab' mich ständig selbst runtergemacht und kein noch so ernst gemeintes Kompliment je an mich herangelassen. Das aber war jetzt ein Weckruf für mich: Damit sie etwas verändern konnte, musste erst einmal ich mich ändern.«

Werde zum Vorbild für gesunde Risikobereitschaft. Autoritäten haben im Allgemeinen die Tendenz, ein bisschen zu rigide an ihrem Kurs festzuhalten. Zwar sprechen sie gern über ihre Träume, lassen aber mitunter Jahre verstreichen, bevor sie anfangen, sie sich zu erfüllen. Sollte die Autorität als Elternteil jedoch allzu ängstlich sein und sich nicht einmal trauen, auch nur die unbedeutendste Regel zu brechen, ist die Gefahr groß, dass auch ihre Kinder stets auf Nummer sicher gehen, statt ihren Leidenschaften zu folgen. Für den Nachwuchs ist es sehr viel besser, wenn Mom oder Dad auf ihr Ziel losgehen und scheitern, als wenn sie nie etwas ausprobieren.

Einige elterliche Aufgaben solltest du ruhig delegieren. Die Autorität will ihre Kinder auf die konkurrenzbetonte Welt da draußen vorbereiten. Und wann immer sie sich im Eltern-Modus befindet, gibt sie alles. Weil sie will, dass ihre Kinder Erfolg haben, sich steigern und alle möglichen wertvollen Lektionen lernen. Aber selbst die Engelsgeduld der Autoritäten kann einmal ein Ende haben. Oder die Kinder brauchen zur Abwechslung auch einfach einmal ein anderes Vorbild. Deshalb legst du als Vertreter*in dieses I*AM-Typs die Erfüllung einiger Pflichten am besten in die Hände eines Coachs, einer Tutorin oder anderen kompetenten Person. Die partielle Abgabe von Verantwortung kann die Eltern-Kind-Beziehung enorm verbessern, weil sich die Autorität auf diese Weise wenigstens nicht durchgängig als unbarmherzige Disziplinpeitsche präsentiert.

Schaff einen sicheren Raum zum Austausch. *Respektier das Alter. Und benimm dich.* Nur leider sind nicht alle Erwachsenen ungefährlich oder zuverlässig. Autoritäten, die ihre Kinder dazu anhalten, vor Alter, Rang oder Position eines Menschen zu kapitulieren, riskieren, dass diese den Mund halten und nicht für sich eintreten, wenn sie sich (beziehungsweise ihre Sicherheit) bedroht fühlen. Denn die Erziehung zum Gehorsam, die manche Eltern vom Typ Autorität ihren Kindern angedeihen lassen, kann auch nach hinten losgehen. Denn vergiss nicht: Es geht schließlich darum, dafür zu sorgen, dass sie in Sicherheit sind. Und nicht etwa darum, dass sie sich fürchten, die Wahrheit zu sagen. »Was Zucker angeht, war meine Mutter extrem streng«, sagt die erwachsene Tochter einer Autorität. »Was aber nur dazu führte, dass ich heimlich Süßes aß und Limo trank. Wahrscheinlich wäre beides gar nicht so interessant für mich geworden, wenn sie nicht so ein Riesenthema daraus gemacht hätte.« Für Autoritäten besteht eine weitere mögliche Stolperfalle darin, mehr Wert darauf zu legen, dass die Kleinen die von den Eltern aufgestellten Regeln und Gesetze strikt dem Buchstaben nach befolgen – statt dass sie deren Sinn verstehen und entsprechend handeln.

Mentoren als Eltern

Und wer soll hier das Kind sein? Der ewig jugendliche Mentor jedenfalls ist Elternteil, Lehrer und beste Freundin in einem. Und er hat so viel zu geben. Für die Vertreter*innen dieses Typs stellt die Elternschaft eine Chance dar, ihr breites Wissen weiterzuvermitteln und gemeinsam mit den Kids neue Interessensgebiete zu erschließen. Denn Mentoren möchten die Welt mit ihrem Nachwuchs erkunden und alles mit den staunenden Augen der Neugier betrachten.

Nur sind die Kinder leider oft launisch oder wankelmütig und werden den idealistischen Hoffnungen der Mentor-Eltern so gar nicht gerecht. Doch wenn Sohn beziehungsweise Tochter »Will-aba-nich« jammert oder »Warum musst du mich unbedingt hierher zerren?« protestiert, lächelt der Mentor nur und verfolgt seinen Plan ungerührt weiter. Denn sein Wahnsinn hat definitiv Methode. Sollte dich dein Mentor-Elternteil also zum Sport, für ein Sommercamp oder zur Nachhilfe anmelden, wehrst du dich besser gar nicht erst dagegen. Später wirst du dich über die schönen Erinnerungen und die neuen Fähigkeiten freuen, die du dir bei der Gelegenheit hast zulegen können und die dich auch beruflich weitergebracht haben.

Ein Mentor-Vater bekam für den August das Ferienhaus eines Freundes in Florida angeboten – also in einem Monat, in dem das Wetter eh schon immer besonders schwül und unangenehm ist. Doch in dem Jahr herrschte eine sogar für dortige Verhältnisse extreme Hitzewelle. Seine Familie, zu der ein siebenjähriges Kind und zwei Teenager gehörten, protestierte lautstark, aber es half alles nichts: Der Mentor packte die ganze Bagage ein und fuhr mit ihnen die Ostküste runter, von New Jersey nach Boca Raton. Und natürlich hatte er recht: Für die ganze Familie wurde es der schönste Urlaub überhaupt. Kein Wunder bei dem schicken verglasten Haus, dem Swimmingpool im Garten und dem Strand nur ein paar 100 Meter weiter.

Mentoren mögen so *wirken*, als würden sie jede Vorsicht in den Wind schießen oder wären gar unverantwortliche Spielernaturen. Dabei überdenken sie in Wahrheit alles mit ingenieurmäßiger Präzision. Könnte man einem Mentor-Elternteil ins Hirn gucken, würde man vermutlich ein Diagramm ineinander übergreifender Fließbilder oder das Betriebsführerhandbuch zur Bedienung schweren Geräts sehen. Mentoren haben immer einen Plan, ob sie ihn nun in Worte fassen können oder nicht.

Was toll ist an der Elternschaft eines Mentors

- ewige Spielkameradschaft – spaßige Eltern, die ihre Kinder auf Exkursionen und zu interessanten Kulturveranstaltungen mitnehmen (Als unsere Mutter und deren Schwester noch Kinder waren, hat ihr Vater, unser Opa, sie einmal sechs Wochen lang vom Schulunterricht befreien lassen, um eine Europareise mit ihnen zu unternehmen.)

- Aktives Beschäftigen mit den Kindern – Mentoren spielen beispielsweise auch im Sandkasten und haben nichts dagegen, sich schmutzig zu machen.

- Förderung von Neugier und Experimentierlust

- Fragen, die die Kids zum selbstständigen Denken anregen

- Interesse an den neusten Elternratgebern zu allen möglichen Themen, angefangen bei Kinderpsychologie bis hin zu gesunder Ernährung

Die Fallstricke der Elternschaft für den Mentor

- Gefahr, zum Helikopterelternteil zu werden und die Kinder gefühlt keine Sekunde lang aus den Augen zu lassen

- Zu große Einmischung in das Leben der Kinder – Mentoren kümmern sich um Dinge, die sie eigentlich nichts angehen, und drohen ihre Kinder zu »erdrücken«.

- Kinder empfinden Mentor-Eltern oft als peinlich – nicht zuletzt, weil sie alles über sie auf Social Media posten.

- Zerstreutheit und übermäßige Emotionalität – Kinder haben oft das Gefühl, sich um ihre Eltern kümmern zu müssen.

- Neigung zum Beklagen und Ablästern – Mentoren sagen unter Umständen auch Dinge wie »Ich hasse es, Kinder zu haben« oder machen andere unbedachte Bemerkungen, die die Gefühle der Kids verletzen.

Der Mentor und sein erstes Kind

Wenn sich der Mentor auf die Geburt seines ersten Kindes vorbereitet, kann es für ihn so etwas wie »TMI – zu viele Informationen« gar nicht geben. Denn diese Mensch gewordenen Schwämme saugen alle Baby-Ratgeber auf, folgen jeder Menge Kinderpsycholog*innen auf Instagram und dokumentieren natürlich alle Hochs und Tiefs der Schwangerschaft oder des Adoptionsprozesses. Das ist auch der Moment, in dem sie ihre ganz persönliche Meinungsumfrage starten: Hausgeburt oder Klinik? Schlafen – bei den Eltern oder im Kinderbett? Wenn es um Bio-Babynahrung, Wiegen oder den topmodernen Kinderwagen geht, den sie secondhand beziehungsweise auf einer »Zu-verschenken«-Website geschossen haben, können Mentoren total austicken.

Beim ersten Kind ist nicht auszuschließen, dass der Mentor Freund*innen und Angehörige schier in den Wahnsinn treibt mit seinen umfassenden Vorbereitungen, der Erwägung aller Möglichkeiten und Eventualitäten. Aber so auf Gemeinschaft orientiert, wie die Vertreter*innen dieses Typs nun einmal sind, möchten sie eben alles mit den Menschen teilen, die ihnen am nächsten stehen. Und wenn es unter den I*AM-Typen einen gibt, der so etwas sagt wie »Wir sind schwanger«, dann zweifellos der Mentor. Denn diese Erfahrung allein zu machen entspricht ganz und gar nicht seinem Geschmack. So oder so, der künftige Mentor-Elternteil sollte die lokalen Geburts- und Elterngruppen und dergleichen in Augenschein nehmen und dann entscheiden, welche am besten zu ihm passen.

Der Erziehungsstil des Mentors

Für den kooperativen, praktisch veranlagten und hoch motivierten Mentor stellt die Elternschaft eine Art Erweiterung der eigenen Kindheit dar. Sollten seine Eltern superstreng gewesen sein, sieht er jetzt eine Chance, alles besser zu machen und die Defizite von früher auszugleichen. Und wenn er eine idyllische, supertolle Kindheit hatte? Nun, dann freut er sich, diese schönen Erfahrungen mit der nächsten Generation teilen zu können.

Mentoren haben keineswegs vor, Helikoptereltern zu werden, da sie aber halb neurotisch und halb verspielt sind, können sie schon ziemlich unnachgiebig werden, wenn es darum geht, ihren Kids bestimmte Fähigkeiten beizubringen. Wenn das bedeutet, den Vorsitz der Elternvertretung zu übernehmen oder sich in der Schulverwaltung engagieren zu müssen, darfst du sie getrost schon mal zur Wahl vorschlagen. In Bezug auf manche Themen können Mentoren übermäßig belehrend, allzu rechthaberisch oder auch superkritisch sein, während sie sich auf anderen Gebieten als erstaunlich tolerant erweisen. Ein weiblicher Mentor, den wir kennen, schickt ihre Kinder auf eine katholische Privatschule, lässt sie aber am Wochenende so lange ausgehen, wie sie mögen. Ob sie ihnen damit eine allzu gemischte Botschaft sendet? Tja ... schon, aber in einem Mentor haben eben viele Persönlichkeiten Platz, und außerdem behält er es sich vor, seine Meinung ohne Vorwarnung zu ändern.

Letztlich sind es übrigens oft seine überdimensionalen Emotionen, die den Ausschlag geben und die Waagschale in die eine oder die andere Richtung sinken lassen.

Mentor-Papa Alex war Pflegekind und kam alle paar Jahre in eine andere Familie, sodass er eigentlich nie richtige Wurzeln schlagen konnte. Heute kümmert er sich »obsessiv«, wie er sagt, um die sportliche, schulische und disziplinarische Entwicklung seines Sohnes, weil er sich eigenen Aussagen zufolge »immer gewünscht« hatte, »jemanden zu haben, an dem ich mich hätte orientieren können; deshalb übernehme ich diese Rolle heute für meinen Jungen«. Bei jedem Konzert und allen Basketballspielen der Schule findet man Alex jetzt filmend in der vordersten Reihe.

Ein Tennis-verliebtes Mentor-Pärchen, das wir kennen, hat allen vier Kindern, die sie haben, schon früh Unterricht auf dem Platz erteilen lassen. »Wir sind eine Tennisfamilie«, sagen sie gern von sich. (»Wir« und »unser« sind, nebenbei gesagt, die Lieblingspronomen von Mentoren.) Und tatsächlich finden sich in den Regalen der sechs zahlreiche Trophäen und Medaillen. Natürlich organisieren sie anlässlich der wichtigen Tennisturniere wie Wimbledon und US Open regelmäßig Private-Viewing-Partys bei sich.

Der Mentor als Elternteil ist sozusagen von Haus aus Superfan, scheut aber auch nicht davor zurück, seine Brut zu tadeln, wenn sie nicht liefert. Denn Takt gehört nicht gerade zu seinen starken Seiten. Aber jede Kritik, die er äußert, ist gut gemeint. Wenn er weiß, dass die Kids mehr Leistung bringen könnten, pusht er sie eben bis an ihre Grenzen.

Mehr als die beiden anderen Persönlichkeitstypen neigt der Mentor dazu, seinen Kindern beides zu sein, sowohl Freund*in *als auch* Elternteil. Er führt seine Söhne oder Töchter ins Familien-Business ein und vermittelt ihnen sein gesamtes Wissen. Die Mom, die auf dem Musikfestival zu ihren Kindern stößt und gar nicht weiter auffällt? Ist mit großer Wahrscheinlichkeit ein Mentor. »Ich war mit meiner 25-jährigen Tochter im Urlaub, und sie hat das Hotel gewählt, in dem ihr Lieblings-DJ auflegen sollte«, sagt Mentor Lisa, deren Tochter auch ihre Geschäftspartnerin ist. »Dort war ich zwar doppelt so alt wie alle anderen, das machte mir aber gar nichts – ich hatte eine super Zeit, und wir haben die ganze Nacht durchgetanzt, bis morgens um drei.« Und genau das macht Lisa aus (auch wenn ihr andere vielleicht mit Skepsis begegnen mögen). Bester Beweis dafür ist die enge Beziehung, die zwischen ihr und ihrer Tochter besteht.

Der erzieherische Sweetspot von Mentoren

Der praktisch veranlagte Mentor beklagt sich zwar vielleicht, dass er nie Zeit für sich hat, will es aber auch gar nicht anders. Denn für viele Mentoren sind gerade die ersten Lebensjahre ihrer Kinder, die manch andere als besonders schwierig empfinden, die schönsten. Diese ober-geduldigen Lehrer*innen können gar nicht genug kriegen von ihren Süßen, und weder Three-Ager-Trotzanfälle noch die Ausraster im Vorschulalter vermögen daran auch nur das Geringste zu ändern. Am liebsten mögen Mentoren die Kinder, solange sie noch formbar sind.

In unserer Familie wird immer wieder gern erzählt, wie wir das Krabbeln gelernt haben – nämlich rückwärts. (Aber hey, wir sind schließlich Innovatoren. Warum also sollten wir die Dinge genauso anpacken wie alle anderen?) Letzten Endes hat sich unser Mentor-Opa zu uns auf den Teppich gesetzt, um uns beizubringen, wie man »richtig« krabbelt.

Seine eifrigen Bemühungen waren zwar vergebens, aber das hat unseren Großvater keinesfalls davon abgehalten, es noch ziemlich lang zu versuchen. Und um die verlorene Zeit aufzuholen, hat er uns dann später gezeigt, wie man fotografiert und die Negative in der Dunkelkammer entwickelt, wie man perspektivisch korrekt zeichnet, ohne Stützräder Fahrrad fährt und noch einiges mehr. Aus Opas Vielseitigkeit (er war als Ingenieur, bildender Künstler und Autor tätig) haben wir die Lehre gezogen, es ihm gleichzutun und uns auch nicht auf einen einzigen Berufsweg festzulegen.

Die erzieherischen Stärken des Mentors

Kreative Lösungen zu finden ist die Spezialität des Mentors. Obwohl er in Kleinigkeiten oft schwarzsieht oder gar den Teufel an die Wand malt, ist er, wenn es wirklich hart auf hart kommt, gewöhnlich die Ruhe selbst. Vertreter*innen dieses I*AM-Archetyps blühen unter Umständen sogar erst im Chaos richtig auf, wenn sich ihnen die Gelegenheit bietet, das gesamte Wissen anzuwenden, das sie sich im Laufe der Jahre angeeignet haben.

Mentor Claudia engagierte einen Kunsttherapeuten, der ihren Sohn in der Vorschule begleiten sollte. Bei Jason war eine verzögerte Sprachentwicklung diagnostiziert worden, malend jedoch konnte er seine Gefühle und Gedanken in beeindruckenden Pinselstrichen gut zum Ausdruck bringen. Obwohl er mit fünf anfing zu sprechen, wird er sich sein Leben lang mit sensorischen Problemen herumschlagen müssen, die sich allerdings beim Hören klassischer Musik ein wenig lindern. Also besorgte Claudia vor fast einem Jahrzehnt Dauerkarten fürs Symphonieorchester. Und bis heute baden die beiden regelmäßig in den Wonnen der harmonischen Töne, um anschließend in Jasons Lieblingsbistro immer noch was Schönes essen zu gehen.

Mentoren lieben viel Besuch, weshalb die meisten auch stets ein offenes Haus haben. Château Mentor ist der Versammlungsort der Nachbarschaft und zugleich Schauplatz von Fotosessions, Übernachtungs- und anderen Partys. Mitunter nehmen Mentoren auch mal Jugendliche bei sich auf, die sich in einer schwierigen Lebenssituation befinden. Denn egal, wie eng es auch werden mag, bei den Vertreter*innen dieses Archetyps, gerade wenn sie Eltern sind, ist immer noch irgendwo Platz. Und wenn um sie herum viel Betrieb herrscht, fühlen sie sich eh am wohlsten.

Nachricht an die Kids von Mentoren: Was Coolness angeht, könnt womöglich sogar ihr von euren Oldies noch profitieren. Denkt nur an Kim Kardashian und ihre älteste Tochter North West, beides Mentoren, die auf ihrem gemeinsamen TikTok-Account (@kimandnorth) Millionen von Followern haben. Denn das verspielt Poppig-Peppige dieses Typs lässt viele von ihnen statt als Erziehungsberechtigte eher wie Geschwister wirken. Wir kennen sogar mehrere Mentoren, die mit ihren fast erwachsenen Kindern auf einen Psilocybin-Trip gegangen sind (worüber wir uns kein Urteil erlauben möchten). »Wenigstens war ich dabei und konnte aufpassen. Außerdem wusste ich, wo die Pilze herkamen«, erklärt eine von ihnen.

Bei vielen der Erwachsenen, die von ihren Teenagern als peinlich empfunden werden, handelt es sich um Personen mit dem extrovertierten, schonungslos offenen Archetyp des Mentors. Was diese aber keinesfalls davon abhält, bei Footballspielen lautstark zu jubeln, jede Kleinigkeit auf Social Media zu posten und sowohl die Kids als auch Freund*innen liebevoll auf die Schippe zu nehmen. Und letztlich geht das auch vollkommen in Ordnung, weil diese alterslosen Typen einfach unglaublich unterhaltsam sind. Derjenige Elternteil, der am häufigsten zum Meme gemacht wird? Gar kein Zweifel: der Mentor.

Mögliche Erziehungsprobleme des Mentors

Wann sich Mentoren dann doch zu sehr einmischen und zu nahe dran sind an den Kids? Das ist so eine Sache. Wir wollen zwar nicht behaupten, dass Mentoren neurotisch wären ... obwohl ... Ihr ängstlicher Bindungsstil kann es den Kindern schon schwer machen, die Nabelschnur zu durchtrennen. Im Filtern ihrer Gefühle sind Mentoren nämlich nicht unbedingt Meister*innen. Denn egal, ob sie sich nun der Finanzen, einer Paranussallergie oder zu viel Arbeit wegen stressen, die Kinder nehmen diese Panik wahr und werden so vielleicht später selbst zu Nervenbündeln.

Was ihr Verhalten angeht, oszillieren Mentor-Eltern auch oft zwischen sorglos und kontrollsüchtig. An einem Tag vertrauen sie sich ihren Kids an, als wären sie Gleichaltrige, und sprechen in voller Offenheit über ihre Privatangelegenheiten (»Mom, Dad, das will ich doch alles gar nicht wissen!«), oder sie tragen dieselben Klamottenmarken wie die Jugendlichen. Und ja: Gemeinsamkeiten sind super. Und zwar genau so lang, bis sich die lieben Kleinen wie die einzigen Erwachsenen im Raum fühlen oder beim Gedanken daran, sich von den Oldies abzugrenzen, unwillkürlich ein schlechtes Gewissen bekommen.

Kommt es dann tatsächlich zu dieser Distanzierung von den Eltern, gerät der Mentor in Gefahr, ein Leeres-Nest-Syndrom zu entwickeln, selbst wenn noch lange nicht daran zu denken ist, dass das Kind tatsächlich ausziehen könnte, weil es dafür noch viel zu jung ist. Solange die Kids noch sehr klein sind, beschweren sich viele junge Mentor-Väter und -Mütter darüber, dass sie zu wenig Zeit für sich haben. Das andere Extrem aber kann genauso bedrohlich sein. Denn wenn das bisherige Mini-Me anfängt, lieber mit wirklich Gleichaltrigen abhängen zu wollen, kann das bei den Eltern eine echte Identitätskrise auslösen.

Erziehungstechniken für Mentoren

Gamifizierung der Erziehung. Wenn es um die Erledigung bestimmter Pflichten im Haushalt oder andere ungeliebte

Aufgaben geht, ist sich der verspielte Mentor keineswegs zu schade dafür, Auszeichnungen in Aussicht zu stellen. Unsere Freundin Angelina hat ihre Kids für Bestnoten und die tadellose Erledigung ihrer Hausarbeiten mit »Barprämien« belohnt. Von farbigen Fleißsternchen bis hin zu teuren Geschenken, Mentor-Eltern lassen sich gern auch was Ausgefallenes einfallen, um ihre Kinder zu bestechen.

Wechseln des Kanals. Bei Mentoren können die Emotionen schnell hochkochen – und wie! Ob sentimentales Schluchzen oder rasende Rage, wenn der Mentor die Fassung verliert, ist mords was los. Umso dringender ist er auf seine Ventile zum Dampfablassen angewiesen: regelmäßige Workouts, Therapie, Zeit mit Freund*innen. Was auch immer, solange es nur wirkt.

Lasst eure Kinder ihre eigenen Wege gehen! Mentoren sind Spiegel. Und nichts begeistert einen Elternteil dieses Typs mehr als ein »Ganz der Vater« oder »Ganz die Mutter«. Doch ab einem bestimmten Punkt muss er den Helikopter in die Parkposition bringen und die Kinder ihre eigene Flugroute wählen lassen.

Der Mentor wird die Enttäuschung kaum verbergen können, die er empfindet, wenn sein Kind allzu weit von dem für es vorgesehenen Weg abweicht. Er muss sich aber wohl oder übel damit abfinden, dass die Tochter das Sportstipendium ablehnt, das sie sich aufgrund ihrer Leistungen im Mannschaftsschwimmen verdient hat (all die vielen Stunden im Wasser!), oder in den Sommerferien lieber mit den Freundinnen Backpacken geht, als mit der Family ins Ferienhaus auf Mallorca zu fliegen.

»Mein Sohn weigerte sich, zum Abschlussball der achten Klasse zu gehen«, erzählte uns Mentor Darlene. »Ich muss zugeben: Im ersten Moment war ich bitter enttäuscht. Denn ich habe gehofft, ihn vielleicht begleiten zu dürfen. Als Jugendliche habe ich keinen Tanz ausgelassen und wünsche ihm so sehr, dass auch er später so schöne Erinnerungen hat. Diese Chance sollte er sich nicht entgehen lassen.«

Nachdem sich Darlene jedoch mit (vielen) Freundinnen ausgetauscht hatte, wurde ihr klar, dass ihr Sohn, Autorität, ganz anders war als sie früher als Jugendliche. Und dass Dinge, die ihr viel bedeuteten, für ihn keine Rolle spielten. Wie gut, dass Mentoren am Ende des Tages ja glücklicherweise doch ziemlich anpassungsfähig sind. Und so konnte Darlene die Entscheidung ihres Sohnes letztlich gut akzeptieren.

Vernachlässigt bloß eure eigenen Interessen nicht. Und was wird aus dem heimischen Nest? An einem bestimmten Punkt fliegt das Vogelbaby des Mentors unweigerlich davon. Und ganz ohne Gefühle wird das nicht abgehen. Sollte sich das gesamte soziale Leben des Mentor-Elternteils bislang um die Hobbys und Interessen der Kids gedreht haben, wird die Umstellung hart. Bethany, Romanautorin, Mentor und Freundin von uns, reist mehrmals im Jahr zu Schriftstellerkongressen und -workshops. »Ich finde, den Kindern tut es gut, wenn sie immer wieder die Erfahrung machen, dass alles in bester Ordnung ist, auch wenn Mommy mal ein paar Tage weg ist«, versichert sie uns. Und darin können wir sie nur von Herzen bestätigen!

DIE I*AM-TYPEN ALS KINDER

Es heißt ja immer, Kinder kämen ohne Gebrauchsanweisung auf die Welt, aber mit dem I*AM-System sieht die Sache schon wieder ganz anders aus. Denn wenn Eltern und Erzieher*innen wissen, ob das Kind Innovator, Autorität oder Mentor ist, können sie es in seiner Entwicklung viel besser unterstützen.

Natürlich können sich die erwachsenen Vorbilder, Eltern und Vormunde alle Mühe geben, die Kinder zu führen, ein »One size fits all« für eine erfolgreiche Erziehung gibt es jedoch nicht. Denn was für das eine Kind familiär oder in der Schule funktioniert, muss dies für andere nicht auch tun. Der Astrologie-Code kann dir jedoch einen Anhaltspunkt geben, der dir hilft, die »Junior-Editionen« der drei Archetypen zu verstehen. Und indem wir diesen noch so leicht zu beeinflussenden Seelen etwas mehr von dem geben, was sie wirklich brauchen, so auch Grenzen und Strukturen, unterstützen wir sie dabei, eines Tages zu glücklichen, ausgeglichenen Erwachsenen zu werden.

DIE I*AM-KIDS UND WIE SIE SO SIND

Das Innovator-Kind ist ein **naiver Pionier**,
eine **staunende Wegbereiterin**,
der/die **nach Autonomie strebt** und
alles auf seine/ihre Weise tun möchte.

Das Autorität-Kind **eignet sich gern die Regeln an**
und gedeiht am besten bei **positivem Feedback**
und hart erarbeitetem Lob.

Das Mentor-Kind liebt das **Teilen**,
Sich-Mitteilen und **Interagieren**
und weiß von allem gern das »**Warum**«.

Das Innovator-Kind

Lernt durch:

Erfahrung, Versuche und indem es Dinge auf seine ganz eigene Weise tut

Ermutige es dazu:

seine Individualität zum Ausdruck zu bringen, etwas langsamer vorzugehen und sich Gebrauchsanleitungen durchzulesen

Abhalten solltest du es davon:

sich vorzudrängeln und die anderen Kinder herumzukommandieren

Eigenschaften des Innovator-Kinds

Rechthaberisch und bossy. Wer hat hier eigentlich das Sagen? Irgendeinen Weg, seinen Willen durchzusetzen, findet das Innovator-Kind immer, egal, was du ihm sagst. Bösartig oder hinterhältig ist es im Grunde nicht, dafür aber sehr entschieden. Und zugegeben, den einen oder anderen Trick hat es auch drauf. Aber die Innovator-Kids wissen eben, was sie wollen und was nicht. Das Schwierige im Umgang mit diesen willensstarken kleinen Persönlichkeiten ist, dass die Eltern einerseits deren ungehinderten Selbstausdruck fördern sollten, ihnen andererseits aber auch Regeln und Grenzen beibringen müssen.

Verhandlungssicher. Du möchtest eine kleine Meuterei heraufbeschwören? Dann verbiete deinem Innovator-Kind, mit dem Gymnastikkurs oder Klavierunterricht aufzuhören, wenn es das unbedingt will, obwohl es Talent dafür hat. »Aber du hast da doch schon so viele Jahre reingesteckt« oder »Wenn du älter wirst, wird dir das leidtun«. Von all solchen Dingen will das Innovator-Kind partout nichts hören.

Herauszufinden, wie man sich in einer solchen Situation am besten verhält, ist nicht leicht. Denn auf der einen Seite wollen sich Eltern verständlicherweise nicht von ihren Innovator-Söhnen oder -Töchtern auf der Nase herumtanzen lassen. Mitunter ist es also durchaus sinnvoll zu versuchen, den Kindern einen solchen Wunsch auszureden. Bei anderer Gelegenheit kann es dagegen eine gute Idee – und ein echter Lackmustest – sein, mit ihnen zu verhandeln. Denn wenn man sie in einer solchen Situation vor eine Wahl stellt à la »Solltest du das Schwimmtraining aufgeben, musst du dir aber ersatzweise eine andere Aktivität suchen«, zeigt sich schnell, ob sie nur versuchen, ein paar Extrastunden am Smartphone rauszuschlagen, oder wirklich kein Interesse mehr an ihrem Sport oder den Musikstunden haben.

Kreativ. Innovator-Kinder sind dafür geboren, den Unterschied zu machen. Ihr Kardinalzeichen-betontes Horoskop sorgt dafür, dass sie mit ihrem Beispiel vorangehen, frei von der Leber weg spielen und Dinge »erfinden«, als wollten sie den anderen Kindern zurufen: *Schaut nur her, das alles könnt ihr auch*! Die Eltern von Innovatoren tun gut daran, die besonderen Talente ihres Sohnes oder ihrer Tochter zu fördern. Aber Vorsicht: In der Schule kann das zu einem sehr uneinheitlichen Notenbild führen. Denn schon in der Kindheit haben die meisten Innovatoren tendenziell ein bestimmtes Spezialgebiet. Weshalb sie sich auf ihre ein, zwei Lieblingsfächer konzentrieren und es in ihnen zu Bestleistungen bringen, den anderen Disziplinen aber kaum einen Gedanken widmen.

Bei uns beiden war das zweifellos der Fall. Kunst und Lesen sind uns einfach so zugefallen, und es gab weder eine Sorte Knete noch einen einzigen Band aus der Kinderbuchreihe »Little Golden Book«, die wir nicht gemocht hätten. Um unser Interesse an den MINT-Fächern zu wecken, hat unser Dad, Innovator wie wir, uns einen Chemiekasten und ein Mini-Mikroskop gekauft, wenn auch mit überschaubarem Erfolg. Für die naturwissenschaftlichen Fächer mussten wir immer mehr pauken, aber immerhin: Dank Dads früher Förderung sind wir auch in den höheren Schulklassen nicht vollends an Chemie und Physik gescheitert. Am besten ist es, wenn die Eltern eines Innovator-Kindes das Lernen und Erklären möglichst spielerisch gestalten und sich intensiv mit ihm befassen.

Lernstil: Innovator

Das kreative Innovator-Kind ist am glücklichsten, wenn es sich im Entdeckermodus befindet und ihm alles möglich und machbar erscheint. Entzünde seine Fantasie, indem du ihm in schillernden Farben ausmalst, was sich alles erreichen lässt. Denn Innovatoren sind Originale; bei der Erdung aber kann es ihnen enorm helfen zu sehen, was Menschen bereits geschafft und erschaffen haben. Zugleich bringt es sie auf Betriebstemperatur. Du selbst trittst dann einen Schritt zurück und beobachtest, wie sie auf ihre ganz eigene Art ihr Ding machen, Risiken eingehen und aus der Reihe tanzen.

Solange du dem Innovator-Kind genügend Freiraum lässt, brauchst du es nicht groß anzuspornen. Lass es einfach alle Farben des Malkastens verwenden. Zum Beispiel auch das Buch selbst aussuchen, über das es sein Referat halten möchte. Gib ihm reichlich Spielmaterial. Denn es bezieht seine Lernmotivation vor allem aus dem Experimentieren. In Fächern mit vielen festen Regeln und Gesetzen, zum Beispiel Mathe, bedarf es womöglich auch anderer Impulse, anderer Antriebskräfte, etwa 20 Cent (oder digitale Münzen fürs jeweilige Lieblingsgame) pro gelöstem Problem. So hat das Innovator-Kind auch gleich eine Perspektive, was es nach der Fleißarbeit mit seinem »Gewinn« anstellen könnte.

Gewisse Parameter musst du diesem Typ auf alle Fälle an die Hand geben. Und zwar am besten in Schriftform, damit sich das Kind jederzeit davon überzeugen kann, welche roten Linien es definitiv nicht überschreiten sollte. Wir wissen nämlich durchaus auch von Innovator-Kindern, die die falschen Hausarbeiten gemacht haben, weil ihnen die richtige Seitenzahl im Lehrbuch gerade nicht präsent war.

Da Innovator-Kids in der Zukunft leben, tun sie sich schwer damit, ihr Tempo zu drosseln und auf Anweisungen zu hören. Dann werden sie schnell nervös und ungeduldig und wollen nur noch fertig werden mit ihren Aufgaben. Deshalb ist es empfehlenswert, ihnen Dinge Schritt für Schritt zu erklären. »Zuerst suchen wir alle Verben in diesem Abschnitt, anschließend markieren wir dann die Substantive.«

Womöglich wird auch individuelle Nachhilfe nötig oder wenigstens die Präsenz einer hilfreichen erwachsenen Person beziehungsweise eines älteren Geschwisterkindes bei den Hausarbeiten. Denn im Unterricht schweifen die Gedanken des Innovator-Kindes schnell ab oder es verliert die Geduld, wenn von ihm erwartet wird, sich dem langsameren Tempo der Klasse anzupassen. Nachhilfe oder Privatstunden können sein Interesse wecken und ihm vor Augen führen, dass es sogar in seinem vermeintlichen Hass-Fach echt gute Leistungen bringen kann. Weil es, wie sich herausstellte, nur nervös war oder sich gelangweilt hat.

Das Autorität-Kind

Lernt durch:

Wiederholung, klare Anweisungen, Übernahme von Verantwortung

Ermutige es dazu:

sein Spielzeug zu teilen, sich zu beruhigen, rundum kreativ zu sein und zu spielen

Abhalten solltest du es davon:

sich zu vergleichen und daran zu verzweifeln, alles auf sich zu beziehen oder persönlich zu nehmen

Eigenschaften des Autorität-Kinds

Everybody's Darling. Aufgrund ihres natürlichen Bedürfnisses nach Regeln und Strukturen gelten junge Autoritäten oft als die »Guten«, die »Braven«. Und natürlich wissen diese aufmerksamen Seelen ganz genau, was sie tun müssen, um es den Erwachsenen recht zu machen. Sie verhalten sich so, wie es Eltern und Lehrkräften gefällt, und bekommen dafür den Beifall, auf den sie aus sind.

Aber verschätz dich nicht. Und sieh nicht nur die süße Seite deiner »perfekten« kleinen Autorität. Denn womöglich kommst *du* gut mit ihr klar, sie mit sich selbst aber bedeutend weniger. Und vielleicht verhält sie sich auch nur so »erwachsen«, weil sie sich nicht hundertprozentig traut, auch mal etwas falsch zu machen. In diesem Fall hilfst du ihr am besten, indem du mehr Struktur und Routine in ihr Leben bringst. Ihr feste Schlafens- und Essenszeit gibst und gegebenenfalls auch die Gelegenheit für ein Mittagsschläfchen.

Wie alle Kinder hat auch die Autorität schelmische Züge. Nur sind sie etwas raffinierter, was ihre rebellische Seite betrifft. Deshalb könntest du eines schönen Tages aus allen Wolken fallen, wenn dein Nachwuchs etwas tut, womit du nie gerechnet hättest.

Konkurrenzbetont. Autoritäten sind *die* Hochleistungsträger*innen auf dem Spielplatz und bereit, alles zu tun, um die Nummer eins zu werden - ob beim Sammeln der meisten Freundschaftsbändchen oder beim Völkerball. Dieser wild entschlossene Einsatz bringt ihnen womöglich Punkte bei Freund*innen ein, doch als Elternteil einer Autorität tust du gut daran, sie zu fairer Sportlichkeit anzuhalten. Sonst können Kinder dieses Typs nämlich schnell zu ziemlichen Snobs werden und auf Kinder herabblicken, die auf Gebieten, die die Autorität für wichtig hält - Schule, Stil, Sport, Musik -, nicht so viel draufhaben wie sie selbst. Im Extremfall fangen sie sogar an, die vermeintlich Unterlegenen zu mobben.

Den Kürzeren zu ziehen ist für diese Kinder kein Kinderspiel. Und wann immer ein anderes heller strahlt als sie, besteht die Gefahr, dass sie ins tiefe Loch des »Vergleichens-und-Verzweifelns« fallen. Denn im Grunde leiden Kinder dieses Typs selbst am meisten unter ihren übertrieben hohen Standards und dem damit verbundenen Perfektionismus. Um spielen und auch mal Fehler machen zu können, brauchen sie Ermutigung. Also lob deine kleine Autorität auch für ihre Macken, und ermuntere sie zu Aktivitäten, bei denen sie nicht die »Beste« sein muss.

Risikovermeidung. Autoritäten, auch die Kids unter ihnen, lieben's bequem. Sodass sie oft übervorsichtig sind, auf Nummer sicher gehen und über kurz oder lang in einen ewig gleichen Trott verfallen. Viele haben in Stein gemeißelte Denkweisen, »wissen« ganz genau, was richtig und was falsch ist, und weichen, haben sie sich einmal etwas angeeignet, nicht von ihrer gewählten Methode ab. Für die Eltern wäre es deshalb eine gute Idee, ihre kleinen Autoritäten zum Experimentieren zu animieren und in ihnen ein Denken zu fördern, das auf persönliches Wachstum ausgerichtet ist. Allerdings muss man in dem Zusammenhang auch sagen, dass jede Veränderung Angst bei ihnen auslösen kann. Deshalb sollten sie rechtzeitig mit Techniken der Selbstberuhigung bekannt gemacht werden. Als da etwa wären: Teddybär kuscheln, dreimal tief durchatmen, Schäfchen zählen oder jede andere einfache meditative Übung.

Besitzergreifend. Meins-meins-meins! Kinder dieses Typs sind ausgesprochen possessiv – was ihre Besitztümer, Geschwister, Freund*innen, Eltern, Spielsachen und eigentlich auch alles andere angeht. Und so goldig es auch ist, wenn deine kleine Autorität einen Fernsehabend mit der ganzen Family organisiert, hat sie doch wahrscheinlich schon längst eine Sitzordnung im Sinn, die sicherstellt, dass sie ganz nah bei ihrer gegenwärtigen Lieblingsperson Platz nehmen kann.

Für diese Kids, die es gar nicht mögen, wenn andere mit ihren Schätzen spielen, ist das Teilen so eine Sache. Für die Eltern kann es peinlich werden, wenn sich ihr Spross energisch weigert, eine Spielkameradin oder einen Spielkameraden auch nur in die Nähe seiner Barbie-Traumvilla zu lassen. Dennoch sollten sie nicht versuchen, ihn davon abzubringen. Denn höchstwahrscheinlich hat das Kind einen guten Grund dafür, sein Lieblingsspielzeug vor jedwedem unbefugten Zugriff zu bewahren. Denn das Konzept Grenzen verstehen diese Kids durchaus – jedenfalls im Hinblick auf ihr Eigentum.

Bei nächster Gelegenheit solltest du dein Kind in Ruhe bitten, dir seine Logik zu erklären. Anschließend kannst du ihm die Vorteile des Teilens erklären. Wenn es dann bald wieder Besuch bekommt, sperrt es seine kostbarsten Spielsachen vielleicht in einen Schrank oder bringt sie anderweitig in Sicherheit und stellt die übrigen der Gemeinschaft zur Verfügung.

Lernstil: Autorität

Einschäumen, auswaschen, wiederholen: Mit diesem Trio kann man Autoritäten im Grunde alles beibringen. Und haben diese systemverliebten Kids nach ein paar Versuchen den Dreh schließlich raus, setzen sie alles dran, es auf diesem Gebiet zur Meisterschaft zu bringen. Ophis Stieftochter Clementine, mit elf einschlägigen Platzierungen eine ausgemachte Autorität, hat als Teenagerin gelernt, sich zu schminken, und gab ihre Kenntnisse bald in Form von Tutorials auf ihrem YouTube-Kanal weiter, der schnell sehr erfolgreich wurde. Und seit sie im Abschlussjahr der Highschool 40 000 Abonnent*innen hatte, wurde sie ständig auf der Straße angesprochen und bekam so viel Make-up zugeschickt, dass sie nie mehr auch nur einen Cent bei Sephora hätte ausgeben müssen (was sie natürlich trotzdem reichlich tat).

Wohlstrukturiert, wie sie nun einmal ist, will die Autorität von jeder Aufgabe, die sie übernimmt, Anfang, Mitte und Ende kennen und genau wissen, welchem Ziel sie dient. Um das Interesse eines solchen Kindes zu wecken, solltest du ihm die Belohnung, die am Ende winkt, in den schönsten Farben schildern. Anschließend wechselst du am besten die Blickrichtung und benennst die einzelnen Schritte des jeweiligen Projekts. Und ob es ums Plätzchenbacken geht oder ums schriftliche Dividieren: Erklär dem jungen Menschen genau, was er im Einzelnen dabei lernt.

Auf Autoritäten, die stets auf die goldenen Sternchen-Sticker unter ihren Hausaufgaben aus sind, übt Lob eine sehr motivierende Wirkung aus. Gern hören sie dich auch Freund*innen gegenüber von ihnen schwärmen: »Unsere Phoebe war echt super beim Schwimmtraining heute. Du hättest sie beim Turmspringen sehen müssen! So tapfer und so elegant!«

Auch wenn am Ende ein Preis winkt, blühen diese jungen Erfolgsmenschen auf. Mach ihnen klare Ansagen und schau, wie sie abliefern. »Um halb fünf musst du mit den Hausaufgaben fertig sein«. Am besten gefolgt von einer Belohnung à la »Wenn du das schaffst, darfst du dir einen der Cupcakes nehmen, die ich gestern gebacken habe, und kannst auch noch eine halbe Stunde an dein Smartphone.« Alles klar!

Das Mentor-Kind

Lernt durch:

Interaktivität, Reisen, das Lesen von Anweisungen

Ermutige es dazu:

sich einer Gruppe anzuschließen, mehr zu staunen, um Erlaubnis zu bitten, bevor es etwas anfasst

Abhalten solltest du es davon:

die heiße Herdplatte anzufassen, aufs Dach zu klettern, Regeln zu ignorieren

Eigenschaften des Mentor-Kinds

Teamfähigkeit. Der verspielte Mentor liebt es, zu teilen und sich mit Leuten zusammenzutun. Diese Kids blühen bei Gruppenaktivitäten auf – vorausgesetzt natürlich, sie haben wirklich Spaß an der Sache und werden nicht zum Mitspielen gezwungen. Ein Mentor-Kind, das wir kennen, war in seinem zweiten Highschooljahr fast in allen Fächern eine echte Null, und zwar hauptsächlich, weil er sich eigentlich »ständig gelangweilt« hat. Dann aber sah ihn der Langlauftrainer durch den Korridor flitzen und ließ einen durchdringenden Pfiff aus seiner Trillerpfeife ertönen ... um ihn fürs Leichtathletikteam zu gewinnen. Inzwischen hat unser Freund mit einem gar nicht mal so schlechten Notendurchschnitt die Schule abgeschlossen und ist zur Küstenwache gegangen – was für eine Entwicklung!

Am besten ist es, wenn du dafür sorgst, dass sich dein kleiner Mentor schon früh in Clubs und Sportvereinen engagiert. Weil diese aktiven Kids nämlich besonders viel Energie verbrennen müssen, empfiehlt sich reichlich Bewegung für diesen Typ sowieso immer. Aber auch alle anderen organisierten Aktivitäten, bei denen es auf ihre sozialen Kompetenzen ankommt, tun Mentoren gut. Etwa ein Engagement bei den Pfadfindern, in einer Blaskapelle, einer Theater-AG oder im Schachclub – einfach alles, wobei sie mit anderen interagieren und mit ihnen gemeinsam etwas erschaffen können.

Randnotiz: In der Kindheit können Mentoren derart gesellig sein, dass sie kaum Selbstbewusstsein entwickeln. Was zu Gefühlen der Einsamkeit und des Verlassenseins führen kann, wenn sie eine gewisse Zeit lang allein sind. Vielleicht ermutigst du deinen kleinen Mentor also am besten dazu, sich – etwa durch Malen – kreativ auszudrücken oder auch Tagebuch zu führen. Denn es gibt kaum etwas Stärkeres als einen Mentor, der sich gut kennt, in- und auswendig.

Kleine Einsteins. Mentoren sind von Natur aus neugierig und stecken voller Entdeckergeist. Sie überlegen gern, wie Dinge wohl funktionieren, und wenn du ihnen Spielzeug gibst, das ihre patente Fantasie anregt – Legosteine, einen Chemiebaukasten, Backzutaten oder auch Technikbausätze –, sind sie immer für eine Überraschung gut. Das gilt selbst für Mentor-Kinder, die sich in der Schule nur schlecht konzentrieren können. Man braucht ihnen nur eine Aufbauanleitung in die Hand zu drücken, sie ein wenig darüber brüten zu lassen, und bald zeigen sie einem Schritt für Schritt, wie man das jeweilige Teil zusammenfriemelt.

Da Mentor-Kids ein Händchen dafür haben, die Nadel im Heuhaufen zu finden, kannst du auch ganz banale Aktivitäten in Form einer Schnitzeljagd aufziehen und für den Erfolgsfall eine Belohnung aussetzen. Wundere dich dann aber nicht, wenn dein kleiner Mentor bald für seine Spielkamerad*innen Wettbewerbe organisiert.

Wagemut. »Fass nur die Herdplatte nicht an, die ist glühend heiß!« Dieserart Regeln scheinen für junge Mentoren (oder im Grunde für Mentoren aller Altersgruppen) nicht zu gelten. Denn irgendwie scheinen sich diese Kleinen von Gefahren geradezu magisch angezogen zu fühlen. Einem Mentor, den wir kennen, wurde in seiner Kindheit von der Mutter eine Leine angelegt, damit er ihr nicht davonlief oder im Kaufhaus die Regale umwarf.

Dabei will der Mentor ja eigentlich nur kurz gucken, wie es wohl wäre, wenn er es mal versuchen würde. Denn vielleicht ist ja er es, der der Schwerkraft trotzt oder dem, sobald er von dem Baum dahinten springt, Flügel wachsen. Jippie! Mutter oder Vater eines solchen Kindes zu sein kann echt stressig werden, gar keine Frage.

Ebendieser kleine Mentor wird zwar noch einige Zeit lang immer wieder dafür sorgen, dass dir das Herz in die Hose rutscht, immerhin aber kannst du die Gelegenheiten, bei denen das der Fall ist, auf ein Minimum reduzieren. Wie? Indem du ihm genau erklärst, was geschieht, wenn er das Risiko eingeht. Sei dabei aber ganz sachlich und verzichte auf jeden Ausdruck von Angst in deiner Stimme. Erklär ihm einfach die Gesetze der Schwerkraft und führ ihm nicht nur vor Augen, was so ein Sturz mit den Knochen macht, sondern auch, wie schade es wäre, wenn er den ganzen Sommer über einen Gips tragen und aufs Schwimmen im Pool verzichten müsste. Denn der Gedanke, eine Zeit lang nicht spielen zu können, genügt oft schon, um Mentoren von einem möglichen Risiko abzubringen.

Grenzprobleme. Wo endet »unser« und fängt »deins« an? Nur die wenigsten Kinder können so gut teilen wie die großzügigen Mentoren. Und wenn der kleine Mentor wie selbstverständlich davon ausgeht, dass jedes Spielzeug auch ihm zur Verfügung steht, kann es schnell zu verletzten Gefühlen kommen – und zu Schlachten auf dem Spielplatz. Die Kinder dieses Typs müssen lernen, nicht alles für sich zu beanspruchen. So haptisch veranlagt, wie Mentoren nun einmal sind, neigen sie dazu, alles anzufassen, auch nach Dingen zu greifen, die ihnen nicht gehören, und Leute zu umarmen, ohne sie zuvor um Erlaubnis zu bitten. Überhaupt sind Erlaubnis und Einwilligung Begriffe, die diese Kinder sehr früh lernen müssen, damit sie sich nicht unwissentlich danebenbenehmen.

Lernstil: Mentor

Regel Nummer eins: Dein Mentor-Kind wird aller Wahrscheinlichkeit nach nicht unbedingt auf »gewöhnliche«, traditionelle Art und Weise lernen, und darauf solltest du dich beizeiten einstellen. Natürlich gibt es eine Menge Akademiker*innen dieses I*AM-Typs. Unabhängig davon muss man aber auch sagen, dass das schulische Notenschema keine verlässlichen Schlüsse auf die Intelligenz von Mentoren zulässt. Denn diese hibbeligen Persönlichkeiten hassen es, still sitzen zu müssen, und gelten deshalb im herkömmlichen Schulsystem oft auch fälschlich als Störenfriede, Klassenclowns oder von ADS (Aufmerksamkeitsdefizit-Störung) Betroffene. Was besonders bedauerlich ist, weil aus diesem Grund ihre wahren Talente nur selten gefördert werden. Denn würden Erfindungsreichtum und soziale Intelligenz benotet, hätte dein Mentor-Kind ausschließlich Einsen.

Mentoren sind im Grunde kleine Philosoph*innen, die am meisten von den sokratischen Gesprächen zwischen Lernenden und Lehrenden profitieren können, die in den heutigen Schulen alles andere als üblich sind. Mentoren interessieren sich nämlich kein bisschen fürs Kopieren und Einfügen richtiger Antworten, sondern wollen stets genau wissen, warum die Dinge so sind, wie sie sind. Gut möglich, dass sich Lehrkräfte genervt fühlen, wenn sich die Kinder dieses Typs alle zwei Minuten melden, doch so sind sie nun einmal: Sie geben erst Ruhe, nachdem sie einem Problem auf den Grund kommen konnten. Und wenn sie alle Fragen stellen dürfen, die sie haben, stellt sich ihr Aha-Moment auch unweigerlich bald ein.

Geradezu Wunder wirkt bei kleinen Mentoren das spielerische Lernen, mit dem man garantiert ihre Aufmerksamkeit weckt. Umso mehr, wenn es zudem interaktiv gestaltet ist und dem Kind die Gelegenheit gibt, sich die Lösung mit anderen zusammen zu erarbeiten, darüber zu diskutieren und anschließend den gemeinsamen Sieg zu feiern.

ZUM GUTEN SCHLUSS: DIE I*AM-TYPOLOGIE ALS BESTANDTEIL DEINES LEBENS

Wir hoffen sehr, dass dieses Buch dir zu einem besseren Verständnis deiner selbst und der Menschen in deinem Leben verhelfen konnte. Denn mit dem I*AM-System steht dir nun ein Code zur friedlichen Koexistenz zur Verfügung, den du jederzeit zu Rate ziehen kannst.

Der Astrologie-Code gibt dir die Möglichkeit, dich mit dem I*AM-Profil der Leute vertraut zu machen und so auch ihre Wünsche und Handlungsmotive zu erkennen. Auf diese Weise kannst du sowohl deine persönlichen als auch Arbeitsbeziehungen verbessern. Kannst klare Erwartungen formulieren und unzweideutige Grenzen ziehen. Du lernst dein ganz persönliches kosmisches Betriebssystem kennen und wirst dich deshalb – wenn es nach uns ginge – bald stärker und kompetenter fühlen.

Natürlich ist uns auch bewusst, dass keine Persönlichkeitstypologie je zu 100 Prozent auf alle Menschen zutreffen wird, und das muss sie auch gar nicht. Wie literarische Figuren oder Bühnengestalten sind auch Archetypen dafür da, uns Menschen den Spiegel vorzuhalten, damit wir etwas aus ihnen lernen können. Sie setzen unsere inneren Auseinandersetzungen mit der eigenen Person in Gang und fördern die Selbsterkenntnis. Am Ende aber hat jede*r von uns den Schlüssel selbst in der Hand. Dass du den Astrologie-Code nun kennst, heißt noch lange nicht, dass du ihn auch verwenden müsstest. Diese Entscheidung liegt ganz bei dir. (Im Gegensatz zur gängigen Auffassung stellen Astrologie und Willensfreiheit übrigens keine Gegensätze dar, sondern ergänzen einander.)

Wie überall sonst im Leben gilt auch in diesem Zusammenhang: Pick dir das Beste raus und überlass den Rest sich selbst. Falls du dich vom I*AM-System und diesem Buch bestätigt beziehungsweise »verstanden« fühlst, darfst du dir diese positiven Emotionen gern runterladen und in deinem Inneren Wurzeln schlagen lassen. Du hast bei dieser Gelegenheit smartere, positivere Möglichkeiten kennengelernt, Feedback zu geben, dir deine Zeit einzuteilen, dich für ein Date zu kleiden oder dir ein vitales Lebensumfeld zu erschaffen? Dann würden wir deine Geschichte gern hören.

Bleib auf astrostyle.com/iam mit uns in Kontakt. Dort findest du – in englischer Sprache – auch Tipps zur Verwendung des I*AM-Systems und Material, das dieses Buch ergänzt. Danke, dass wir unser Lebenswerk mit dir teilen durften. Nun geh weiter deinen Weg und lebe dein bestes Leben!

Ophira & Tali Edut
10. Februar 2024
New York City

DANKE

Unser größter Dank gilt unseren Eltern, Rabbinerin Dorit und Shimon Edut, die unseren Innovator-Geist gestärkt, alle Träume, die wir je hatten, gutgeheißen und uns durch ihr Beispiel gezeigt haben, wie sich ein kreatives Leben führen lässt, in dem der Himmel eine ebenso bedeutende Rolle spielt wie die Erde.

Von Herzen danken wir auch unserer unvergleichlichen Literaturagentin Jackie Ashton (Fische-Autorität) sowie unserem irdischen Engel, der wunderbaren Ronnie Alvarado (Steinbock-Innovator), die unseren Buchtraum haben Wirklichkeit werden lassen.

ÜBER DIE AUTORINNEN

Ophira und Tali Edut sind als Bestseller-Autorinnen, Speakerinnen und Astrologie-Expertinnen bekannt. Darüber hinaus sind die eineiigen Zwillinge Gründerinnen der globalen Marke Astrostyle, die weltweit Millionen begeistert.

Die AstroTwins haben bereits mehr als 20 Bücher verfasst und sind seit 2009 als Astrologinnen für die amerikanische ELLE tätig und werden von so renommierten Medien gefeiert wie zum Beispiel der *New York Times* und der Nachrichtensendung *Good Morning America* sowie von Bravo und Sirius XM.

Ophira und Tali sind in Detroit geboren und aufgewachsen. Sie studierten Kunst und Design an der University of Michigan. Dann arbeiteten sie zunächst im Verlagswesen, gründeten das Magazin HUES, arbeiteten an der Seite von Gloria Steinem bei *Ms.* und entwickelten mit ihrer Firma Mediarology verschiedene Websites.

Im August 2022 hatten die AstroTwins ihr Debüt als Astrologinnen und Partnervermittlerinnen für *Cosmic Love*, die erste astrologische Reality-Datingshow (Amazon Prime).

Ophira und Tali bieten Workshops, Vorträge und Schulungen für Führungskräfte von Unternehmen wie Nike, Condé Nast oder Saks Fifth Avenue an und waren als Speakerinnen an vielen US-Universitäten tätig. Sie arbeiten mit bekannten Marken zusammen und stellen Horoskope für Promis wie Beyoncé, Karlie Kloss, Emma Roberts und Alicia Keys. Folgen kannst du den beiden auf @astrotwins und www.astrostyle.com.

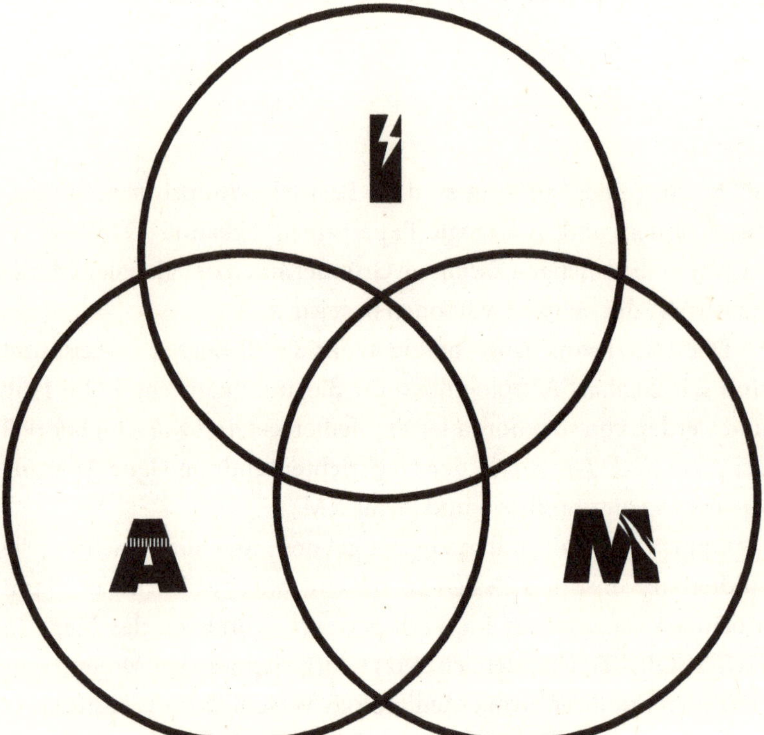
I
A
M